本科翻译教学研究

A STUDY OF TRANSLATION TEACHING

彭 萍 / 著

中央编译出版社
Central Compilation & Translation Press

图书在版编目(CIP)数据

本科翻译教学研究 / 彭萍著. —北京：中央编译出版社，2015.4
ISBN 978-7-5117-2532-5

Ⅰ. ①本⋯
Ⅱ. ①彭⋯
Ⅲ. ①翻译-教学研究-高等学校
Ⅳ. ① H059-42

中国版本图书馆 CIP 数据核字(2015)第 027521 号

本科翻译教学研究

出 版 人：	刘明清
责任编辑：	苗永姝
特邀编辑：	郑　颖
责任印制：	尹　珺
出版发行：	中央编译出版社
地　　址：	北京西城区车公庄大街乙 5 号鸿儒大厦 B 座（100044）
电　　话：	（010）52612345（总编室）　　（010）52612335（编辑室）
	（010）52612316（发行部）　　（010）52612317（网络销售）
	（010）52612346（馆配部）　　（010）55626985（读者服务部）
传　　真：	（010）66515838
经　　销：	全国新华书店
印　　刷：	北京中兴印刷有限公司
开　　本：	787 毫米 × 1092 毫米　1/16
字　　数：	274 千字
印　　张：	20
版　　次：	2015 年 4 月第 1 版第 1 次印刷
定　　价：	65.00 元
网　　址：	www.cctphome.com　　邮　箱：cctp@cctphome.com
新浪微博：	@中央编译出版社　　微　信：中央编译出版社（ID：cctphome）
淘宝网店：	中央编译出版社直销店(http://shop108367160.taobao.com)　（010）52612349

本社常年法律顾问：北京市吴栾赵阎律师事务所律师　闫军　梁勤
凡有印装质量问题，本社负责调换。电话：(010)55626985

目 录

第一章 导 言 ... 1
一、从历史的角度看翻译教学的重要性 ... 1
二、新时期翻译教学的重要意义 ... 12
三、国内本科翻译教学现状 ... 16
四、国内外翻译教学研究的现状 ... 20
五、本书结构和研究方法 ... 30

第二章 本科翻译教学的目标和翻译实践教学的可行性 ... 32
第一节 本科翻译教学的目标 ... 32
第二节 从规定性和描写性看翻译实践教学的可行性 ... 35
一、从规定性看翻译教学的可行性 ... 38
二、从描写性看翻译教学的可行性 ... 50

第三章 翻译教师队伍的现状及其职业发展的途径 ... 53
第一节 翻译教师队伍的现状和存在的问题 ... 54
一、师资不足 ... 55
二、师资队伍良莠不齐 ... 57
三、翻译研究与翻译教学脱节 ... 60
四、对教学的内容和方法认识不足 ... 63
第二节 翻译教师职业发展的途径 ... 64
一、各方都应对翻译教学表现出高度的重视 ... 65
二、翻译教师要重视提高自己的实践技能 ... 67

  三、翻译教师应重视教学理论研究和翻译理论研究........71

  四、翻译教师要具有高尚的职业道德情操和社会责任感.....73

第四章 翻译学习者的学习动机、学习现状、
     学习效果调查与分析....................77

 第一节 翻译学习者的学习动机调查与分析.........78

 第二节 翻译学习者的学习现状调查与分析.........83

  一、对翻译学习的认识........................84

  二、翻译学习的现状..........................93

 第三节 翻译学习效果调查与分析................104

第五章 本科翻译教材和翻译教学内容....................112

 第一节 翻译教材的真正定位....................112

 第二节 翻译教学的内容........................120

  一、中国翻译史简介.........................121

  二、两种语言和文化对比及翻译策略与技巧.........122

  三、文体特点及其翻译策略与技巧...............126

  四、译文评析...............................130

第六章 双语互译教学同步进行的科学性..................133

 第一节 从词义对比看双语互译教学同步进行的科学性...133

 第二节 从句式结构对比看双语互译教学同步进行的科学性..137

 第三节 从文体特点对比看英汉互译教学同步进行的科学性..142

第七章 翻译教学中的人文通识教育....................147

 第一节 人文通识教育概述......................147

 第二节 翻译教学中人文通识教育的途径...........151

  一、中国翻译简史拓展翻译学习者的历史知识与文化视野...151

二、翻译选材和翻译具体操作提升学生的思想道德水平、心理素质及美学素养..................153
三、译文评析培养学生的批判性思维..................156

第八章　翻译作业和翻译测试..................161
第一节　翻译作业的必要性和重要性..................161
第二节　翻译作业的形式及其评价方法与机制..................165
一、"有声思维"教学和微型"翻译工作坊"
——小组讨论型翻译作业..................167
二、个体课外自主学习
——课下完成后课堂展示的作业及上交的作业..................177
三、翻译作业的评价标准..................179
第三节　翻译测试..................189
一、翻译测试概说..................189
二、翻译测试的目的..................193
三、翻译测试的形式和内容..................195
四、翻译测试评分标准和效度..................202
五、翻译测试结果分析和翻译题库建设..................206

第九章　翻译教学的微观透视
——语言、文化及语篇与翻译教学..................208
第一节　语言和认知模式与翻译教学..................210
一、语言、认知模式与翻译之间的关系简析..................211
二、认知模式对翻译教学的启示..................214
第二节　翻译中语言与文化的语际负迁移及其教学对策..................217
一、翻译中的句法语际负迁移及其教学对策..................219
二、翻译中的语义负迁移及其教学对策..................223
三、翻译中的文化负迁移及其教学对策..................226

第三节　语内翻译在语际翻译中的重要性及对翻译教学的启示 . 230
　　一、从词和短语的层面看语内翻译在语际翻译中的重要性及
　　　　对翻译教学的启示..231
　　二、从句式结构层面看语内翻译在语际翻译中的重要性及对
　　　　翻译教学的启示..235
　　三、从文化层面看语内翻译在语际翻译中的重要性及对翻译
　　　　教学的启示..238
第四节　语篇语境认知与翻译教学...241
　　一、翻译中语篇语境认知的重要性................................242
　　二、语篇语境认知与翻译教学..244

第十章　专门用途英语（ESP）翻译教学.....................................257
　　一、ESP 翻译教学与普通翻译教学的关系.....................258
　　二、翻译教学的原则...260
　　三、ESP 翻译教学的内容...262
　　四、ESP 翻译教师的素质...264

第十一章　思考与展望——以翻译教学的生态哲学视角为例.....268
第一节　生态哲学和生态教育学概述...268
第二节　翻译教学的生态哲学视角：思考与展望.........................275
　　一、翻译教学与自然...275
　　二、翻译教学与社会...277
　　三、翻译教学中的自身与他人..279
　　四、翻译教学中的自身发展..287

参考文献...295
后　记...309

第一章 导 言

一、从历史的角度看翻译教学的重要性

(一) 中国翻译人才培养的历史传统

中国内部各民族的交往史以及中国与外国的交往史都是一部翻译史。据马祖毅先生考证，中国较早关于翻译官职的记载见于《周礼》和《礼记》。①《周礼·秋官》中记载有："象胥，每翟上士一人，中士二人，下士八人，徒二十人。"所谓"象胥"，"掌蛮夷闽貉戎狄之国使，掌传王之言而喻说焉，以和亲之。若以时入宾，则协其礼与其言辞传之。"可见，《秋官》中的"象胥"就是"译员"之意。《礼记》则对负责东南西北四方的翻译人员给予了不同的称呼："五方之民，言语不通，嗜欲不同，达其志，通其欲，东方曰寄，南方曰象，西方曰狄，北方曰译。"在当时，"象胥"又称舌人。"舌人，能达异方之志，象胥之职也。"(《礼记·王制》) 后来翻译者之所以称为"译"，赞宁《译经篇》是这样解释的："今四方之民，译官显著者何也？疑汉以来多事北方，故译名烂熟矣。"至于"翻译"二字连用，至少在南北朝时期就已出现，但意思尚不清楚。②在赞宁的《译经篇》中零星可见"翻"和"译"二字并用的现象，如"二非句，即赍经三藏虽兼胡语，到此不翻译者是。"③但不

---

① 马祖毅：《中国翻译简史："五四"以前部分》，北京：中国对外翻译出版公司1998年版，第2—3页。
② 陈福康：《中国译学理论史稿（修订本）》，上海：上海外语教育出版社2000年版，第4页。
③ 王宏印：《中国传统译论经典诠释》，武汉：湖北教育出版社2003年版，第83页。

管称呼如何，各民族之间、各国之间一旦出现交流，就必定会有翻译的出现，这在中国也毫不例外。尤其是公元一世纪左右开始的佛典汉译更是开启了中国历史上大规模翻译的新篇章。

　　据历史记载，张骞出使西域时就已经听说了佛典，从东汉桓帝末年安世高译经开始便有了中国历史上第一次大规模的翻译活动。佛典的翻译经过两晋南北朝的发展（以道安和鸠摩罗什为代表），到隋唐时期（以玄奘为代表）达到顶峰。值得一提的是佛典翻译时期的译场，因为"译场"不仅是佛典翻译的组织，还堪称通过翻译佛典培训翻译人员的重要机构。东晋时期，前秦苻坚开始大规模组织翻译佛经，聘请中外名僧协力分工，当时的官方主持人是秘书郎赵政，释道安在其中起了重要作用。[①] 后秦姚兴迎鸠摩罗什至长安，礼为国师并请他在逍遥园主持译场，据说当时译场聚集了八百名僧，徒众三千人。鸠摩罗什主持的译场中分工已经相当详细和明确，主要包括：口译、传语、笔受、校勘（校勘工作初由通华文的主译或传语负责，后来另归专人，译文的用字在检校时才作最后决定）。当时的译场中，对每一部佛典最后译文的确定都要经过热烈的讨论，都经过字斟句酌，那么在这一过程中，不少僧人无形中学习了整个的翻译过程和翻译的技巧，因此不可否认，这一译场对翻译培训起到了潜在的重要作用。到了唐代，译场的分工更加明细，有度语、笔受、缀文、参译、刊定、润文、梵呗、监护大使等，多达11种。这些僧人在精通梵汉、深晓佛理的主译领导下，研讨梵经义理，每出一书，皆多数人协力分工之结果。这种完备的翻译组织，使玄奘主持的译场在十九年中译出佛经一千三百余卷。所以有人说，佛经译场相当于我们现在的"大学"和"研究所"。[②] 正是有了"译场"这种类似教育和研究机构的翻译机构的存在，才为中国本土培养了很多僧人，从而使更多的僧人能够投入到佛典翻译工作中去，为佛典在中国乃至东亚

---

　　① 马祖毅：《中国翻译简史："五四"以前部分》，北京：中国对外翻译出版公司1998年版，第36页。
　　② 王雷泉、程群：《中国佛教译场的回顾与前瞻》，http://www.chinawts.com/list/budstore6/191641693.htm，（2013年6月1日访问。）

的传播做出了重要贡献。

我国最早正式培养翻译人才的外语学校出现在明朝，那就是当时的四夷馆。早在明朝初年，中国与邻邦外蕃及海外国家的交往已经非常频繁，于是口笔译方面的人才奇缺，所以不得不设立专门的培训学校培养翻译人才，四夷馆便应运而生。学生在四夷馆中可以学习蒙古、西藏、印度、缅甸、暹罗等地区和国家的语言，毕业后分配到各部充当译员，包括口译和笔译。明成祖之前这些译员不受重视，可是到明成祖统治时期，翻译人员的身份得到提高，准许他们在开科时就试，可以中进士。当然，总体看来，当时四夷馆中的学生待遇时高时低，但无论如何，从四夷馆学生的待遇可以看出，翻译人才的培养在中国历史上有时也是紧迫的任务，尤其是汉族同外族交往密切的时候。明朝的四夷馆也为明朝各个时期的外交以及各民族之间的商务往来和文化交往培养了重要的翻译人才。明朝还有同样涉及外事活动的会同馆，会同馆隶属于兵部，主要负责诸国朝贡使团的接伴送迎并为其提供居留之所。当然，接伴使者必然需要翻译，所以在明代会同馆所辖的朝鲜、日本、琉球、安南、占城、暹罗、满剌加、百夷、西番、回回、高昌、鞑靼、女真等十三馆之中也不乏熟悉这些语言的通事。此外，十三馆之外还有精通真腊（今柬埔寨境内）、爪哇、苏门答腊、缅甸、河西等言语的通事。为了便于各馆通事学习诸国语言，明代会同馆也编写了一些用汉字对音的番语词汇集，主要是用于口语通译。①

1644年清军入关，然后逐步统一中国，由于满清贵族毕竟是少数，广大汉族人民不识满字，于是清朝设有"笔贴士"一职，即翻译缮写满汉文的低级官吏，从中央机构到地方衙门以及都统等衙内均配有多名笔贴士。当时，满清政府也十分重视各族语言的教学工作。从中央到地方都设有官学（京师官学、地方官学），学习满文、蒙文、汉文等。学成之后，经选拔可以到部、院、地方衙署供职，其中有的就成为了笔贴士

---

① 刘红军、孙伯君：《存世"华夷译语"及其研究》，载《民族研究》2008年第2期，第48—49页。

及口译人员。而且，清朝的科举考试中还特设翻译一科，主要考查考生的满文与汉文、蒙文之间的翻译。康熙皇帝在与俄国谈判《尼布楚条约》时就逐渐意识到精通俄语和拉丁语人才的重要性，于是，他于1708年设立"内阁俄罗斯文馆"，让八旗子弟"专习俄罗斯文字，以备翻译"。同时，清朝保留了明朝的"四夷馆"，只不过更名为"四译馆"。雍正年间，从四译馆中分出"西洋馆"，招满洲青年专门学习拉丁文，其中的教材《华夷译语》本来是洪武年间官方编纂的一部蒙汉对译辞书，后来竟逐渐收录其他语种，成为中国近代初期外译汉的官方辞书。自19世纪60年代起，随着洋务运动的兴起，随着中国亟待发展自己的民族工业从而制造出自己的坚兵利炮，清政府开始着手改革教育，其中，为了学习外国语言文字，奕䜣等于1860年（一说为1861年）奏请设立同文馆，他们认为：

  查外国交涉事件，必先识其性情。今语言不通，文字难办，一切隔膜，安望其能妥协。……闻广东、上海商人，有专习英、法、美三国文字语言之人，请饬各省督抚挑选诚实可靠者，每省各派二人，共派四人，携带各国书籍来京，并于八旗中挑选天资聪慧，年在十三四以下者各四五人，俾资学习。①

到1862年，同文馆拥有雏形，1868年正式成立（一说1869年）。开始时只有英文馆，次年增设法文馆和俄文馆，1872年增设德文馆，1896年又增设东（日）文馆。学习翻译是同文馆学员的主要课程和活动，因此总教习丁韪良筹建了翻译馆，凡是在译书方面有成就者，便给予奖励。同文馆师生所译之书据说有二百余种。②同文馆成为了中国历史上又一所外语学校，学制为8年，学生不仅学习外语，还学习中国语文、

---

  ① 转引自孟昭毅、李载道主编：《中国翻译文学史》，北京：北京大学出版社2005年版，第28页。
  ② 马祖毅：《中国翻译简史："五四"以前部分》，北京：中国对外翻译出版公司1998年版，第339页。

自然科学和社会科学等课程，同时还有较多的翻译实践机会，包括笔译和随同外交使节出国担任口译、接待外宾等机会。同文馆的整个存续期间，师生承担了外事电报和文件的翻译，其毕业生根据成绩分配到外交机关、电报局、邮政局、制造局、船政局、军事学校等部门担任要职。总之，同文馆培养了一批外语人才和科技人才，为中国翻译事业的发展和技术的发展发挥了重要作用，对外语教学、翻译教学以及翻译活动等作出了贡献。

无独有偶，1863年（同治二年），李鸿章以上海、广州两口岸交涉事件较多为由，奏请在上海成立外国语言文学学馆，即广方言馆，考选江浙一带十四岁以下文童及年轻小官吏入馆学习，聘请英国人为西教习、中国人担任总教习和分教习。课程有外国语言文字、近代自然科学和儒学，学习期限为三年，毕业后视成绩分赴各衙门、海关担任翻译等洋务工作。该馆存在了四十二年，学生在校期间学习翻译课程，与外文教习合作译书，毕业后从事教育、笔译的人也翻译了不少西书。但总体来说，广方言馆和同文馆所培养的学生后来更多地进入了外交界，担任驻外公使、参赞和翻译官等。1864年，两广总督瑞麟效仿上海广方言馆之例，经奏请后在广州设立了方言馆，所招收的学生在14到20岁之间，及第者分受本省衙署译员。

尤其值得一提的是，洋务派中具有维新思想的语言学家马建忠提倡设立翻译书院专门培养翻译人才，同时还提出要有计划地翻译图书，强调翻译书院必须以教、学、译和出书相结合。他指出：

……夫中国于应译之书既未全译，所译一二类又皆驳杂迂讹，而欲求一精通洋语洋文兼善华文而造其堂奥，足当译书之任者，横览中西，同心盖寡。则译书之不容少缓，而译书之才之不得不及时造就也，不待言矣。余生也晚，外患方兴，内讧洊至，东南沦陷，考试无由，于汉文之外，乃肆意于辣丁文字，上及希腊，并英、法语言。盖辣丁乃欧洲语言文字之祖，不知辣丁文字，犹汉文之昧于小学，而字未能尽通；故英、法通儒，日课辣丁古文词，转译为本国之文者此也。少长，又复旁涉万国史事、舆图、正教、历算、度数，与夫水、光、声、电，以及昆虫、草木、金石之学，如是者五六年，进读彼所谓性理、格致之书，又一二年，而后于彼国一切书籍，庶几贯穿融液，怡然理顺，涣然冰释，遂与汉文无异。前者郭侍郎出使，随往英法，暇时因举曩所习者，在法国考院与考其文字、格致两科，而幸获焉；又进与考律师之选，政治之选，出使之选，亦皆获焉。曾拟将诸国政教之源流，律例之同异，以及教养之道，制用之经，贸财敛散之故，译为一书，而为事拘牵，志未得遂。近复为世诟忌，摈斥家居，幸有暇日得以重理旧业。今也倭氛不静而外御无策，盖无人不追悔于海禁初开之后，士大夫中能有一二人深知外洋之情实，而早为之变计者，当不至有今日也。余也蒿目时艰，窃谓中国急宜创设翻译书院，爰不惜笔墨，既缕陈译书之难易得失于右，复将书院条目与书院课程胪陈于左；倘士大夫有志世道者，见而心许，采择而行之，则中国幸甚。①

在当时中国处于"倭氛不静而外御无策"之时，马建忠看到了译书的重要性，坚信设立翻译书院、翻译西方著作能够拯救国家危亡。且看"外患方兴，内讧洊至，东南沦陷"和"今也倭氛不静而外御无策，盖无人不追悔于海禁初开之后，士大夫中能有一二人深知外洋之情实，而早为之变计者，当不至有今日也"，字里行间，可以读出马建忠拳拳的爱国之情。总的来说，洋务派主张"中学为体，西学为用"，通过译介西方的科技文献，发展中国的工业，制造出坚船利炮，把中国从西方列强的牵制下解救出来，其主要动机是富国强兵。虽然马建忠的这一建议未得到当时清廷的采纳，但是其中蕴含的翻译教学和翻译实践相结合、翻译人才的培养与当时的社会现实相结合的思想极具前瞻性，对当今

---

① 马建忠：《拟设翻译书院议》，见罗新璋（编）：《翻译论集》，北京：商务印书馆1984年版，第126—127页。

中国翻译人才的培养具有重要的启发意义。

五四运动前后出现的各种文学社团，包括新青年社、文学研究会、创造社、未名社等也为翻译人才的培养做出了贡献，尤其是这些社团的外国文学翻译带动了一大批翻译的新生力量。比如，成立于1921年的文学研究会是中国现代文学史和现代翻译文学史上重要的团体之一。该研究会在成立的初期以译介外国文学为重要人物，也就是说，文学研究会的成员一边从事文学创作，一边从事翻译，更多的时候以翻译为主，创作为辅。尤其值得一提的是，该研究会特别重视翻译人才的培养，"联合了数以百计的翻译工作者，培养了一大批新的力量。"[①]因此，可以说，当时的文学研究会不仅是文学创作、文学研究、译介外国文学的重要团体，还是培养文学翻译人才的重要场所。

综上所述可以看到中国翻译教学悠久的历史传统，上述翻译教学机构和翻译人才培养机构为中国各民族之间以及中国与外国之间口头交往和书面交流培养了大量的翻译人才，从而促进了中外以及国内汉族与其他民族之间在各个方面的友好往来，也为后来的翻译人才培养奠定了重要基础，提供了宝贵的经验，更彰显出翻译实践以及翻译教学在中国历史上的重要作用。

（二）从翻译在历史上的作用看翻译人才培养的重要性

读过中国历史的人都知道，翻译在中国文化发展的进程中起着非常重要的作用。季羡林先生就曾经高度评价翻译在文化交流中的作用，尤其是在中华文化发展过程的作用。他认为中华文化这条长河就得益于有新水注入，最大的两次分别是印度来的水和西方来的水，而这两次水的注入依靠的就是翻译。因此，季羡林先生将翻译视为中华文化长青的"万应灵药"。

始于东汉末年的佛典翻译是中国历史上第一次大规模的文化翻译，带来了佛教文化与中国儒道文化的融合，丰富了中国固有的文化，

---

① 孟昭毅、李载道（主编）：《中国翻译文学史》，北京：北京大学出版社2005年版，第105页。

包括词汇、绘画、音乐、建筑、雕塑、观念等。具体说来，从汉朝到唐朝，由翻译产生的词共有35000多个，其中很大一部分都是佛经传到中土的结果，因为这一时期最重要的翻译活动就是佛典的翻译；佛经翻译不可能总是四言八句的工整对仗，所以打破了中国原来的文风，对我国语言从文言走向白话起到了很大的推进作用；中国文学和文论也都受到了佛经翻译的影响，如"境界"一说，同时中国有很多文学作品的题材源于佛典文献或者受到佛经的影响，如《红楼梦》的开头、《西游记》以及当代武侠小说中的某些内容和情节等；佛典翻译还对中国的政治产生了重要影响，特别是带来儒、释、道三家三足鼎立的局面，不同朝代、不同阶段的统治者对待三家思想的态度不尽相同，但都旨在维护自己的统治。另外，佛经的诵咏丰富了中国的音乐艺术，佛典的翻译带动了佛典的传播，从而带动了佛塔的建设和石窟艺术的发展，不能不说中国的建筑艺术中有很多佛教艺术的烙印。①同时，佛典的翻译中也体现出中国文化对佛教思想的影响。尤其是在佛典翻译的初期，译者采取了适应中国本土文化（尤其儒家文化）的策略，包括对"以人为本"观念、"孝尊"观念、"两性关系"、"社会等级秩序"等的屈从适应。②这是"由于中国民族在摄取佛教以前已具有高度发展的文化的缘故。"③尤其是隋唐以前，儒家思想在中国的影响根深蒂固，因此"新传入的佛教在一定程度上已和儒教伦理联系和妥协。"④中国传统思想和佛教思想通过翻译产生相互联系和影响，这种互动对两种文化和思想的发展和传播都起到了重要的推动作用。

明末清初徐光启等知识分子与耶稣会士的合作翻译西方自然科学

---

① 彭萍：《翻译伦理学》，北京：中央编译出版社2013年版，第3—4页。
② 中村元：《儒教思想对佛典汉译带来的影响》，载《世界宗教研究》1982年第2期，第26—34页；彭萍：《伦理视角下的中国传统翻译活动研究》，北京：外语教学与研究出版社2008年版，第151—161页。
③ 中村元：《儒教思想对佛典汉译带来的影响》，载《世界宗教研究》1982年第2期，第33页。
④ 中村元：《儒教思想对佛典汉译带来的影响》，载《世界宗教研究》1982年第2期，第33页。

著作促进了中国自然科学的进步与发展。利玛窦等外国传教士和徐光启、李之藻等中国知识分子首创了中西合作翻译西方科技文献的实践，引进了《几何原本》、《泰西水法》等西方科技著作。同时利玛窦第一个将四书译成拉丁文，开启了将中国典籍译介到西方的先河，利玛窦还是第一位采用拉丁字母为汉语注音的西方人，还与另一位传教士罗明坚合作编写了第一部《葡华词典》。尤其是在天文学和几何学等方面，这一时期的翻译功不可没。正如梁启超指出：

> 明末有一场大公案，为中国学术史上应该大笔特书者，曰：欧洲历算学之输入。……经屡次辩争的结果，足以徐文定、李凉庵领其事，而请利、庞、熊诸客卿共同参预，卒完成历法改革之业。此外中外学者合译或分撰的书籍，不下百数十种。最著名者，如利、徐合译之《几何原本》，字字精金美玉，为千古不朽之作，无用我再为赞叹了。其余《天学初函》、《崇祯历书》中几十部书，都是我国算学界很丰厚的遗产。又《辩学》一编，为西洋论理学输入之鼻祖。又徐文定之《农政全书》六十卷，熊三拔之《泰西水法》六卷，实农学界空前之著作。我们只要肯把那班人的译著书目一翻，便可以想见他们对于新知识之传播如何的努力。只要肯把那个时代的代表作品——如《几何原本》之类择一两部细读一过，便可以知道他们对于学问如何的忠实。要而言之，中国知识线和外国知识线相接触，魏唐间的佛学为第一次，明末的历算学便是第二次。（中国元代时和阿拉伯文化有接触，但影响不大。）在这种新环境之下，学界空气，当然变换，此后清朝一代学者，对于历算学都有兴味，而且最喜欢谈经世致用之学，大概受利、徐诸人影响不小。①

---

① 梁启超：《中国近三百年学术史》，北京：东方出版社1996年版，第10—11页。此处的徐文定就是徐光启，李凉庵即李之藻，"利、庞、熊"分别为传教士利玛窦（Matthoeus Ricci）、庞迪我（Didacus de Pantoja）、熊三拔（Sabbathinus de Ursis）。

洋务运动时期，在"中体西用"的思想指导下，中国洋务派主要引进西方的科学技术，所以这一时期的汉译文献主要是一些科技文献，主要涉及兵政、医学、工政、历史、算学等方面，"为废除科举、创办新式学校提供了新的教学内容，同时也为中国近代第一批军工民用企业的建立提供了必要的知识基础。"[①]这一时期的中国知识分子代表是徐寿、李善兰等，他们与西方传教士傅兰雅、伟烈亚力合作，翻译了大量的西方书籍，包括数学、物理学、化学、天文和地质学、医学、兵学和兵制、工商业、政治、历史和交涉等诸多方面。更重要的是，在中国知识分子与西方传教士合作翻译的过程中创造了很多自然科学方面的新词，丰富了汉语的科技词汇，便于后代学习。例如，在翻译中定夺数学（几何和代数）、力学、植物学、化学等术语时都本着能够让中国读者一看就能明白并且容易记忆的翻译原则，采用了非常形象的造词法和造字法翻译各个学科的术语，如几何中的"锐角"、"钝角"、"直线"、"斜线"等，代数中的"系数"、"函数"、"常数"等，力学中的"分力"、"合力"等，化学元素名称"锰"、"镁"、"养气"、"轻气"等，还有"植物学"、"细胞"等。这些科学名词大多都沿用至今。

19世纪末期到20世纪初的中国翻译更是一种文化热潮，是中国知识分子试图引入西方文化以改良中国文化的重要手段。这一时期的翻译涉及上层建筑的方方面面，包括语言、经济、法律、哲学、逻辑、文学、社会学等诸多方面，如严复翻译了进化论与伦理学、法学、经济学、逻辑学、政治学、社会学等方面的著作，林纾与他人合作首次译介了西洋小说，为开启民智和启蒙当时的国人做出了重要贡献。新文化运动和五四运动时期，中国的一部分从西洋和日本留学归来的知识分子，翻译了大量的西洋作品和日本作品，尤其是小说，以此介绍西方的政治制度、法律制度、科学技术以及教育体制等等，旨在开启民智，改造社会。随着救亡图存的浪潮不断高涨，各种形式的小说被译介到中国，如政治

---

① 潘玉田、陈永刚：《中西文献交流史》，北京：北京图书馆出版社1999年版，第90页。

小说、科学小说、侦探小说、教育小说、冒险小说等等，从而使中国人认识到西方的政治体制、科学发展、法律体系和判案程序、教育的重要性及对中国社会的启发意义等；激起革命斗志的像法国的《马赛曲》、德国的《祖国歌》以及弱小民族的文学等表达革命和爱国精神的作品能够一译再译。根据秦弓的统计，《马赛曲》于1873、1904、1907、1917、1920、1926等年代大多由不同杂志刊登出不同译者译出的版本，其名称也不尽相同，这说明这些译者和杂志想通过《马赛曲》唤起国人救国图存的意志。其次，五四运动时期还注重宣传个性解放、人性解放、女性解放和思想自由等，所以以这些方面为主题的文学作品也大量译介到中国，如周作人翻译的《点滴》旨在宣传人道主义精神和个人主义，这一时期的"易卜生热"、"泰戈尔热"、"拜伦热"以及"俄罗斯文学热"均旨在宣传个性解放、女性独立等。[①] 20世纪初期，马克思主义的译介使得中国发生了天翻地覆的变化，正如辜正坤所言：毛泽东以为，没有翻译就没有中国共产党，就没有新中国。这个看法是合乎事实的。[②] 到新中国成立以后，以杨宪益、戴乃迭（Gladys Taylor）为代表的翻译家将中国众多的文学作品翻译成了英语，其中尤以《红楼梦》全译本为代表，促进了中国文学在英语世界的传播，对介绍中国文化起到了非常重要的作用。

综上所述，翻译在中国历史上发挥了重要作用。如毛泽东所言：俱往矣，数风流人物还看今朝。尤其是改革开放以来，中国的翻译市场和翻译事业取得了长足的发展。比如《今日中国文学》杂志和英文版《人民文学》的创刊均说明了中国文学海外传播的速度在加快，这不能不让中国人感到自豪。除文学外，翻译还涉及经济、政治、科技等更为宽泛和广阔的领域。翻译市场得到了长足的发展，大大小小的翻译公司纷纷登场，为中国引进外国文学、外国的科技和资金以及为中国企业走出去

---

① 彭萍：《翻译伦理学》，北京：中央编译出版社2013年版，第189—190页。
② 辜正坤：《中西诗比较鉴赏与翻译理论（第二版）》，北京：清华大学出版社2010年版，第378页。

翻译了大量的文献资料，促进了中国文学、文化、经济、科技的发展，可以说翻译实践为今天中国的腾飞做出了极为重要的贡献。

在翻译教学和翻译研究方面，翻译教材和翻译研究的著作层出不穷，翻译学院或翻译系如雨后春笋，可以说翻译已成为一项前景广阔的事业。但不可否认的是，由于人们工作生活节奏的加快和浮躁风气的形成，翻译市场上也出现了这样或那样的问题。尤其是翻译人才的培养方面，很多高校和培训机构的翻译教师队伍亟待发展，翻译教学内容和翻译教学方法等诸多问题亟待进一步探讨和完善。

二、新时期翻译教学的重要意义

21世纪是经济全球化和技术腾飞的世纪，更是人类文明交流与日俱增和文明发展的世纪。刘宓庆指出，21世纪有三大景观，即科技发展、全球性经济的整合发展和世界文化的多元化、多方位、多层次发展，伴随着三大景观的是三大趋势，即全球性的交流互动趋势，全球性的改革、变革趋势，以及全球性的知识提高、深化和普及趋势。这三大景观和三大趋势与翻译的关系极为密切，集中体现在四个方面的巨大需求和要求上，即人才需求（口笔译人才的需求要比20世纪末期增加约12倍，其中发达国家和中等发达国家增加约15倍，发展中国家的需求量会更大）、产品需求（即译品需求。据估计，在21世纪的头50年，仅科技、文化的全球交流所需的翻译著作每年约两万种，50年内共需约百万种）、功效需求（即翻译的速度和效率要大幅提高，不再是传统的"慢工出细活"，而这一切与教育和培训紧密相关，因为翻译教育是高效能翻译人才的摇篮）、质量要求（即译品的质量）。①刘宓庆的这一断言具有前瞻性，深刻地剖析出新时期对翻译人才和翻译市场的迫切需求。

据统计，全球翻译市场目前的年产值超过130亿美元，亚太地区占

---

① 刘宓庆：《翻译教学：实务与理论》，北京：中国对外翻译出版公司2003年版，第6—11页。

30%，其中中国市场约为 120 亿元人民币。我国紧缺五类翻译人才：会议口译、法庭口译、商务口译、联络陪同口译、文本翻译。中国翻译协会的数据显示，目前我国现有职业翻译人员 6 万多人，相关从业人员超过 50 万，专业翻译公司 3000 多家，但胜任翻译工作的人才缺口却高达 90%，市场上高水平的翻译大约只占总数的 5%。我国的翻译人才队伍亟待充实提高，而我国本科阶段的翻译专业人才培养严重滞后于经济发展的需要。另一方面，作为一个经济迅速发展的国家，作为世界上人口最多的国家，中国自然是一个翻译大国。中国的改革开放与世界越来越密切的联系更离不开翻译，外国大量的科技、管理、外交、经济、文化等材料需要翻译到中国来，同样中国大量的类似文件要翻译到国外去。

尤其是进入 21 世纪以后，在全球化和信息化时代的今天，随着中国经济的快速发展，中国的国际地位进一步提升，中国与世界各国在政治、经济、文化等各个领域的合作与交往日趋频繁，中国经济发展的成功经验以及社会文化生活的方方面面都需要以恰当的方式介绍到国外，国外先进的科技以及经济、管理等方面值得借鉴的经验也一如既往地需要介绍到中国，因此国家对复合型、应用性英语翻译人才的高度需求已成为不争的事实。更重要的是，承载着中国文化的中国文学、中国戏曲等多种媒介形式应该更多地译介成各种文字，使世界人民更好地了解中国，使中国在世界舞台上更好地发挥作用，更好地让世界人民了解中国五千年来形成的多姿多彩的文化。所以，如果说中国的近现代及以前的翻译史是一部外译汉的历史，那么当代中国更需要大批汉译外的优秀人才。"这其中尤其要重视能胜任从事中国传统文化、中国国情资讯外译的研究型译才。"[①]因为谁也不能否认，要把中国的传统文化和国情介绍到外国，不是单靠语言的功底就能完成的，还需要对中国文化、中国国情进行深入的研究，真正了解中国文化和中国国情的内涵。

---

① 何刚强：《前瞻、务实、鼎新——对本科翻译专业建设的若干思考》，载《翻译教学与研究》（第一辑），上海：复旦大学出版社 2010 年版，第 15 页。

可是据目前的情况看，高级的汉译外人才匮乏已成为中华文化走向世界的一个瓶颈，①因此培养高级翻译人才是当今中国社会发展和中国走出去战略实施的呼唤和迫切需要。总之，正如张瑜指出：

> 当中国加入世贸组织后，华夏大地迫切需要大批合格的复合型翻译人才。一方面，他们精通母语和外语，了解不同语言所代表的文化的深层特点；另一方面，他们知识面广博，具备翻译过程中所需要的专业知识和非专业知识，并能时刻把握社会前进最关键的资讯。这样，他们才能担负起中外文化知识的交流和沟通的责任，即把国外最新的发展译介给国人，同时把中华民族的智慧成果译介给外面的世界。②

从专业角度讲，英语专业培养出来的毕业生，如果毕业后不转行，大多数人都会在工作单位从事一定的翻译工作，因为用人单位毕竟已经知道这些都是英语出身的毕业生，因此就会委以翻译任务，所以翻译是毕业生应用较为广泛的一种技能。英语专业毕业生的语言水平和翻译直接关系到自己的工作，正如穆雷指出："学生的母语和外语水平，工作以后大多要从口译或笔译中体现出来，学生对翻译的掌握程度常对他们的工作产生较大影响。"③而学生的语言水平（尤其是双语水平）以及翻译水平当然有赖于翻译教学，由此可见翻译教学所承担的重任，具体说来，翻译教学的重要性也正如穆雷所言：

> 通过翻译教学，翻译理论才得以广泛传播；通过翻译教学，我们才建立起自己的学术基地和学术队伍；通过翻译教学，翻译事业

---

① 转引自何刚强：《前瞻、务实、鼎新——对本科翻译专业建设的若干思考》，载《翻译教学与研究》（第一辑），上海：复旦大学出版社2010年版，第15页。

② 张瑜：《全球化时代的中国翻译教学走向》，载《外语界》2003年第1期，第13页。

③ 穆雷：《翻译事业何以发展——翻译教学及其研究》，载《外国语》1997年第4期，第45页。

才能源源不断地获得新生力量,才能生气勃勃,永葆学术青春。我们的社会主义现代化建设,需要培养相当数量和较高质量的翻译工作者,而在这支队伍的建设中,翻译教学承担了举足轻重的任务,甚至可以说,翻译教学是翻译这一学科发展的命脉。①

新时期对翻译人才的需求对高校英语专业的翻译教学提出了更高的要求。在这种新的时代背景下,高校更应该重新认识和估价翻译教学肩负着的重任,应该为国家和社会的发展培养高质量、高素质的文化翻译人才、文学翻译人才以及各种应用型翻译人才,其中包括复合型和复语型翻译人才等。本科翻译教学是培养翻译人才的初级阶段,但又是非常重要的阶段,因为这个阶段首先要培养学生对翻译的兴趣,引领他们将翻译视为一种语言的游戏,从而激发他们更好地提高双语水平,为以后走上工作岗位或继续深造奠定良好的基础;其次,这个阶段的翻译要把更多的时间放在翻译实务环节,将英汉对比和语篇分析与翻译技巧有机地结合起来,让学生有更多的翻译实践练习,并教会他们学习翻译和练习翻译的有效方法;第三,要教会学生如何去评析一篇译文,从中学到有用的语言知识、文体知识、文化知识等等;第四,让学生了解翻译在历史和当今时代的作用,从而激发他们从事翻译的使命感和责任感。

到2011年3月为止,我国内地共有42所高校获得教育部的批准,开办翻译本科专业学位教育。这从一个侧面反映了新时期对翻译人才的高度需求。然而,作为一门新成立的综合性学科,我国本科翻译专业在师资队伍、人才培养目标和规模、课程设置和教材建设、教学方法、教学效果的评价等诸多方面,有很多问题值得好好思考和研究。在外语专业的本科阶段,翻译教学还没有得到应该得到的重视,因为长期以来不少教学管理者和外语教师本人认为只要会教外语精读、泛读、写作等

---

① 穆雷:《翻译事业何以发展——翻译教学及其研究》,载《外国语》1997年第4期,第45页。

课程的教师就一定可以教好翻译。实际上这种看法存在一定的偏颇之处，因为翻译课是一门与语言学、文体学、认知等学科有着千丝万缕联系的学科，不仅需要教师有较高的外语水平，更需要教师有较高的母语水平、多学科的知识以及恰当的翻译教学方法。尤其值得一提的，本科阶段是培养翻译实践人才的基础阶段，也是最为重要的阶段，所以探讨本科阶段的翻译教学正是新时期社会发展的呼唤，也是新时期英语教学中非常重要的一项任务和环节。

三、国内本科翻译教学现状

我国大学英语专业的教学大纲明确将翻译课列为英语专业必修课之一，而且连非英语专业的大学四六级考试也将翻译列为必考题，近来的改革更是将篇章翻译放进了四六级的英语考试当中。总体说来，我国近年来翻译教学取得了一定的成绩，比如，教师队伍中具有翻译专业教育背景的人越来越多，具有翻译实践经验的人也越来越多，翻译教学也得到了高校管理者的一定重视。但是，综合起来看，国内的翻译教学依然存在着一些亟待解决的问题。比如，穆雷认为，国内的本科翻译教学在教材、授课内容以及授课方法、翻译测试、师资队伍和学习者本身、教学研究等方面均存在一定的问题。① 徐金榜认为，翻译教学的问题在于课时少；教学方法陈旧、呆板，不符合教学的规律；教材过于单一。② 就笔者考察和研究，上述问题在今天的翻译教学依然比较突出，具体如下：

学校和学院管理者对翻译教学的重视不足。长期以来，翻译被普遍简单地定义为两种语言的转换，因此不少人认为只要学了外语就一定

---

① 穆雷：《中国翻译教学现状初探》，见刘宗和（主编）：《论翻译教学》，北京：商务印书馆2001年版，第47—58页。
② 徐金榜：《加强翻译教学，提高教学质量》，见刘宗和（主编）：《论翻译教学》，北京：商务印书馆2001年版，第94—96页。

能做翻译，只要是外语专业的教师就一定能够担任翻译教师。这种观点在一些学校和学院管理者身中间也比较普遍，所以虽然这些管理者也认识到翻译在外语专业中是一门必须开设的课程，但对翻译教学的本质以及翻译教师队伍应该具备的素质认识不足，因此在设置翻译课时和配备教师队伍方面并不十分科学。比如翻译课到底应该从第几学期开设，开设几个学期，每周课时多少，英汉互译是否同步进行，是否应该由一位教师担任，翻译教师是否应该具有翻译专业的教育背景和翻译实践背景等等诸多问题并没有考虑周全。更重要的是，在当今这个科研量化的时代，学校管理者为了科研政绩总是要求教师写出具有一定理论高度、发表在所谓双核心期刊上的论文，对教师的译著和译作不屑一顾，严重挫伤了翻译教师从事翻译实践、从而将最新材料带入课堂的积极性。这些问题导致翻译课课时少、开设学期不科学、英汉互译教学严重脱节、师资队伍良莠不齐、教学内容陈旧、教师教授翻译和学生学习翻译的积极性不高等诸多问题。

　　教师对翻译教学的认识不够。和不少管理者一样，外语专业的教师对翻译教学的认识也存在不到位的现象。不少外语教师是语言学、文学专业出身，他们认为翻译只是一种技能，没有语言学高深抽象的理论，也没有文学那么博大精深，所以对翻译怀有一种轻视的态度，尤其是对以翻译实践教学为主的本科翻译教学怀有轻视的态度，从而不愿从事翻译教学，或者即使承担了一定的翻译教学工作，也不愿花时间尽心备课和批改学生的笔译作业，更不用说更新学生的翻译实践材料和探讨翻译教学的方法。由于大部分时间会花在为职称而赶写论文，所以从事翻译实践的时间较少，更有甚者，由于翻译实践的报酬比较低，所以没有太多的教师愿意从事翻译实践工作，这样就导致教师无法将最新的翻译实践材料带入课堂。

　　翻译教材和教学内容相对陈旧、单一。虽然近年来市场上的翻译教材数量越来越多，据陶友兰统计，我国的翻译教材数量增加的趋势如下：1949—1965年：2本；1966—1976年：0本；1977—1989年：55本；

1990—1998 年：41 本；1999—2009 年：150 本。①但是真正能够用于本科翻译教学系统教材或者成套教材并不多见。而且，市场上更多的教材要么是英译汉，要么是汉译英，这种人为地将翻译教学中的英汉互译割裂开来在笔者看来并不十分科学。另外，大多数教材要么以语法为纲，要么以语篇为纲，没有将两种语言的对比同翻译技巧有机的结合起来，没有将文体知识同翻译策略和翻译原则有机地结合起来。还有些教材理论性太强，实践部分比较欠缺，另一部分教材只是简单地罗列一些例子，分析不到位，或者根本没有归纳出一些翻译的规律。还有些教师为了不囿于某一教材自己编写或拼凑了一些教学材料，但这些教学材料往往重复使用很多年，缺乏新意，无法与时俱进，使得一些学生失去了学习翻译的兴趣。而且，正如王占斌指出："自编教材不排除编写的随意性、市场导向性和缺乏科学性等诸多方面倾向。"②

教学方法不够科学有效。不少翻译教师认为翻译课堂上教师不应该讲解太多东西，而应该让学生进行大量的练习。正如胡安江指出："大多沿用传统的翻译教学方法大都遵循练习——批改——讲评的传统模式，即走的是一条重实践、轻理论的路子（这种实践过程中语法教学的痕迹依然很重）。很少有对比阅读、译文赏析、译文比较、课堂讨论、做小论文等其它灵活有效的教学形式和教学手段，更高层次的专题讨论就更是无从谈起了。"③这种方法无疑"把翻译课当成了培训班，开始大量的翻译练习，毫无疑问在进行集训、搞速成工程，把初学翻译的学生看成了具备相当经验和理论知识的翻译工作者。"事实上，翻译课堂既要有教师的讲解，也应该有学习者的实践与讨论。教师的讲解要注意启发性和指导性，不能满堂灌，要启发学习者悟出一定的翻译规

---

① 陶友兰：《我国翻译专业教材建设：理论构建与对策研究》，上海：上海外语教育出版社 2013 年版，第 33 页。

② 胡安江：《再论翻译教学》，载《中山大学研究生学刊(社会科学版)》2006 年第 2 期，第 128 页。

③ 王占斌：《关于英语专业翻译教学的调查与研究》，载《上海翻译》2005 年第 1 期，第 33 页。

律，学习者本人要亲身实践，课堂应有一部分讨论，互相启发，自己总结。这样的教学才够科学，教学的效果才会更加显著。

师资队伍良莠不齐。如前文所述，由于学校管理者和教师本人对翻译和翻译教学的轻视，使得不少担任翻译课的教师缺乏翻译专业教育的背景，更缺乏正规的翻译教学培训。正如王占斌所说："大多教师既没有经过系统的翻译理论学习，也未受过专门的实践训练，拿来教材便开始照本宣科。其结果只能把翻译课变为英汉语句子对比课，或者简单的精读课教学，学生只能从中学习几个单词或者短语，最多也不过知道几条不中用的翻译技巧罢了。"[①] 还有些教师没有翻译实践的经验或者不愿与同行沟通翻译教学的可行性和方法。关于师资队伍的问题，本书后文会有专章论述，此不赘述。

学习者本身对翻译的规律和科学性认识不足。不少翻译学习者认为做好翻译就需要增加词汇量，只要词汇量足够多一定会把翻译做好，于是他们把大量的时间用在了记忆单词方面，却忽略了翻译实际上涉及自己母语和外语的综合能力和水平。还有些学生认为翻译无定法，无规律可言，所以即使翻译教师上课认真地讲授翻译过程、翻译原则、翻译标准、翻译技巧等，这部分学生也毫无情趣。他们的这种学习态度势必也会影响到教师的教学态度和教学方法。因此，翻译学习者应正确地看待翻译学习，认识到翻译不是词语的简单堆砌，而是一种科学，一种艺术，从而能够激发自己重视翻译，探索翻译的规律，提高自己的语言综合能力和丰富自己的知识，配合教师的教学工作。只有这样，翻译学习者才能提高自己的翻译水平。

翻译测试的题型过于单一。对于翻译测试，尤其是学期末的翻译测试，一般的翻译教师为批改容易起见，只出两道题，一道英译汉，一道汉译英，而且在选择语篇的时候往往是随意的，实际上这种对翻译教学结果的考察形式过于单一和随意，无法考察出真正的教学水平。而且一

---

① 王占斌：《关于英语专业翻译教学的调查与研究》，载《上海翻译》2005年第1期，第33页。

旦学生知道期末是这样的题型之后，他们往往会丧失学习翻译的兴趣和动机，认为不需要认真学习就可以蒙混过关。因此，翻译测试的试题类型应变得更加多样化，比如让学生翻译单句并说出其中的技巧，语篇翻译要结合学期中所讲内容（如文体知识和翻译原则及翻译策略），简单考察一下学生的翻译史知识和翻译技巧的归纳总结能力等。

总之，虽然近年来我国的翻译教学事业看上去在蓬勃发展，规模在不断扩大，其中也取得了一定的成绩，但是其中存在的问题也不容小觑，需要高效管理者、翻译教师以及翻译学习者本人共同努力，尤其是翻译教师要对翻译教学进行缜密和不懈的研究，从而提高翻译的教学质量，为国家和社会的发展培养更为优秀的外语人才和翻译人才。有鉴于此，本书也将对上述问题进行一定的探讨。

四、国内外翻译教学研究的现状

中国有句古话，叫作"知己知彼，百战不殆"。梳理和分析国内外翻译教学研究的现状能够更好地了解国内外翻译教学中已有的优点以供参考，发现其中的不足以供吸取教训，从而更好地改进翻译教学，更好地促进对翻译教学的研究。

（一）国内翻译教学研究的现状

中国翻译教学真正开始发展是在1995年以后。1996年，第一届全国翻译教学研讨会在南京召开，1997年，两岸四地又在香港召开了翻译教学研讨会。沐浴着翻译教学研究的春风，广东外语外贸大学在中国大陆率先成立了翻译系，随后，北京、西安、上海等城市的一些院校也纷纷成立了翻译系或翻译学院，而且翻译学（或翻译研究）也逐渐由从属于语言学或文学的三级学科演变为隶属于外国语言文学的二级学科。随着翻译教学的发展，翻译教学研究也逐渐发展起来。

根据郑晔、穆雷2007年对过去50年（1951—2007）中国翻译教学研究的发展与现状的研究，1951年—2007年4月，翻译教学研究的论文总数为956篇，关于翻译教学的论著只占翻译研究论著的2%。翻译教学的文章进入20世纪90年代以来数量猛增，其中有关教学法的研究排在首位，现代科技与翻译教学、翻译教材研究、教学大纲与课程设置、翻译测试评估等方面的研究很少，语料库与翻译教学以及翻译教学师资方面的研究更是少。①辜正坤也曾提到：数十年来，中华译界教学甚昌，然教学论专著则甚寡。②涉及翻译教学领域的专著，郑晔、穆雷认为，1951年—2007年4月间只有《中国翻译教学研究》、《中国英汉翻译教材研究(1949—1998)》和《中国翻译教学五十年回眸》三部，其他翻译教学论著主要集中在翻译技巧或是翻译考级指导等方面，缺少全面系统的理论分析或实证研究，与国外众多的翻译教学专著相比，我们的翻译教学研究还有很大的距离。③第一部系统研究翻译教学的专著当属穆雷的《中国翻译教学研究》(1999)，该书对中国的翻译教学进行了调查，探讨了翻译课程设置、教材开发、课时分配和师资培训等宏观的问题。用许钧的话说：

> 穆雷在把握了限制中国翻译教学发展的根本症结之后，站在学科的高度，对中国翻译教学的现状进行了系统而深入的分析，其中涉及了学科建设、课程设置、教材建设、师资培养、教学方法、口译教学、翻译测试、教学研究等八个大的方面。作者没有局限于对上述八方面的基本问题的简单罗列与描述，而是始终抓住"翻译学科建设"这个根本的问题，对涉及翻译教学的主要问题进行全面的观照与分析，因为只有在对翻译学科进行正确定位的基础之上，认清"翻译学科是一门跨学科的综合性学科"这一本质，把

---

① 郑晔、穆雷：《近50年中国翻译教学研究的发展与现状》，载《广东外语外贸大学学报》2007年第5期，第61页。
② 辜正坤：《译学译技与参禅悟道——序阎佩衡〈英汉与汉英翻译教学论〉》，见阎佩衡：《英汉与汉英翻译教学论》，北京：高等教育出版社2005年版。
③ 郑晔、穆雷：《近50年中国翻译教学研究的发展与现状》，载《广东外语外贸大学学报》2007年第5期，第61—62页。

翻译学科作为一门独立的学科加以建设，才能够正确认识目前中国翻译教学在各个方面所存在的够正确认识目前中国翻译教学在各个方面所存在的问题，客观地评价其成绩，进而指出其发展的方向。①

张美芳于2001年出版了《中国英汉翻译教材研究》(1949—1998)，分析了中国大陆近50年的百余种翻译教材编写的指导原则，指出了这些教材的特点和所属的流派（词法、句法流派、功能流派和当代译论流派），探讨了这些教材的优劣之处，从市场和功能的角度指出哪些教材适合翻译教学，提出了未来翻译教材的发展方向及新教材编写的一些建议。由文军主编的《中国翻译教学五十年回眸》是一部关于1951—2005年中国翻译教学研究论文、论著索引，该书按年代列出了这些年间中国发表和出版的翻译教学论文和专著。客观地说，该书不能算作是翻译教学方面的研究专著，而应该是一本资料汇编式的工具书，对翻译教学研究具有文献参考价值。

实际上，进入21世纪以来，我国的翻译教学研究专著已经出现雨后春笋般的趋势。笔者认为刘宓庆于2003年出版的《翻译教学：理论与实务》一书可以看做是一部翻译教学系统研究的专著，因为该书提供了更为完整的翻译教学理论框架，系统地探讨了翻译教学的思想原则、翻译教师素质、翻译实务教学的方法、翻译理论教学的三个不同阶段，重要的是提出了翻译教学要特别注重素质和全面教学的观点。该书集翻译教学的理论与实践于一体，论述缜密，举例翔实，宏观与微观相互结合，是一部具有重要价值的翻译教学实践和翻译教学研究参考书。2005年阎佩衡出版了《英汉与汉英翻译教学论》一书。该书将翻译行为放在一个"二度对话"式的语境体系中，认为：既站在作者的立场上去斟酌和处理理解中的问题，又站在读者的立场上斟酌和处理表达中

---

① 许钧：《中国翻译教学研究·序》，载《上海科技翻译》2001年第1期，第34—35页。

的问题,从而实现通过"言内意义"传达"言外意义",最终实现"言后意义"的传达。这就是作者主张的"双观式"翻译教学观。正是从这一教学观出发,作者探讨了翻译中的理解、比较和表达的教学问题。作者的观点比较新颖,但是该书探讨的依然是翻译语言转换的具体操作问题,对于翻译教学中的实际问题,包括教材选择、教师素质、课堂组织等等问题,均未涉及。

庄智象的《我国翻译专业建设:问题与对策》(2007)可看作是我国第一部系统研究翻译专业建设的专著。作者广泛借鉴国内外翻译教学经验,深入分析了我国翻译专业本科的现状,阐述了翻译学科与专业建设的新观念、新思路,并提出了多条具体的措施和建议,具有较强的开拓性和可行性。尤其是对翻译专业做了多层次、多学科、全方位的描述和研究。内容包括翻译学的理论与范畴、翻译专业的定位与任务、人才培养的目标与规格、教学原则与大纲、课程结构与特点、教学方法与手段、师资要求与培养、教材编写与出版等,提出了多条具体的措施和建议。但是,遗憾的是,该书探讨的对象时翻译专业教学的问题,没有包括外语专业翻译教学问题,另外该书探讨的问题较为宏观,对教学中的微观问题如学生的学习动机、师资发展、课程作业与测试等均未作进一步的探讨。

高华丽的《翻译教学研究:理论与实践》(2008)的第一部分(翻译课程部分)探讨了翻译作为高校外语院系英语专业的一门必修课的教学,主要包括口笔译的教学规律、教学方法、教学重点和教学测试评估等问题,根据翻译课实践性强的特点,提出了翻译课程教学的原则、具体可行的训练方法和步骤、教学中的难点与重点、教材的编选原则及测评方法;第二部分(翻译专业部分)以翻译专业本科阶段教学为研究重点,讨论了培养职业翻译的教学目标、课程规划、教学要求及测评方法,提出了基于翻译能力培养的翻译专业本科培养计划,也涉及翻译专业硕士阶段的一些问题。本书的缺憾在于没有详细探讨外语专业翻译课程的一些微观问题。

薄振杰的《中国高校英语专业本科翻译教学研究》(2011)主要是借鉴西方客观主义和建构主义两大教学模式的优势尝试在中国翻译教学方面建立客观——建构理论方法，以期对中国本科翻译教学的无标题语段翻译能力培养提供一定的指导和借鉴。笔者认为，这一研究属于微观层面的研究。金萍的《多维视域下翻译转换能力发展与翻译教学对策研究》(2012)在以往翻译转换能力研究的基础上，吸收和借鉴了教育学、心理学、语言学等相关学科的理论和方法，对翻译转换能力与翻译教学对策进行了多维视域下的跨学科整合研究，进一步拓展了翻译教学理论与实践研究的领域和视域，对于丰富和发展翻译转换能力和翻译教学研究都具有一定的理论和实践意义。王树槐撰写的《翻译教学论》(2013)是在作者博士论文的基础上进一步深入写成，该书主要提出了翻译能力的综合模式、翻译课程模块、翻译教学原则、翻译教学方法和翻译教学评价，该书使用不少西方翻译和翻译教学的研究成果，理论性较强。陶友兰撰写的《我国翻译专业教材建设：理论构建与对策研究》(2013)主要对我国翻译专业的口笔译教材的现状、编写原则和理论基础进行了宏观的研究，对翻译教学中教材的编写和教材的选择具有一定的指导意义。

关于翻译教学论文，笔者在中国期刊网输入"翻译教学"这一关键词，收入核心期刊的论文有1178篇，其中CSSCI论文605篇，这些论文均就翻译教学的某一特定或具体问题进行了探讨。正如郑晔和穆雷在《近50年中国翻译教学研究的发展与现状》指出：翻译教学研究的论文数量持续增长，研究范围与内容不断多元化发展，选题的深度广度有所扩大，研究的视角有所拓展，有关教学法的研究排在首位，而现代科技与翻译教学、翻译教材研究、教学大纲与课程设置、翻译测试评估等方面的研究很少，语料库与翻译教学以及翻译教学师资方面的研究更是少。具体问题表现在：（1）没有清楚地界定教学模式和教学方法这两个基本概念；（2）研究范围很广，却没有中心主题；（3）研究翻译能力培养时概念使用也较混乱，有的用翻译人才培养，有的用翻译能力培养，也有的用译者能力培养等等；(4)国外翻译教学介绍的多，分析研究批评的少；(5)翻译教学跨学科研究较多的是跟语言学的交叉研究，跟其他学科的交叉研究相对较少，特别是心理学、教育学、认知科学等相关学科，以及数学、计算机科学等自然科学；(6)中国内地的现代科技（如计算机、网络、语料库等）与翻译教学的结合研究起步晚，而且没有形成专业的团队；(7)翻译教材研究依然停留在单纯批评或是赞扬他人教材的层面，提出改进并设计出可行编著教材方案者并不多见；(8)教学大纲与课程设置极少有人问津；(9)翻译测试与评估处于被忽视的状态；(10)师资发展研究几乎无人问津；(11)口译研究和笔译研究的比例严重失调。虽然翻译研究中大多涉及的是笔译技巧，但进行笔译教学研究者却很少；(12)翻译教学研究的课题逐渐多样化，但却没有集中在某些较为值得关注的领域。①

除专著和发表在期刊的论文外，商务印书馆于2001年出版了刘宗和主编的翻译教学论文集《论翻译教学》，主要收录了1996年在南京举行的全国首届翻译教学研讨会上提交的一些具有代表性的论文以及1994—1998年间发表在主要外语学术期刊中的一些优秀教学论文，主要涵盖翻译教学总论、翻译教学理论与实践、口译教学、教材与教法、测试研究这五个专题，共52篇文章。

王树槐将国内近年来的翻译教学理论研究趋势归纳为以下几点：(1)注重市场需求、环境因素对翻译课程制定的影响；(2)介绍、引进建构主义教学理念，倡导从教学中心向学生中心转化；(3)在批评结果教学法的基础上，积极倡导过程教学法；(4)注重现代教育技术在翻译教学中的运用；(5)介绍并开展TAPs翻译过程；(6)对比语言学和语篇翻译理论对翻译教学的指导日趋成熟，文体学、美学、教育学、心理学对翻译教学的指导也逐步成为研究的热点。②以上研究大多以论文

---

① 郑晔、穆雷：《近50年中国翻译教学研究的发展与现状》，载《广东外语外贸大学学报》2007年第5期，第61—62页。

② 王树槐：《翻译教学论》，上海：上海外语教育出版社2013年版，第20—23页。

的形式出现。

综上所述，无论是带有"翻译教学"这样字样的著作还是研究论文，大多仅就某一专题进行论述，未能涵盖翻译教学的各个环节，还有些著作或论文过于理论化或过于追随国外的研究视角和理论，例如引进建构主义的理念和"有声思维"理论以及关于翻译能力的探讨，而且很多研究并没有区分本科还是更高层次的翻译教学。在我国，本科翻译教学是非常重要的教学阶段，是培养翻译人才，尤其是培养翻译实践型人才的基础阶段，因此有必要对本阶段涉及翻译教学的许多方面进行详细的探讨和研究，包括教学的原则和目标、教学的内容、教学的手段、课堂组织、学习者的学习以及教师的发展、翻译测试等多个方面。同时，中国的翻译教学研究不能总追随国外教学理论和翻译教学理论以及翻译研究的脚步，不能一味地套用国外的一些理论，毕竟中国的翻译教学有着自己独特的情境，因此需要真正探讨出具有中国特色的翻译教学理论与翻译教学的方法，真正能够指导中国的翻译教学，尤其是本科阶段的翻译教学。

（二）国外研究

国外所翻译教学或翻译培训的论述有些散见于翻译理论专著，但是近二三十年来国外出版了一些关于翻译教学和培训的论文集。道勒拉普（C. Dollerup）和劳德嘉德（A. Loddegaard）主编的《口笔译教学》(*Teaching Translation and Interpreting*)收集了1991年5月31日到6月2日在丹麦埃尔西诺举办的第一届语言国际大会的论文（该大会也叫哥本哈根翻译研究）。该书共收集了35篇论文，共分为九个主题：民族视角与展望(National Perspective and the Future)、翻译教学：方式与方法(Teaching Translation: Ways and Means)、跨学科的翻译及其归属（An Interdiscipline and Its Affiliation)、词的问题（Words, Words and Words)、新媒体和教学（New Media and Teaching)、口笔译教学（Interpreting and Translation)、口译（Interpreting)、评价(Assessment)及学校之外（The World beyond School)。

第一章 导言

芬兰赫尔辛基大学翻译研究系分别于2006年和2008年推出了《翻译教学的当代动向》(*Current Trends in Translation Teaching and Learning*)和《翻译教学的当代动向（第二辑）》(*Current Trends in Translation Teaching and Learning Volume II*)，收集了来自不同国家的作者关于翻译教学的论文。随着翻译变得越来越重要、译员培训的效果越来越重要，该书的编辑格兰特（M. Garant）希望对翻译教学兴趣的增长反映了该领域总体的趋势，认为参与未来译员培训的人员有必要建构系统的翻译教学理论。[①]

1999年，西班牙维克大学翻译学院举办了"培训口笔译译员：新千年，新方向"的翻译教学论坛。当时，来自25个国家的31位专家学者就翻译教学发表了自己的观点。这些论文由维克大学的坦南特（M. Tennent）编辑成为《口笔译教学法：新千年的培训》(*Training for the New Millennium Pedagogies for Translation and Interpreting*)。该书于2005年由约翰·本杰明出版公司[John Benjamins Publishing Company (Amsterdam/Philadelphia)]出版，2010年由上海外语教育出版社引进。全书共分为四个专题：（1）培训项目：现状与前景；（2）教学策略；（3）理论与教学的相关性；（4）结语。其中第一部分收集了两篇论文，分别介绍了欧美国家口笔译教学主流的理念、课程设置、教学内容和教学方法；第二部分收集了五篇论文，分别探讨了口笔译教学的理念与实践；第三部分收集了四篇论文，探讨理论与口笔译教学的关系以及翻译伦理；第四部分（即结语部分）收集了一篇论文，主要是通过回顾翻译研究与翻译教学脱节的状况来探讨从文化生态角度考察未来的翻译教学。

另外，从1993年起，约翰·本杰明出版公司就开始出版美国翻译者协会的学术论文集，其中会涉及一些口笔译教学和口笔译测试等主题。比如第3辑叫做《口笔译培训和外语教学》(*Translator and Interpreter*

[①] Garant, M., *Current Trends in Translation Teaching and Learning*, Helsinki University Press, 2006, p.7.

Training and Foreign Language Pedagogy)、第 14 辑叫作《口笔译研究中的测试与评估》(*Testing and Assessment in Translation and Interpreting Studies*)。

国外翻译教学的系统专著实际上也并不像翻译研究专著那样层出不穷、蔚为大观。比较具有代表性的著作当属科林娜（S. Colina）的《翻译教学——从研究到课堂（教师手册）》(2003)。该书将功能翻译理论、语篇翻译理论、描述翻译学、教育学、心理学、外语教学法的最新研究成果融入翻译教学，并进一步设计课程大纲、教学材料、课堂形式、翻译能力评价模型，在将翻译理论联系教学实践、促进翻译教学与评价的科学化上做出了富于成效的探索，因此可以视为理论与教学实践相结合的一部翻译教学专著。

总体看来，王树槐将国外翻译教学研究的特点总结如下：（1）注重理论翻译学、描述翻译学对翻译教学的指导作用，强调它们之间的互动关系；（2）积极倡导建构主义，实行以学生为中心的教学；（3）注重翻译市场对翻译教学的导向；（4）注重前沿翻译理论，如文化学派、解构主义、女性主义等对翻译教学的作用；（5）注重对翻译过程中"黑匣子"的实证研究，将有声思维报告法和其他实证研究方法的成果用来指导学生的翻译过程；（6）注重对翻译行为过程的教学，同时强调发展学生搜寻和利用电子资源的能力；（7）重视翻译规范的教学；（8）重视学生在翻译过程中的社会化；（9）注重翻译能力的理论研究；（10）重视对翻译教学评价的研究。[①]但实际上不难看出，国外翻译教学的总体特点是重视理论，重视市场。

但是国外关于翻译教学的论文集收集到的论文毕竟篇幅有限，所以只能就某一个或某几个较为微观的相关问题进行探讨，虽然国外翻译研究的著作层出不穷，但关于翻译教学的专著却凤毛麟角，这从侧面放映出翻译研究与翻译教学研究甚至是与翻译教学实践本身是脱节

[①] 王树槐：《翻译教学论》，上海：上海外语教育出版社 2013 年版，第 11—18 页。

第一章 导 言

的。另外，国外类似的翻译教学对我国的翻译教学具有一定的启发，但是如前文所说，国外学者探讨的翻译教学往往以国外的教学情境为主，而且一般不会涉及与汉语有关的双语翻译，因此，这些翻译教学理论也只是具有一定的参考意义而已，不能生搬到国内来。而且，笔者一贯主张，中国的翻译研究不能成为外国（尤其是西方）翻译研究的传声筒，而应该在适当借鉴的情况下开辟出具有中国特色的翻译理论，那么翻译教学研究就更不应该例外，中国翻译教学研究应立足于中国的教学实践，真正总结出适合中国的翻译教学方法，开辟出具有中国特色的翻译教学理论。

前文所述中国的翻译教学研究近年来虽然取得了一定的成果，但由于各自关注的角度不同，缺乏对外语专业本科阶段翻译教学理论与方法的详细而系统的研究。鉴于本科阶段的翻译教学是培养翻译实践人才非常重要的环节，所以有必要对这一阶段翻译教学理论与方法进行宏观和微观的详细而系统的探索，涉及翻译教学的可行性、翻译教师的职业发展、翻译教师与学生的角色定位与现状、翻译教学内容、教学手段、教材选择、翻译作业评价与翻译测试、ESP翻译教学等诸多方面。探讨本科翻译教学的理论与方法，不仅具有一定的实际意义，还有一定的理论意义。特别是，本书拟关注国内外的最新研究成果，从多个角度探讨翻译教学问题，引入语言学理论、翻译学理论、教学理论和生态理论，试图用开放的思路系统研究涉及翻译教学史、师资建设、教学内容、翻译测试、生态翻译教学等多个环节或内容，而且在理论分析的基础上，通过问卷调查、案例分析等研究方法对教学中的具体问题进行分析和概括，从而使得该研究成果具有一定的针对性，并给人以深刻的印象。总之，本书的探讨如果能为翻译教学实践提供一定的启发和指导意义，能够引发更多的翻译研究者和翻译教师对翻译教学研究进行更多的讨论和进一步的发展，那正是笔者的心愿所在。

五、本书结构和研究方法

本书拟利用翻译理论、教学理论（包括外语教学理论、一般教学理论和翻译教学理论）、语言学理论（包括英汉对比、语篇分析、语用与认知、语义）、生态理论等对本科翻译教学的理论与方法进行综合探讨，共分为十一章：第一章为导言，首先对中国翻译教学的历史以及翻译在历史上的作用进行回顾，然后引出当今翻译教学的重要性；第二章是本科翻译教学的目标和翻译实践教学的可行性，尤其是从规定性和描写性来论述翻译实践教学的可行性；第三章将对翻译教师队伍的现状（尤其是本科翻译教师队伍存在的问题）进行归纳和分析，利用教师发展理论探讨翻译教师职业发展的途径；第四章使用问卷调查和分析的方法对本科外语专业学生的翻译学习动机、学习现状以及学习效果进行有效分析并提出问题的解决办法；第五章主要论述本科翻译教材和翻译教学的内容；第六章将从英汉对比的角度论述双语互译教学同步进行的科学性；第七章探讨翻译教学中进行人文通识教育的具体环节及意义；第八章用有声思维以及翻译工作坊等翻译理论具体探讨翻译作业和翻译测试的形式与评价标准；第九章将利用具体的翻译作业实例以及语言和文化的语际负迁移理论、认知语言学、语篇认知理论等综合论述和探讨语言、语篇及文化与翻译教学的关系；第十章对专门用途英语翻译教学提出总体的看法；第十一章将以生态视角为例来思考翻译教学，从而对翻译教学提出展望。鉴于目前对本科外语专业翻译教学研究缺乏综合的视角，本课书将对本科阶段翻译教学的上述诸多方面进行综合研究，理论与教学实践相结合，探讨本科阶段翻译教学的理论与方法；鉴于英汉对比理论、文体学理论、有声思维和翻译工作坊理论等此前大多用于翻译本体的研究，用于翻译教学的研究较少，语言学、认知、教师发展、人文通识教育、自主学习测试、生态学理论等一般用于外语教学研究的较多，用于翻译教学研究的较少，因此本书拟将这些理论用于本科翻译教学研究。

本书研究的方法主要包括：(1) 综述、归纳法：例如，如对国内外翻译研究的现状进行综述和归纳，对中国翻译教学历史进行综述；(2) 问卷调查和图表分析法：例如，就学生学习翻译的动机、现状、效果等进行具有代表性的问卷调查，然后对调查的结果进行图表分析；(3) 综合研究法：翻译理论、语言学理论、教学理论及生态理论等本来是独立的理论，但本成果将这些理论综合运用到翻译教学研究中，对本科翻译教学涉及各个环节、因素进行分析和论述，总结有益于本科翻译教学的理论与方法，从而用来指导翻译教学实践，丰富翻译教学理论；(4) 案例法：在谈及翻译教学的具体环节时，例如在谈及翻译作业的形式、评价标准时，使用学生的具体作业作为案例来进行具体分析。

另外，需要特别声明的是，本书所谈翻译教学均以"笔译教学"为研究对象。当然，虽然媒介不同，但口笔译教学存在很多相同和相关联之处，因此本书的很多观点和方法应该同样适用于口译教学。

第二章 本科翻译教学的目标和翻译实践教学的可行性

第一节 本科翻译教学的目标

关于翻译教学的目标,不少中外翻译学者都给出了自己的看法。海蒂姆(Hatim)指出,翻译教学是一项充满变化的活动,是培养笔译和口译人才的活动,这项活动可以在机构中(如大学)进行,也可以在机构外进行(如自学),翻译也可以作为完成其他目标的方式(如语言教学)进行使用。而翻译活动发生的背景也是变化的,可以从翻译培训学校到国家和国际机构的部门。翻译教学的任务通常包括:课程设计、教材编写、授课及其他操作(如教学、挑选人员等)。①意大利学者贝尔纳迪尼(Bernardini)认为,本科阶段的翻译课程其目的是提高学生对职业伦理和译者"文化中介"这一身份的意识(Awareness),培养学生在实践中对所用翻译策略、翻译技巧进行反思(Reflectiveness)的习惯以及使用、开发翻译资源和解决翻译问题的能力。②西班牙学者戴维斯(Davies)认为,本科翻译教学的目的是培养能胜任口笔译实践、与语

---

① 原文是:Translation teaching is a varied activity that subsumes the training of translators and interpreters, either within institutionalized settings(e.g. universities) or outside (e.g. self-learning), and the use of translation is a mode of achieving other goals (e.g. in language teaching). The contexts in which this activity commonly takes place also vary, ranging from translation schools to in-service departments of national and international organizations. A number of tasks are usually involved: curriculum design, materials writing, course delivery and implementation (teaching, selection of candidates, etc.) (Hatim, B. *Teaching and Researching Translation*, England: Pearson Education Limited, 2001, p.163.)

② Bernardini, S., "The theory behind the practice: Translator training or translator education?" Malmkjær, K.(ed.), *Translation in Undergraduate Degree Programmes*(本科翻译学位教育),上海:上海外语教学出版社2010年版,pp.17—29.

第二章　本科翻译教学的目标和翻译实践教学的可行性

言相关的文字修订、媒体编译等工作，同时也可为进一步的研究生深造做好准备。① 杨柳、张柏然认为，传统的翻译教学往往只注重狭隘的语言转换这一"技"的层面，而忽视了包括选材、教学法等更广泛的"技"的层面，更忽视了"道"的层面，这种"道"包括教师本身"道"的修养和对"道"的传播与传达。② 刘宓庆认为，根据现今的时代特征和这个时代翻译所肩负的使命，翻译教学必须要尽最大努力满足社会需求和目的语文化建设需求；必须尽最大努力适应并指引翻译实务的发展；必须尽最大努力适应素质教育和素质教学的要求。③ 刘宓庆进一步指出，翻译教学的核心任务可以概括为：培养学生的翻译能力和强化学生对翻译的认知，这也是翻译学素质教育的基本目标，具体说来，翻译能力包括语言分析和运用能力、文化辨析和表现能力、审美判断和表现能力、双语转换和表达能力、逻辑分析和校正能力，而且翻译能力培训的过程也就是强化受培训者的认知的过程，使他从对翻译、对学习翻译知之不多到知之较多，最后达到知之甚多的过程。④ 张瑜指出，翻译教学的目标是培养学生的跨文化、跨语符的信息传播能力，即将学生置于跨文化交际语境下，系统地向他们传播翻译活动的基本规律、基本理论、方法和技巧，然后通过大量的翻译实践，使学生将其认知（感悟）到的翻译规律、技巧等知识内在化，经历一个从知识到能力的形成过程，从而逐步培养准确接收、转换、发出信息的能力（即学生不仅能够接收和记忆信息，还能对其进行分析、综合和提取，然后在理解的基础上，根据听众／读者的情况，用另一语言转达、传播信息，从而完成跨文化、跨语际的信息传播和交流）。可见，翻译教学是一种综合素质的训

---

① Davies, M. G., "Undergraduate and postgraduate translation degrees: Aims and experience", Malmkjær, K.(ed.), *Translation in Undergraduate Degree Programmes*（本科翻译学位教育），上海：上海外语教学出版社2010年版，pp.67—82.

② 杨柳、张柏然：《"道"与"技"——被忽略的中国翻译教学问题》，载《中国科技翻译》2003年第1期，第20—22页。

③ 刘宓庆：《翻译教学：实务与理论》，北京：中国对外翻译出版公司2003年版，第13页。

④ 刘宓庆：《翻译教学：实务与理论》，北京：中国对外翻译出版公司2003年版，第30—33页。

练，是在学生具备一定语言能力的基础上，训练跨文化的思维能力和双语交际能力。①

我国高等学校英语专业教学大纲（2000）指出：笔译课的目的在于使学生具备笔头翻译的基本能力。通过介绍各类文体语言的特点、汉英两种语言的对比和分析以及各种不同文体的翻译方法，使学生掌握英汉双语翻译的基本理论，掌握英汉词语、长句及各种文体的翻译技巧和英汉互译的能力。要求译文比较准确、流畅，翻译速度达到每小时250—300字。大纲对英语专业八级的要求是：能运用翻译的理论和技巧，将英美报刊上的文章以及文学原著译成汉语，或将我国报刊、杂志上的文章和一般文学作品译成英语，速度为每小时250—300个英文单词。译文要求忠实原意，语言流畅。能担任一般外事活动的口译。

综上所述，本科阶段翻译教学的主要目标在于：在具有专业素养和职业素养的翻译教师的指导和引领下，学习者能够提高自己的双语水平（即外语与母语的水平）、培养自己的翻译实践能力（包括掌握基于双语对比的翻译技巧以及培养和提高翻译各种语篇的能力）、加强自己逻辑分析能力、审美判断能力以及文化认知能力。沙夫纳（C. Schaffner）认为，翻译能力包括语言能力（linguistic competence）、文化能力（cultural competence）、文本能力（textual competence）、语域能力（domain competence）、研究能力（research competence）和转换能力（transfer competence）。②而本科阶段的翻译教学更应该注重培养学习者的语言能力、语域能力、文本能力、文化能力和转换能力，翻译能力并非本科阶段翻译教学的主要目标之一。当然，在培养学习者上述能力的过程中，还应同时培养翻译学习者翻译工具（如词典）的使用能力。

当然，笔者认为，大学与培训机构的不同还在于大学的课程应该将"道"与"器"相结合，而不仅仅局限在"器"的层面，否则大学与技

---

① 张瑜：《全球化时代的中国翻译教学走向》，载《外语界》2003年第1期，第14—15页。
② Schaffner, C., Running before Walking? Designing a Translation Programme at Undergraduate Level. Schaffner, C. (Ed.), *Developing Translation Competence*. Beverly Adab. John Benjamins B. V., 2000, p. 147.

校就没有了区别。实际上,大学培养的人才不仅应该具有专业能力,更应该具备一定的人文素养和道德素养,而这应该在大学所开设的每一门课程中体现出来。体现在翻译课上,则表现为可以让学习者了解一点翻译史方面的知识,从而认识到翻译在人类文明交流中的重要作用,认识到翻译不仅仅是一种语言转换行为,从宏观角度更应该是一种文化行为,还要让学习者认识到翻译是一项伟大的事业,而不仅仅是一种技能。所以英语专业翻译课不应局限于上述"技"或"器"的层面,还应该添加一点"道"的知识,从而不仅提高学习者的翻译实践水平,还提升他们的人文素养。同时,通过翻译课上的小组讨论和小组作业,还可以培养学习者的团队协作能力,而这又是21世纪的人才所必需的的一种能力。当然,毋庸置疑,本科阶段的翻译课重心依然是英汉对比和翻译技巧,也就是前文所说的"职业素养"。

第二节 从规定性和描写性看翻译实践教学的可行性①

长期以来,不少教师认为,翻译技巧是不可以教的,翻译作为一种实践也不是学出来的,而是学习者练习出来的,因为"实践出真知",或者引用英语的谚语 Practice makes perfect。但是,翻译又是大学英语专业本科阶段的必修课,所以有些教师在课堂上不讲什么英汉对比和翻译技巧,只是让学习者做翻译练习,然后对一下参考译文,还有的让学习者课下做练习,上课提问译文。在这一过程中,学习者学习翻译的热情自然就会下降,教师也感觉翻译教学枯燥乏味,其教学效果可想而知。

实际上,译者是可以培训的,翻译是可以教的。笔者曾经对比过翻译的两种教学法的效果。一种是让学习者在前一节课讨论并完成一篇

---

① 本节内容已发表在《北京外国语大学2013年教学研究论文集》(北京:外语教学与研究出版社2014年版,第139—148页),题目为《从规定性和描写性看翻译教学》。此处略有改动。

400词的翻译，后一节让每一小组说出这篇文章每一段的翻译，然后不讲技巧，只是就学习者的翻译进行修订；另一种是让学习者课下进行翻译，课堂由一组或一名学习者上台展示自己的翻译，在展示的过程中，教师启发这名学习者和其他学习者说出对译文的疑惑和不妥当之处，教师根据这些疑惑或所指出的不当之处总结英汉两种语言的不同以及所使用的对应的翻译技巧。这两种方法的效果截然不同，使用第一种方法的课堂比较沉闷，最后的评估结果不尽如人意；使用第二种方法的课堂气氛非常活跃，学习者的热情很高，最后的评估结果非常好。换言之，第一种方法中教师的参与比较少，而且没有给学习者总结出翻译的规律，第二种方法中教师和同学均参与其中，关键是教师引导学习者并总结出了一定的翻译规律。通过这种对比可以看出，翻译这门实践型很强的课程还是可以教的。

翻译教学之所以可行，是因为翻译过程中有一些规律可循，这些规律又要归结于语言本身具有规定性。每种语言都为思想和交流提供了基本模式，尤其是事物名称和语法模式。比如，中文里用于学习的课桌和用于吃饭的饭桌都可以叫"桌子"，而不叫"椅子"，这是因为我们的祖先就已经这样命名这些事物，我们今天已经不能改变，而英语中用于学习的课桌叫做 desk，用于吃饭的饭桌叫做 table，这两种事物都不叫做 chair，因为英语使用者的祖先已经为后代命名了这些事物，今天也无法改变，所以可以说，任何语言中很多事物的名称具有"规定性"，无法改变，那么我们在翻译的时候，将汉语中用于写字的桌子译成 desk，用于吃饭的桌子译成 table，这样我们就满足了语言的规定性。再比如，中文里可以说"中国物产资源丰富"这样由三个名词和一个形容词构成但没有动词的句子，但是英语的句子结构却是"主谓"句，即所谓的 S+V 结构，尤其是必须有动词。了解了这两种语言句式结构的规定性，我们在把上述中文句子译成英文时就要考虑找到谓语动词，将其译成 China has/enjoys/boasts abundant/rich resources 才符合英文的规定性。这些例子说明，翻译的前提就是要了解两种语言已经规定好的东西，从而在翻译

第二章　本科翻译教学的目标和翻译实践教学的可行性

的过程中力求达到目的语的规定性。同时，不同语境规定了词汇的意义，不同的文体规定了一定的词汇和句法的使用。这些"规定性"说明，在翻译中，译者应该根据语言本身的语法进行目的语表达，根据语境规定的意义进行选词，根据文体选择目的语文本中应该使用的词汇和句法，也就是说，一个词在目的语中的对应词选择要看这个词所在的文本上下文以及文本外的常识，换言之，文本上下文和文本外的因素规定了词的意义，从而规定了这个词在目的地语中的对应词选择，这也体现了一定的规定性，即上下文对词义的规定性。比如"外商投资企业不仅大量出口，还逐步取代了部分进口"一句中的"大量出口"实际上是指"出口大量的产品"，"逐步取代了部分进口"是指"一些产品取代了曾经要进口到中国的产品"或者干脆说"这些外商投资企业为中国生产出了进口替代品"，因此根据这样的上下文和文本外常识的分析才不至于将原句译为"The foreign-funded companies not only export largely, but also replace some imports gradually"这样看上去"无厘头"的句子，而译成"The foreign-funded companies export a large quantity of their products and some of their products have replaced those which used to be imported into China"或者"The foreign-funded companies not only export a large quantity of their products but also have produced some import substitutes for China"。由此可见，翻译过程体现了语言和文体的"规定性"，这就说明翻译过程是有规律可循的，只要经过分析，找到规律，译文就可以做到忠实和通顺，也就是用准确的目的语准确地传达原文的意思。

当然，不同译者虽然做到了这一切，但译文还是不尽相同，这无疑与译者本人的言语表达习惯相关，体现了"描写性"。比如，上述汉语句子"中国物产资源丰富"译成英语时可以分别使用动词have、enjoy和boast。上述分析说明，翻译过程中既然有规律可循，就说明翻译是可以教、可以学出来的。教师在翻译教学过程中，一方面要引导学生认识到语言和文体对翻译的"规定性"，做到翻译选词得当，语法句法表达准确；另一方面要让学生认识到语言的"描写性"比较各自的不同译文,互相切磋,取长补短,他们的翻译水平一定会不断提高。下面从"规定性"和"描写性"两个方面详细探讨翻译教学的可行性。

一、从规定性看翻译教学的可行性

(一) 词义的语境规定性与翻译教学

意大利语言学家埃科指出,词汇的意义类型被定义为常规的意义和情景的意义。①常规的意义就是单个词本身的基本含义,情景意义就是词汇在上下文中的意义。首先,翻译中的一些选词需要根据词的常规意义来确定。比如,英语中叫做 history 的学科,中文要用"历史"来取代,汉语中叫"苹果"的东西,英文要用 apple 来取代。两种语言中这些意义相对应的词在翻译中不会成为困难,也不是翻译教学的重点。可是,英语中一些名词被规定为阳性或阴性,而汉语则没有这种规定,即英语有 tiger 和 tigress、lion 和 lioness、gander 和 goose、actor 和 actress 等的区别,而汉语除非在特殊的语境下,否则只会用"老虎"、"狮子"、"鹅"来表示上述各对概念。例如 She is a very famous American actress 译成"她是美国非常著名的演员"即可,不必译成"她是美国非常著名的女演员"。

词汇的意义更多地依赖于其所在的文本语境。所谓的"文本",就是指"被一致性的限制连结到一起的句子的链条,是在较多符号系统基础上的句子族群。……文本的特征在于:它不只表达直接的意义,还表达间接的意义……"②不能把语言理解为简明的词典,而是理解为具有百科全书能力的复杂系统,在这种前提下部分或整体地把语义学和语用学结合在一起,③这样才能更好地理解文本的意义。维特根斯坦

---

① 埃科:《符号学与语言哲学》,王天清译,天津:百花文艺出版社2006年版,第79页。
② 埃科:《符号学与语言哲学》,王天清译,天津:百花文艺出版社2006年版,第78页。译者在埃科的书中使用的是"本文",实际上笔者认为译为"文本"更形象一些。
③ 埃科:《符号学与语言哲学》,王天清译,天津:百花文艺出版社2006年版,第84—85页。

认为：

> 无论语词还是语句，其功能都不在于指称外部的对象和事实，而是在于编制在生活场景中起作用。学会一个表达式就是能用它来指挥、请求、描述、传达，能听懂一个表达式就是能服从、援助、寻找对象、理解事物。理解一个表达式就是理解它在各种语境中发挥何种作用，根本不存在着由意义或命题之类组成的神秘的第三领域，意义、命题等等都必须在其平凡的生活场景中得到理解。"不要问意义，要问使用。"①

美国哲学家蒯因（Quine）所说，词都只有当其在句子中的应用成为语言的和其他的感觉刺激的条件反射时才具有意义。布龙菲尔德（Bloomfield）提出了言语的刺激反应论，他指出言语的意义就在于它"意味着"重要的事物，也就是说本身不重要的话语也是重要的，因为它具有意义，这意义就在于言语和重要的事情即实际事项相联系。②这里就暗示了语言与语境的关系，正如利奇（Leech）指出，像布龙菲尔德这样的语言学家实际上以一种低调的形式承认了语境机制，在这一机制中，上下文与意义之间的关系较为间接，可以用以下的程式来表述："意义最终产生于可见的上下文"或"意义最终可以约化为可见到的上下文。"③语境论在西方语言学家群体中实际上早已达成共识，如刘世生等所说，19世纪中期德国的洪堡特（Humboldt）和赫尔德（Herder）、20世纪二三十年代由德国的特里尔（Trier）等正式提出来的语义场理论（the theory of semantic fields）就是反对对语言因素进行孤立的研究，强调语言体系的统一性和语境对表达意义的影响。④

---

① 陈嘉映：《语言哲学》，北京：北京大学出版社2003年版，第55页。
② 布龙菲尔德：《语言论》北京：商务印书馆2004年版，第28—29页。
③ Leech, G., *Semantics*, England: Penguin Books, 1990, p.64；刘宓庆：《翻译教学：实务与理论》，北京：中国对外翻译出版公司2003年版，第367页。
④ 刘世生、朱瑞青：《文体学概论》，北京：北京大学出版社2006年版，第152页。

中国学者一样也重视语境。王佐良曾说：

> 词义不是简单地一查字典就得，而是要看它用在什么样的上下文里。……一句话不只是其中单词意义的简单的综合，它的结构、语言、语调、节奏、速度也都产生意义。一词一句的意义有时不是从本身看得清楚的，而要通过整段整篇——亦即通过这个词或这句话在不同的情境下的多次再现—才能确定。①

刘宓庆提出了语境对意义的四项功能，即（1）语境是意义的"限定者"或"固定者"；（2）语境是新义（也包括转义）的"发源地"；（3）语境也是新词的"诞生地"；（4）语境是表现式的终端调节者。②刘明东认为：

> 分析语言现象，必须把它和它所依赖的语境联系起来，离开一定的语境，把一个语言片断孤立起来分析，难于确定这个语言片断的结构和意义。……同样地，语境在翻译中也起着至关重要的作用。理解原文必须紧扣语境，反复琢磨，译语表达也必须联系语境，准确达意传神。③

翻译作为语言之间的转换，必须注重语境，语境决定了汉语中的"虫子"有时要译成insect，有时则要译成worm；反过来，英语中的insect有时要译成汉语的"昆虫"，有时则译成"害虫"。语境决定了英语的return有时要译作"回来"，有时则要译作"归还"。前段提到的中文名

---

① 王佐良：《词义·文体·翻译》，见罗新璋（编）：《翻译论集》，北京：商务印书馆1984年版，第830页。
② 刘宓庆：《翻译教学：实务与理论》，北京：中国对外翻译出版公司2003年版，第369—373页。
③ 刘明东：《语境与英汉翻译中词义的确定》，载《外语教学》2001年第4期，第54—57页。

第二章　本科翻译教学的目标和翻译实践教学的可行性

词没有阳性和阴性之分，但要根据语境将"演员"、"（汽车）售票员"等译成英文的 actor 或 actress、conductor 或 conductress。

总之，由于英汉两种语言本身的不同，再加上词的涵义、感情色彩、词义广狭、语体色彩受到微观语境和宏观语境的制约，翻译时应仔细考虑、用心斟酌，同时还要善于使用英汉、汉英、英英词典，力求在译文中找到相对应的词语，这样才能保证翻译在意思和风格上对原文的忠实，同时保证译文的流畅。当然，选词也是平时积累的功夫，要善于体会、善于比较。[①]因此，翻译教学中教师要注重培养学习者的语境认知能力，帮助学习者树立语境观念，改变学习者在学习英语过程中通过只记汉语意思来记英语单词所带来的"脱离语境选词"这一不良后果。正如刘宓庆指出："只有自己具备判断语境的能力，才能在操作中做到适境；如果连对自己笔下的文章处于什么语境都浑然不知，当然谈不上符合'言必适境'（译必适境）的要求。"[②]同时，教师应指导学习者学会利用工具书，比如通过英英词典对比近义词的内涵意义、外延意义、词义的广狭和感情色彩，从而为某个汉语词找到恰当的英文表达法，而非把对汉语的理解直接迁移到英译文当中，反之亦然。通过教师的引导，学习者在翻译中选词的时候就会考虑上下文，在课下记忆单词的时候就不再会像初学英语那样只记其中一个中文意思，而是会详细阅读单词的英文解释，这样的积累使得学习者在翻译中选词的时候能够做出正确的选择。只要明白了语境决定词的涵义、词的感情色彩、词义的广狭、词的语体色彩，也就明白了语境对词义的规定性，翻译中就会小心地根据语境在目的语中选择适当的词作为对应语。这一点是可以教给学习者的，因此从这一点来看翻译教学是可行的。

---

① 彭萍：《实用英汉对比与翻译（英汉双向）》，北京：中央编译出版社 2009 年版，第 54 页。

② 刘宓庆：《翻译教学：实务与理论》，北京：中国对外翻译出版公司 2003 年版，第 372 页。

(二) 语法和句法的规定性与翻译教学

语言要表达意义,不能没有词汇,也不能没有语法。①所谓语法,其"反映的是语言单位(语素、词、词组、句子)之间的各种关系,它以语言结构为概括的对象。"②换言之,语法就是语言中的单位组合在一起所遵循的规律。语法不仅具有系统性和稳定性,还具有很强的民族性。可以说同属日耳曼语系的英语和德语在语法上存在很大的差别、书写系统存在很大相似之处的汉语和日语在语法上也存在很大差别,这说明每种语言都有自己在语法方面的规定性,而这种规定性很多在语言形成的时候就已经存在,就像胡裕树所说:"语法构造在很早很早就出现了。"③具体说来:

> 语法体系是客观地存在着的。它是人类思维长期的、抽象化工作的成果,是思维的巨大成就的标志,它是社会的产物,为群众所创造而又为群众所使用。它的发展和变化有自己的内部规律作为依据,人们只能按照它的内部规律推动它的发展,不能离开它的内部规律企图改变它的面貌。④

上文的这段论述中,我们可以清晰地认识到语法在语言中的规定性。既然每一种语言都有已经规定好的语法体系,那么在翻译的过程中,很多翻译的技巧要通过语言之间的语法对比总结归纳出来。譬如,英语中的复数规则相对汉语来说比较规则、单一。只要是可数名词,在涉及复数概念时,大多数英语单词只需在后面加 -s 或 -es 或变成其特殊的复数形式。而汉语的复数相对比较复杂。可以归纳为:(1)汉语的复数有人与物的区别。汉语的一些名词在涉及复数概念时可以在后面

---

① 胡裕树:《现代汉语》,上海:上海外语教育出版社1995年版,第277页。
② 胡裕树:《现代汉语》,上海:上海外语教育出版社1995年版,第277页。
③ 胡裕树:《现代汉语》,上海:上海外语教育出版社1995年版,第278页。
④ 胡裕树:《现代汉语》,上海:上海外语教育出版社1995年版,第279页。

加上"们"字,但这个字只能加在表示"人"的名词后面,不能加在表示"物"的名词后面。比如,汉语中可以说"孩子们"、"同学们"、"科学家们"、"人们"等,却不可以说"桌子们"、"狗们"、"树们"等。(2) 汉语的复数有具指和泛指的区别。汉语的一些名词前面如果出现具体数字,则一般不在名词后面添加表示复数的字眼。例如,可以说"三个孩子",不能说"三个孩子们";可以说"八本书",不可以说"八本书籍"。像"书籍"、"人员"、"车辆"、"河流"等都是名词复数,但表示泛指,因此一般不说"一个人员"、"一个湖泊"等。如果将 two key books 译成"两本关键书籍",则显然不符合汉语在复数上的规定性,而应将之译为"两部关键的著作"。更重要的是,从句法来看,英汉两种语言的区别则更为明显。比如,汉语的句式结构比较多样,英语的句式结构比较单一,均为 S+V 结构;汉语重意合,英语重形合;汉语重重复,英语中替代;汉语重主动,英语重被动等等。请看下面的例子:

例1:他耸耸肩,摇摇头,两眼看天,一言未发。
　　　He shrugged his shoulders, shook his head, cast up his eyes, and said nothing.

对照这个例子的原文和译文,不难看出汉英两种语言各自的规定性,英文中的三个 his、最后两个动作之间的 and 以及 eye 的复数形式都反映出英文语法的规定性,而汉语译文没有出现"他的",几个动作之间没有连词。翻译时只有将两种语言各自的语法规定性了熟于心,才能保证译文的准确。

例2:When you opened your mouth, you would feel a faint chill.
译文一:当你张开你的嘴巴的时候,你就会感到一丝淡淡的凉意。
译文二:张开嘴,就会感到一丝淡淡的凉意。

不难看出，上面第二个译文是更为地道的汉语，这一译文体现出两种语言在语法上的规定性。首先，原文的 you 是泛指主语，属于英文句法的规定性，即所有的句子结构都应是 S+V，所以无论是主句还是从句，都加上了主语 you；其次，英语的主从关系都是非常明确的，when 在这里不可或缺；第三，英语中用 your 来表示 mouth 和 you 之间的关系。而汉语的句子可以是无主句，表泛指时更是如此；其次，汉语句子往往使用并列结构，这些结构之间即使是主从关系，也多为暗含的，通过意思表现出来而不是通过形式表现出来；第四，如同前面例1一样，汉语不会在句子内部使用太多的代词表示"某人的"。

例3： Any science may be likened to a river, says a Johns Hopkins biologist, Professor Carl P. Swanson. "It has its obscure and unpretentious beginning; its quiet stretches as well as its rapids; its periods of drought as well as of fullness. It gathers momentum with the work of many investigators and as it is fed by other streams of thought; it is deepened and broadened by the concepts and generalizations that are gradually evolved."

约翰·霍普金斯大学的生物学家卡尔·P·斯旺森指出，任何科学都可以比作一条河。"河的源头隐隐约约，并不引人注目；水流时而平缓，时而湍急；有枯水期也有丰水期。随着许多研究人员开展工作和新的思想支流注入其中，这条河势头增强；不断发展的概念和结论又使其加深拓宽。"

由于汉语中被动语态用得较少，所以大多含被动语态的英语句子要根据汉语的这一规定性转译为主动语态，省去"被"字。例3中的第一句话和结尾部分是典型的例证：英语多使用代词指代前面提到的名词，汉语则多重复名词，所以本例原句中的多处代词 it 根据汉语的这一规定性译成了"这条河"；原文中 It has its obscure and unpretentious beginning; its quiet stretches as well as its rapids 这样的主谓结构根据汉语的表达习惯变成了主述结构,译文中没有动词,只有名词和形容词。另外,译文的语序更是根据汉语的表达习惯进行了调整。

语言中语法和句法的规定性给翻译教学带来了重要启示,那就是将英汉语法和句法的对比引入翻译教学,因为不对两种语言的语法进行对比,就很难保证译文是合乎规范的目的语表达,即合乎目的语的规定性,也就很难保证译文的通顺。早在1959年,雅可布逊(R. Jakobson)就在《翻译的语言问题》(On Linguistic Aspects of Translation)一文中提出:"两种语言之间的对比必然包含对双语可译性的考察。语际之间的广泛交流,尤其是翻译活动,必须成为语言科学长期详细研究的对象。……双语对比语法应该确定两种语言在选择和界定语言概念上有何种联系,又有何种区别。"① 语言学家拉多(Lado)也指出,只有对外语和学生的母语进行比较的教师才会更好地了解真正的问题所在,才会更好地教学。中国学者连淑能在《英汉对比研究》(1993)一书的前言中也指出:"翻译教学和研究的经验表明,翻译理论和技巧必须建立在不同语言和文化的对比分析的基础上。英汉互译的基本原则和技巧……以及时态、语态、语气……等的译法,都体现了英汉的不同特点。……因此,对比、分析和归类这些差异,便是翻译教学的重要任务。"连淑能在这里提出的"时态、语态"无疑都属于语法范畴。尤其是在本科阶段,因为翻译学时有限,不可能专门开设汉英对比课程,所以把汉英对比融入翻译教学当中,让学习者在翻译实践中把握汉英两种语言的差异,势必会提高其翻译技能,优化其翻译质量。通过这种语法的对比,学习者就了解了翻译所涉及两种语言内部各自的规定性,尤其是认

---

① Jakobson, R., On Linguistic Aspects of Translation. Venuti, L. (ed.), *The Translation Studies Reader*, London: Routledge, 2000, pp. 114-115. (原文:Any comparison of two languages implies an examination of their mutual translatability; widespread practice of interlingual communication, particularly translating activities, must be kept under constant scrutiny by linguistic science...Likewise differential bilingual grammars should define what unifies and what differentiates the two languages in their selection and delimitation of grammatical concepts.)

识到各自规定性的不同特点，在翻译的时候就会促使自己在使用目的语表达时要迎合目的语语法的规定性，从而使译文更像目的语，也就避免了"翻译腔"。因此，从语法和句法的规定性角度讲，翻译教学也是可行的。

（三）文体对词义和句法的规定性与翻译教学

词汇和句法更多地运用于各种文体，如广告文体有广告的用词和句法特点，合同文体又有合同的用词和句法特点。而且，中文广告的用词和句法与英文广告的用词和句法也有着一定的区别，如 Good to the last drop 是英语的一句广告词，其用词简单，句式结构也简单，而中译文"滴滴香浓，意犹未尽"却体现了中文广告词的特点，结构更倾向对仗，比原文复杂，但我们不得不承认，译文不仅很好地传达了广告的风格，还符合汉语读者的思维习惯，是一个不错的译文。下面来看更多的例子：

例4： It was a day by itself, coming after a fortnight's storm and rain. The sun did not shine clearly, but it spread through the clouds a tender, diffused light, crossed by level cloud-bars, which stretched to a great length, quite parallel. The tints in the sky were wonderful, every conceivable shade of blue-grey, which contrived to modulate into the golden brilliance in which the sun was veiled. I went out in the afternoon. It was too early in the year for a heavy fall of leaves, but nevertheless the garden was covered. They were washed to the sides of the roads, and lay heaped up over the road-gratings, masses of gorgeous harmonies in red, brown, and yellow. The chestnuts and acorns dropped in showers, and the patter on the gravel was a little weird. The chestnut husks split wide open when they came to the ground, revealing the polished brown of the shy fruit.(W.H. White: *An Afternoon Walkr in October*)

第二章　本科翻译教学的目标和翻译实践教学的可行性

上面一段英文是对雨后天空和花园的描述，属于写景散文。原文作者使用了许多描写的词汇，包括动词cross、stretch、contrive、modulate、veil、wash、lay、heap、split、reveal等，形容词tender、diffused、parallel、wonderful、conceivable、golden、gorgeous、weird、shy，名词cloud-bars、brilliance、fall、showers、patter等，还使用了拟人的修辞手法，生动形象。写景散文这一文体就规定了上述词汇的文体色彩，同时也规定了中译文也应该具有写景散文的风格，这就需要迎合中国读者的审美预期，使用中文该类散文常用的词汇和表达方式。整段拟译如下：

　　两周的暴风雨之后，天终于晴了。阳光并不十分明媚，透过云层柔和地弥散开来，与水平的条状云彩交错，这些云彩伸向远方，宛如一条条平行线。空中的色彩美妙绝伦，每一种深浅不一的蓝灰色都竭力化作一片金色光辉，给太阳蒙上了面纱。午后，我信步出门。还不到一年中落叶纷飞的时节，花园里已是落叶满地。叶子被冲到路的两边，高高地堆积在排水口，红、棕、黄的颜色交织在一起，奏出了美丽和谐的乐章。栗子和橡果雨点般落下，掉在砂石上发出的啪嗒声听上去有些许神秘。栗子落到地上外壳裂开，露出了亮棕色的羞涩果实。

整个这一段的译文都充满了浓郁的文学色彩，体现出中文写景散文的词汇和句法特征。尤其值得注意的是，其中最简单的一句 I went out in the afternoon 从字面看非常简单，但其所在的文体规定了这句话的翻译要充满一定的写景散文的色彩，所以不能简单地译成"下午我出去了"，而是要译成"午后我信步出门"或"午后我走到户外"。整个中译文大多数句子使用小分句并列，读起来比较有节奏感，体现汉语写景散文的韵律美。

　　例5：　　这儿的峡谷又是另一番景象：谷中急水奔流，穿峡而过，

> 两岸树木葱茏，鲜花繁茂，碧草萋萋，活脱脱一幅生机盎然的天然风景画。各种奇峰异岭，令人感受各异，遐想万千。
>
> It is another gorge through which a rapid stream flows. Trees, flowers and grass, a picture of natural vitality, thrive on both banks. Peaks in various shapes form fascinating scenery.

原文出自旅游宣传材料，其中"葱茏"、"繁茂"、"萋萋"三词连用，体现了汉语的形式美和节奏美。翻译成英文时，应考虑到翻译的目的是让英语读者接受并理解。英语读者注重的是一些实质信息，所以应该去掉不必要的虚华之词，使之符合英语读者的思维习惯，即英语的规定性。对照原文，英译文只用一些简洁的形容词（fascinating）、名词（vitality）和动词（thrive）传达出实质性信息，省去了原文工整对仗、重复冗余的虚华描述，虽然属于"欠额翻译"[1]，但传达出了英语旅游文本的特点，即用词和句式结构都非常简单。

---

[1] 纽马克在《翻译问题探讨》一书中指出，翻译中的根本损失就是"超额翻译"(overtranslation) 和"欠额翻译"(undertranslation) 不断出现，前者是指过多地加入细节 (increased detail)，后者则是过于归纳 (increased generalization)。后来，纽马克在论述"语义翻译"(semantic translation) 和"交际翻译"(communicative translation) 时又谈到"超额翻译"和"欠额翻译"，他认为"语义翻译"更倾向于"超额翻译"，比原文更具体，而交际翻译更倾向于"欠额翻译"，比原文更具概括性。俄国翻译理论家拉特舍夫在其1988年出版的《翻译：理论、实践与教学法》一书中引入"语言中介"这一概念对翻译进行界定，而语言中介有两种极端的表现：一种是"超额翻译"，另一种是"欠额翻译"。"超额翻译"是指对所译材料进行补充加工，进行超出翻译范围的改造，"欠额翻译"则是指缩写或节译（高圣兵，刘莺，2007）。国内有些学者还指出，"欠额翻译"也叫"过载翻译"(overloaded translation)（乐金声，1999；柯平，1993），认为这种翻译是译者无视译文的理解性与可读性，或过高地估计了译语读者的知识，以致于译文读者在译语中得不到理解原文意思所必需的信息，因为原语信息被译者忽视或被打了不应有的折扣（乐金声，1999）。但也有学者认为"欠额翻译"与"过载翻译"是两码事，其英文也绝不是overloaded translation，而是underloaded translation。这是两个不同的概念，决不能混为一谈（褚雅芸，2000）。笔者对后一观点持赞同的态度，因为"过载翻译"这一说法容易引起混淆，很容易让人感觉"过载"就是"超额"，而非"欠额"，所以不够妥当。当然，一般说来，"欠额翻译"和"超额翻译"在很多情况下是不可取的，理想的译文既要忠实于原文的信息、语气、逻辑，又应该是通顺地道的目的语表达。但是，由于中西文化传统、思维方式等存在一定的差异，有时候使用这两种翻译方法是必然的；为了使译文读者能够读懂原文从而实现翻译的目的，采取这两种方法又是必要的。(彭萍：《从思维差异和目的论看中文商业广宣文体的"欠额翻译"》，载《中国ESP研究》2011年第1期，第121—127页。)

第二章 本科翻译教学的目标和翻译实践教学的可行性

例6：She had taken it out of its box that afternoon, shaken out the moth-powder, given it a good brush, and rubbed the life back into the dim little eyes. "What has been happening to me?" said the sad little eyes. Oh, how sweet it was to see them snap at her again from the red eiderdown!(K. Mansfield: *Miss Brill*)

她（布里尔小姐）那天下午将毛围脖从盒子里取出，抖掉防蛀粉，好好梳理了一番，将那双暗淡的小眼睛擦得又恢复了生气。"我这是怎么了？"忧伤的小眼睛仿佛再问。啊，再次看到这双眼睛从红色的被子上冲她闪烁是多么甜美呀！

例6选自小说，翻译小说的目的首先应该是让目的语读者有一种审美的愉悦体验，中文读者更是有这样的"阅读期待"，因此译文使用小短句，同时使用刻画细腻的词汇再现原文的小说风格，这样就迎合了汉语小说对用词和句法的规定性。

鉴于文体的规定性在翻译中的重要性，翻译教学可以引进文体学的一些基本知识，尤其是不同文体在用词和语法上的特点，同时对同一文体英汉两种语言所规定的用词、语法和句法进行对比，分析其异同，从而更好地促进学习者做好不同篇章的翻译实践。尤其值得提倡的是，在教学中保持同一文体语篇的英汉互译同步进行，这样不仅可以使学习者更清楚地认识两种语言在同一文体中的表现有何异同，更重要的是，通过英汉互译可以学习到不同的表达法。另外，还可以启发学习者使用还原翻译（back-translation）的方法，提高中英文的水平，尤其是要鼓励学习者在进行英到中的翻译时最好让译文非常地道，非常切合文体特点，然后再将这样地道的中文回译到英文原有的表达。比如启发学习者前文例4译文中的"叶子被冲到路的两边，高高地堆积在排水口，红、棕、黄的颜色交织在一起，奏出了美丽和谐的乐章"译回英文就可以是They were washed to the sides of the roads, and lay heaped up over the road-gratings, masses of gorgeous harmonies in red, brown, and yellow. 由此可见，翻译教学中引入文体学的知识，让学习者了解两种语言中同一文体对用词、语法和句法的规定性，然后再进行回译实践，这对提高翻译教学具有非常重要的意义，也从一个方面说明了翻译教学的可行性。

二、从描写性看翻译教学的可行性

"描写性"指语言的不同使用者在遵循语言规定性的基础上表达同一意思所使用的不同形式，带有极强的个人色彩，在翻译中表现为，不同译者在翻译同一个句子或篇章时会表现出一定的用词差异和句式结构的差异。请看下面的例子：

例7：Manfred, Prince of Otranto, had one son and one daughter: the latter, a most beautiful virgin, aged eighteen, was called Matilda. Conrad, the son, was three years younger, a homely youth, sickly, and of no promising disposition; yet he was the darling of his father, who never showed any symptoms of affection to Matilda. (H. Walpole: *The Castle of Ortranto*)

译文一：曼弗雷德是奥特朗托的公爵。他有两个孩子，女孩叫玛蒂尔达，18岁，是一位非常美丽的纯洁少女。男孩叫康拉德，比他姐姐小三岁，其貌不扬，是个病秧子，从性格上看，成不了什么大器。尽管如此，父亲还是对他百般疼爱，对他姐姐却漠不关心。

译文二：奥特朗托的公爵曼弗雷德有两个孩子，女儿玛蒂尔达美丽纯洁，年方18。儿子康拉德比他姐姐小三岁，相貌平平，病怏怏的，从性格上看也没有什么前途。尽管如此，父亲却视他为掌上明珠，对女儿却从未表现出疼爱之情。

例8：农业社会的人比工业社会的人享受差得多，因此欲望也小得

多。(TEM8, 2006)

译文一：Those who live agricultural society have less to enjoy than those who live in industrial society, so they have less desire.

译文二：Those living in agricultural society have less to enjoy and thus less desire than those living in industrial society.

译文三：Compared to those living in industrial society, those living in agricultural society have less to enjoy and thus less desire.

例7的原文选自小说，对照两个译文可以发现，这两个译文在选词和语法上都没有问题，读起来也都符合小说这一文体的特点，说明译者在翻译的时候均考虑到了用词、语法、句法的规定性和文体的规定性，但是两者在表达方式上多有差异，或多或少地融进了译者本人的用词和句式风格；例8给出了三个译者的译文，这三个译文从选词和语法上都忠实地传达了原文的意思，而且符合英语的规定性，读起来都是通顺的英文，但将三个译文进行对照，发现它们在定语和状语的使用上不尽相同，这种句式结构的差异体现出不同译者在表达习惯上的差异。上述这些差异实际上就是翻译中所表现出来的"描写性"。

由于描写性这一特点的重点在于语言使用者的个性差异，是翻译课教授语境选词、语法和文体是无法左右的，但是教师可以让学习者多人一组或两人一组对比各自的译文，相互切磋，发现彼此在用词、句法上的优缺点，彼此取长补短；也可以选取一些优秀的翻译习作，指出这些译文的不同所在，尤其是在满足了规定性的基础上各译文所体现出的可取之处，或者说是优异之处，启发学习者在以后的译文中选用更好的用词和表达法，从而进一步提高翻译的质量。这种同伴之间的互相激励往往会起到意想不到的效果。另外，翻译还是一种文化行为，在翻译教学中注重审美、文化差异等，也体现了语言的描写性和翻译的描写性。正如德国翻译理论家威尔斯(W. Wilss)指出，翻译教学不仅意味着要处理那些常规、重复、可预见的东西，也必然要面对那些顽固、个体、未经标示的以及无法预测的成分。①注重了翻译的描写性,"学习者才能获得全面而丰富的知识,从而真正体会到做学问的愉悦和快乐,也才能变消极、被动的接受为积极、主动的探索。"②

综上所述,"规定性"是语言内部的语义、语法、句法和文体规范,是语言的不同使用者都须遵循的规律,"描写性"则体现了语言的不同使用者在表达上的差异。翻译是两种语言之间的转换,所以不可避免地体现了这两个重要特点。从上文的探讨可以看出,满足"规定性"在翻译教学中主要通过引入语境、语言对比和文体学知识等手段得到实现,"描写性"则启发我们,可以让学习者对比相互的译文,取长补短,扩大词汇量,注意句式的多样性,提高译文的质量。总之,翻译教学中如果关注了上述"规定性"和"描写性",对提高翻译的教学质量尤为关键,也是教学的重点所在,而且还可以根据"规定性"和"描写性"对学习者的翻译作业作出更加客观的评价。因此,可以说,"规定性"和"描写性"这两重特点也说明翻译实践教学是可行的,而且可以取得良好的教学效果。

---

① Wilss, W., *Know ledge and Skills in Translator Behavior*, Amsterdam /Philadelphia: John Benjamins Publishing Company, 1996, p.193.

② 胡安江:《再论翻译教学》,载《中山大学研究生学刊(社会科学版)》2006 年第 2 期,第 129 页。

第三章 翻译教师队伍的现状及其职业发展的途径

随着中国改革开放的进一步深入，经济进一步发展，中国与国外的各种交流活动日渐增多，这一趋势也使得社会对翻译人才的需求增加，对翻译人才的能力提出了更高的要求，从而也对高校的翻译教师提出了更高的要求。而且，社会信息化、网络化的变迁和终身教育的兴起对我国的教育变革提出了要求，对教师的教育理念、教学内容和形式产生了深远的影响。面对新形势，教师要应对种种挑战，就必须不断学习新知识、新技术，不断更新观念。①刘宓庆认为翻译教师应身兼四职，即翻译经验的传授者和提升者，翻译理论结合实践的示范者，翻译思想和策略的诠释者，翻译职业操守的体现者。②因此，刘宓庆指出：

> [翻译教师]要在道德修养上、学识上以及在业务素养方面进行刻苦的自我教育和陶冶，投入自我完善的过程，解除"为他人做嫁衣裳"的心理困扰，以在翻译和翻译教学这项尚未为世人充分重视的事业中尽心尽力为慰为荣；并在自我完善中努力工作，师生共勉共进，领略育人受教的甘苦和人生意义。我们翻译界的为师者，要有一种为翻译事业、为世界多元文化事业恪尽职守而无艾无怨的心胸与襟怀，为造就千百个未来的翻译家和翻译理论家默默地奉献一生。③

---

① 穆雷：《中国翻译教学研究》，上海：上海外语教育出版社1999年版，第156页。
② 刘宓庆：《翻译教学：实务与理论》，北京：中国对外翻译出版公司2003年版，第52页。
③ 刘宓庆：《翻译教学：实务与理论》，北京：中国对外翻译出版公司2003年版，第52页。

刘宓庆先生的见解发人深思，翻译教师应该明确自己的使命感和责任感，应该认识到自己在传道、授业、解惑方面所扮演的角色，尤其是在21世纪的今天，在中国这样的一个泱泱翻译大国，传授给学习者翻译的技能和翻译理论、教育学习者明白翻译在中国经济、政治、文化发展中的重要桥梁作用是一项光荣而艰巨的任务，不能自我贬低，而应永远保持一份自豪感和荣誉感。本科翻译教学是翻译教学和翻译学科建设的一个重要部分，本科翻译教学的成功，关键在于教师。① 因此，翻译教师更要注重自己的职业发展。不可否认，中国的本科翻译师资队伍在过去三十年发生了很多的变化，尤其是师资队伍得到了一定的优化，整体素质在不断提高，其中翻译学方向的硕士和博士毕业生队伍近几年在迅速增长。但是，也应看到翻译师资队伍存在的问题。目前，由于翻译教学任务重，很多教师又认为翻译"无需教"或"不好教"，所以整体看来，我国高校翻译教师队伍存在一定的问题。定位这些问题，找到解决的办法，重视翻译教师的职业发展，是提高我国翻译教学质量、保障翻译人才培养的重要一环。

第一节 翻译教师队伍的现状和存在的问题

虽然我国的翻译教学迄今为止得到了前所未有的发展，翻译系、翻译学院或翻译专业在很多高校设立起来，为社会培养了不少翻译人才的同时也培养出了一批翻译教师，但是从目前看，翻译教师队伍的现状依然不尽如人意，存在一些亟待解决的问题。长期以来整个社会都存在这样一种误解：只要是英语专业的毕业生就可以胜任翻译工作。这一误解使得很多高校教学管理者认为，只要是英语老师就能从事翻译教学，所以学校或学院对翻译教师（尤其是本科生的翻译教师）的专业素质并不十分重视。如前文曾提及，一些教师本人也认为翻译是实践性很强的

---

① 鲍川运：《翻译师资培训：翻译教学成功的关键》，载《中国翻译》2009年第2期，第46页。

课程，需要学习者自身更多地进行实践练习，翻译课本身没有什么可以教的。正如张瑜指出：

> 教育界、外语界和翻译界仍有不少人对翻译教学的重要性认识不清，抱有许多偏见和误会。如：1) 翻译是一种灵感与悟性的表现，译者的才智是天生的，因此翻译不需要教，也不必学；2) 翻译不过是两种语言符号之间的技术性转换，只要懂得两种语言和拥有一部双语词典，便可以从事翻译；3) 翻译教学重在实践，不需要理论，而且理论对实践没用。因此，许多教师和学生严重忽视翻译课，认为语言教学能替代翻译教学，语言能力就等于翻译能力。①

但实际上，能够走出学校胜任翻译工作的本科毕业生必须具备较高的中英文水平和广博的知识，而且必须在大学里经过一定翻译技能的学习和训练。尤其是本科阶段的英语专业学生，要使他们更好地进行翻译实践更离不开教师对翻译技巧的传授，因此对翻译教师的重视以及翻译教师本人的职业素质非常重要。而目前，高等学校管理者和教师本人对翻译课的误解导致我国高校翻译教师队伍出现了一些明显的问题，主要表现在：

一、师资不足

近年来，不少高校成立了翻译学院、翻译系，但这些机构的设置并不等于中国的翻译教学得到了长足的发展，更不等于师资队伍的壮大，事实上，很多高校传统上对翻译教学不重视，翻译学科建设相对缓慢，从而造成全国范围内的翻译教学人才培养的相对欠缺，尤其是翻译专业毕业的硕士生、博士生比较少，能够真正担当起翻译教学任务的教师

---

① 张瑜：《全球化时代的中国翻译教学走向》，载《外语界》2003年第1期，第13页。

就更少,所以目前高校翻译师资严重不足。据笔者了解,有些学校一名翻译教师有三、四个甚至更多的教学班,有些是大班教学,课堂组织非常困难,而且作业批改的负担也很繁重。正是因为如此,有些学校不得不让非翻译方向的教师承担翻译教学。尤其是随着国内越来越多的大学组建翻译专业、翻译系、甚至是翻译学院,还有些院校将翻译变成了一级学科,更多的院校开始招生翻译专业硕士(MTI),而且招生人数一般都比较多,甚至还有逐年增长的趋势,这就造成翻译教师分配不均的现象,更多具有翻译专业背景的教师会从事硕士层面的教学,本科翻译师资更显不足。正如鲍川运指出:

> 中国翻译事业的发展,实际上就是中国改革开放30年的一个缩影。对翻译的巨大需求,使得许多翻译院系应运而生,翻译教学因此也得到空前的重视。近年来,不仅设立了MTI专业翻译硕士学位,本科翻译系或翻译专业也雨后春笋般地纷纷成立,形成本硕两个层次共同培养翻译的情况。但是,像任何其他事物一样,大发展必然会产生一定的盲目性,有些方面的条件势必跟不上发展,翻译师资就是一个突出的问题。①

再者,现在的大多数高校对教师的要求是写出更多的论文,对翻译教师也是同样的要求,几乎没有多少学校要求翻译教师应该拿出好的"译绩"或好的"教学效果"。据笔者所知,在教师晋升职称时,教学成果基本被忽略,译著的分量远远不及一篇核心期刊论文的分量,有些学校在评定职称时甚至将译著排除在科研成果之外,唯CSSCI、SSCI论文和省部级以上科研项目论职称,这也从很大程度上抹杀了翻译教师从事翻译实践的积极性,甚至很多教师因为批改作业要花去很多所谓"做科研"的时间而不愿从事笔译课的教学。而且几乎整个学术界对翻

---

① 鲍川运:《翻译师资培训:翻译教学成功的关键》,载《中国翻译》2009年第2期,第45页。

译实践也抱有同样的态度,针对这种现象,余光中一针见血地指出:"所以有此现象,一大原因在于学术界认为翻译既非论文,当然不算学术,更与升等无缘。"[1]因此,愿意承担翻译教学的教师很少,这又从一定程度上减少了翻译教师的人数。

二、师资队伍良莠不齐

目前,除师资不足以外,翻译教师队伍本身也存在良莠不齐的现象。翻译是一门实践性很强的课程,翻译教师既要掌握一定的教学技能,又要积累一定的教学经验;既要进行一定的翻译研究工作,如语言对比、文体学、文化与翻译的关系等,还要积累一定的翻译实践经验,这样才能保证翻译教师在教学过程中得心应手,有的放矢,才能保证将真正的翻译技巧传授给学习者,而不是照本宣科,也不是让学习者进行"放羊式"的翻译练习。可是,由于好多高校在培养翻译学硕士和翻译学博士的时候一般只注重学习者的理论水平,而不注重学习者的翻译实践能力的提高,只注重学习者是否有一定的学术研究能力,不重视翻译教学技能的培养,招聘这些翻译方向毕业生的高校虽然一般都是让他们从事翻译教学工作,但招聘时往往看中一些人的科研能力,到头来却发现这些人并不能如预期那样胜任翻译教师这一职位。还有些翻译教师如上文所述是其他方向的毕业生,以前也许从未对翻译或语言的对比有更多的涉猎,只是因为翻译教师的短缺而被迫教授翻译课程,这一部分教师也无法胜任翻译教学工作。另外,由于长期以来存在这样一种误解:学过英语的人就能做翻译,那么只要是英语语言文学专业毕业的学生就能教翻译,所以高校不会想到为上述这些教师(尤其是年轻教师)提供在职的翻译培训。这样,真正能够从事翻译教学赢得学生好评的翻译教师少之又少,这样就很难避免一些教师在翻译教学方面的经

---

[1] 余光中:《余光中谈翻译》,北京:中国对外翻译出版公司2002年版,第196页。

验实际上来自于如语法、词汇、精读、写作等课程的教学经验,他们"自以为对翻译和应该怎样教翻译知之甚多。但实际上,他们对翻译理论、翻译教训以及翻译的经验研究方面的近期发展也了解得不多。"①正如张永中指出,"目前中国高校的翻译师资队伍有待优化,许多从事翻译教学的教师是英语文学背景,没有专门接受过翻译学科的理论教育,也没有在社会服务机构中从事过翻译实践的经历,对翻译学科的教学内容轻重不分。"②即使是现在开设本科翻译专业的高校,张永中也指出:

> 翻译教师大多是从外国语言文学下设的翻译研究方向的毕业硕士生,大部分参加社会翻译实践的经历不够丰富,不能很好地以自己的翻译实践经验来阐释翻译理论,使理论更好地指导学生的翻译实践。而社会上有丰富翻译经验的从业人员又因缺乏系统的翻译理论和学科知识,在学术理论上不能很好地胜任高校的翻译教学研究工作。③

这种现象不是独有的,陈国崇指出:"现有大学英语教师自身的翻译理论素养、实践能力及教学水平都远远无法满足需求。"④由此可见,翻译师资队伍良莠不齐的现象已经极为突出,而师资队伍良莠不齐,势必导致翻译教学效果无法取得令人满意的效果。鲍川运指出:

> 无论是国内还是国外,翻译师资无非有两个主要的来源,一是

---

① Dimitrova, B. E., *Training and educating the trainers---a key issue in translators' training*, In Tianzhen, Xie (ed), *Theoretical Construction of Translation from a Cultural Perspective*, Shanghai: Shanghai Foreign Language Press, 2000, pp. 402-403;胡安江:再论翻译教学,《中山大学研究生学刊(社会科学版)》,2006年第2期,第130页。
② 张永中:《本科翻译专业:教学问题及专业发展概论》,载《湖北经济学院学报(人文社会科学版)》2011年第10期,第185—186页。
③ 张永中:《本科翻译专业:教学问题及专业发展概论》,载《湖北经济学院学报(人文社会科学版)》2011年第10期,第185—186页。
④ 陈国崇:《大学英语翻译教学存在的问题与建议》,载《广东工业大学学报(社会科学版)》2003年第3期,第76页。

聘用有实务经验的职业翻译人员从教,二是原来从事外语教学的教师改行教翻译。前者多见于研究生层次的专业翻译教学,后者则多见于本科翻译教学,在口译教学方面,这种现象尤其突出。出现这种情况的主要原因是,仅从大学本科开设翻译课和建立翻译专业的学校数量上来看,对本科翻译师资的需求量远远大于研究生层次的翻译教学。全部聘用有实务经验的职业翻译人员任教是不现实,也是不可能的。在相当一段时间内,大学本科翻译师资的主要来源将仍然是外语教师。但是相当多的教师本身没有翻译的经验。Daniel Gile (2005) 曾经对无翻译经验的外语教师从事翻译教学的情况作过一个分析,指出了其中的缺憾:一是这些教师没有翻译职场经验,因此无法给学生提供专业和职业性的指导;二是这些教师对翻译的认识还仅仅停留在语言方面,常常把翻译看成是一种单纯的语言转换,而不是社会交际活动,因此对翻译质量的评估往往着眼于两种语言的对等和对应,而不考虑到具体交际状况下偏离语言准则的可能性和必要性,这种翻译教学很可能对学生产生一定程度的误导;三是这些教师对翻译的认知过程不太了解,因此对学生学习中出现的问题不一定能够作出切中要害的指导。①

从事英语和汉语两种语言互译教学工作的教师,不仅要求其英文水平高,更应该要求其中文水平高,可是,正如余光中曾经指出:"外文系有些教师的中文,恐怕还不如外文。"②更有些教师根本就没有翻译实践的经验,而且也没有动力阅读有关语言学、文体学、文化、文学等方面的书籍,更因为教学和科研工作的繁重而不涉猎广博的知识。由此可见,无论是从专业背景、百科知识还是从翻译实践经验来看,目前本科阶段的翻译教师的专业素质令人担忧,这种良莠不齐的现象势必

---

① 鲍川运:《翻译师资培训:翻译教学成功的关键》,载《中国翻译》2009年第2期,第45页。

② 余光中:《余光中谈翻译》,北京:中国对外翻译出版公司2002年版,第196页。

会对翻译教学的质量产生严重的影响。更重要的是，教师的专业水平会直接影响学生的学习翻译兴趣和效果。据笔者了解，在很多院校扩大翻译硕士（MTI）招生比例之后，由于需要更多的师资去教授这样一批专业硕士生，本科生的翻译教师更是出现了上述现象，教师良莠不齐现象已成为全国一个普遍的现象，亟待需要提高本科翻译教师的专业素质。

三、翻译研究与翻译教学脱节

由于目前许多高校对科研的重视远远超出了对教学的重视，特别是各高校的学术管理体制中一般都存在科研量化的要求，使得很多教师为了晋升职称或保住现有的职称而不得不撰写一些所谓的"理论性"论文，以求能够发表。而且不少学术期刊也会对文章的"理论性"提出较高的要求，翻译学科也不例外。翻译本身是一种实践性很强的技能，按理说，翻译方面的论文应该用来指导实践，可实际上真正能够指导翻译实践、以"翻译技巧"为主题的论文一般会被看作"没有理论创新"或"没有理论高度"，所以翻译教师也不得不按照"行规"撰写出一些看似深奥实际上却晦涩难懂的论文以求在权威的期刊上发表。这就造成了翻译教师的研究与翻译教学严重脱节的现象。还有一些教师由于没有翻译学科的背景，更不用说在教学中能够使用浅显的翻译技巧理论来指导实践了。正如刘艳指出，"虽然在对教师进行的问卷调查中，绝大部分的教师有一定的翻译理论基础。但学生时代所学的翻译理论已经满足不了如今的教学活动。这种对翻译理论的欠缺也造成了教师对翻译教学的迷茫和困惑。虽然很多教师想过要在讲解翻译练习时加入翻译技巧，但在教学实践中并没有实现有效的翻译理论的传授。"[①]

更何况，关于翻译教学研究就更是存在不少问题，据郑晔、穆雷统计，到 2007 年为止 50 多年来我国的翻译教学研究的论文数量虽然在

---

① 刘艳：《大学英语翻译教学现状调查与研究》，载《吉林化工学院学报》2011 年第 8 期，第 56 页。

持续增长，研究范围与内容从单一到多元化发展，选题的深度广度有所扩大，研究的视角有所拓展，但具体来说还是存在一些不容忽视的问题，主要表现在：(1)论文选题虽然不少集中在翻译教学模式和翻译教学方法上，但直到现在仍然没有清楚地界定教学模式和教学方法这两个基本概念；(2)从事翻译教学综合研究的人不少，但往往是一篇文章什么都谈了，又什么都没谈清楚，研究范围很广，却没有中心主题；(3)研究翻译能力培养时概念使用也较混乱；(4)我们从20时机50年代起就开始进行国外翻译教学的介绍引进，虽然涉及很多语种，但是分析研究批评的少；(5)翻译教学跨学科研究较多的是跟语言学的交叉研究，跟其他学科的交叉研究相对较少；(6)中国内地的现代科技（如计算机、网络、语料库等）与翻译教学的结合研究20世纪90年代后半期才开始兴起，研究数量不多却发展迅速；(7)翻译教材研究依然停留在单纯批评或是赞扬他人教材的层面，提出改进并设计出可行编著教材方案者并不多见；(8)教学大纲与课程设置极少有人问津；(9)翻译测试与评估处于被忽视的状态；(10)师资发展研究几乎无人问津；(11)口译研究和笔译研究的比例严重失调。虽然翻译研究中大多涉及的是笔译技巧，但进行笔译教学研究者却很少，特别是像口译教学研究那样，把笔译教学分解为不同层面、不同课型、不同技巧等来具体深入系统全面研究者更加少见；(12)主题不明确，翻译教学研究的课题逐渐多样化，但却没有集中在某些较为值得关注的领域。至于翻译教学领域的专著，大部分集中在翻译技巧或是翻译考级指导等方面，缺少全面系统的理论分析或实证研究。王树槐、栗长江指出，虽然近些年中国的翻译教学研究取得了一定的进展，但是还有很多方面需要解决和提高，包括开展翻译能力研究、梳理应纳入翻译教学的相关理论、增加美学方面的翻译教学理论、认识和明了建构主义的理论贡献及其缺陷和运用的误区、完善教学原则系统、改进翻译教学评价体系等方面。[①]胡安江指出：

[①] 王树槐、栗长江：《中国翻译教学研究：发展、问题、对策》，载《外语界》2008年第2期，第30—32页。

国内还没有一个成熟的翻译教学的理论模式，对于译者的培训并没有上升到理论研究的层面，已有的研究也仅仅局限在历史回顾和现状分析上，研究视野仍止步于技术操作和经验描述以及术语堆砌的初级阶段。可以说，国内在翻译教学理论模式方面的探索迄今仍近乎是一片空白。……国内的翻译教学研究（实际上还谈不上什么真正意义上的研究，国内在这方面的研究学者也少之又少，即使有，他们对翻译教学的研究也仅仅是其专业领域的旁涉而已）更多的是关注文本本身的处理，很少触及到翻译教学理应涉及的其它维度。……翻译教学的现状之所以如此，其实恐怕还是因为缺乏一个相对完整的翻译教学理论架构的缘故。①

杨自俭教授更是一针见血地指出：

我国从事教学的人很多，但认真研究教学的人却很少，而且很多人认为教学研究比较简单不需要理论，这种偏见至今还严重影响着整个学术界与教育界。我们的国民望子成龙的欲望很高而且心切，但国家对教育的研究却很不重视，以致出现把教育的性质都搞不清楚，其他国家都知道教育是"公益事业"，而我们却把教育当"产业"（实际当成了"商业"）来办。对教育和教学工作不能再这样下去了。翻译作为一门学科来教来研究在我国刚刚开始，要研究的问题很多，希望本科、硕士、博士三个层面的老师都认真研究教学问题，密切结合学科建设，以提高人才培养的水平与推动学科的发展。②

---

① 胡安江：《再论翻译教学》，载《中山大学研究生学刊（社会科学版）》2006年第2期，第131页。
② 杨自俭：《关于翻译教学的几个问题》，载《上海翻译》2006年第3期，第39页。

由此可见，很多学者意识到，翻译教学与研究脱节的问题比较严重，而很多翻译教师又没有意识到翻译教学研究的重要性，可见翻译教师要注重翻译研究和翻译教学研究有机地结合在一起，尤其是探讨出真正能指导翻译教学的理论模式和理论框架。

四、对教学的内容和方法认识不足

20世纪80年代到90年代的翻译教学主要侧重于语言的分析，当时不少翻译教程主要根据两种语言的不同总结归纳翻译技巧，最具代表性的是张培基等人编写的《英汉翻译教程》。可是进入21世纪以来，学界对这种以语言为中心的翻译教学产生了怀疑，但目前对翻译课到底要教什么、如何教这样的问题，很多教师依然迷茫。据笔者了解，不少翻译教师不再重点讲授双语对比和翻译技巧，而是让学习者课下、甚至课上做翻译练习，然后在课堂上为学习者提供参考译文，这样的教学中，学习者即使做了大量的练习，依然是"丈二和尚摸不着头脑"，因为他们并不知道翻译到底有无规律可循，到头来发现自己的翻译水平并没有实质性的提高，每次遇到新的翻译材料依然会产生非常严重的"陌生感"，给翻译课的教学效果打了很大的折扣。实际上，这种现象归根结底是因为翻译教师没有真正发挥应该发挥的作用，对翻译教学的内容和方法没有形成足够的认识，所以翻译教学的内容不明确。

不少翻译教师的教学方法也不得当。刘和平指出："大学本科翻译教学是学习翻译的启蒙阶段，采用科学、有效的教学方法把学生领进门，这对学生未来的发展至关重要。"[①]而很多教师所使用的教学方法是否科学和有效值得怀疑，如胡安江指出，翻译教师中真正学翻译专业的并不多。也就是说，既懂理论又懂实践的优秀翻译教师严重匮乏，翻译教学的形式因此流于单一，大都遵循练习—批改—讲评的传统模式，

---

① 刘和平：《论本科翻译教学的原则与方法》，载《中国翻译》2009年第6期，第35页。

即"教师极少从历史、文化、社会意识的层面与学生探讨源语和译入语的理解与把握,也很少从英汉语言对比和翻译理论的角度来研究译入语的表现方式和目标读者的期待视野。当然,从主流意识形态和诗学传统等角度来考查读者的审美心理和译语文化的接受能力就更是少之又少了。"①

综上所述,无论从师资人数、师资队伍的专业素质(包括翻译理论和翻译教学研究、教学内容、教学方法)等都存在一定的问题和不足,所以翻译教师队伍现状堪忧,亟待整合和提高,教师的职业发展还有很大的空间。

第二节 翻译教师职业发展的途径

如何规划翻译教师的职业发展,如何更好地提高翻译教学的效果,从而解决上述翻译教师队伍存在的各种问题,是目前很多高校的管理者和翻译教师本人面临的重要课题,因为只有管理者和教师都注重了翻译教师的职业发展,才能真正改善翻译教师队伍的现状,解决翻译教师队伍存在的问题,从而提高翻译教学的质量。佩里(Perry)认为教师发展是指教师个人在职业生活中的成长,包括增强信心、提高技能、不断更新拓宽和深化对所任教学科目的知识,以及对强化自己在课堂上为何这样做的原因意识。②卡尔(Carr)和凯米斯(Kemmis)(1986)则认为,教师的自我发展是一个过程,在这个过程中教师成为更有作为和更有效的实践教师,教师通过有意识的活动和既定的活动,改变其教育观念,提高其教学质量。乔伊斯(Joyce)和肖尔斯(Showers)(1983)认为,教师职业发展的中心是教师从容地面对不同的教学模式和不同的

---

① 胡安江:《再论翻译教学》,载《中山大学研究生学刊(社会科学版)》2006年第2期,第128—129页。

② http://www.teacherclub.com.cn/tresearch/channel/jsfzxx/xsyj/4321.html(2013年10月4日访问)

第三章 翻译教师队伍的现状及其职业发展的途径

教学环境，具有以教学理论为指导思想、以教学实践为基础的应变能力。综上所述，教师的职业发展旨在重视教学实践、提高教学技能、研究教学理论等，从而提高自己的教学信心，优化教学的效果和质量。

有鉴于此，翻译教师职业的发展首先离不开对翻译教学实践的重视，这也就是教师职业发展理论中所谓的"外部环境激励"；其次是翻译教师要注重教学本身及翻译教学特有技能的提高；第三则是翻译教学实践的理论研究，包括教学法的研究以及翻译理论研究。当然，翻译教师的职业发展离不开教师本身高尚的道德情操。具体分析如下：

一、各方都应对翻译教学表现出高度的重视

按照教师职业发展理论，教育机构和机构中的管理者在教师职业发展中起着重要作用，这应该是激励教师职业发展的重要外部因素。斯托林斯（Stallings）和摩尔曼（Mohlman）（1981）指出，有校长的支持，教师就会积极投入职业发展计划当中。这里虽然只提到校长，实际上代表了相关的教育管理部门。这一观点说明学校管理者的理念、政策和学校环境是教师职业发展的重要外部因素，可以说积极的理念、政策和学校环境将激励教师的职业发展。因此，学校要改善教学质量，就要树立有利于教师发展的理念，制定有利于教师发展的政策，给教师创造良好的物质和精神条件，营造良性的教学氛围，保证教师拥有一定的时间和精力进行职业发展，同时还应该积极为教师的进一步深造和培训创造条件，这样会促使教师在良好环境下不断进行有关自己职业方面的反思、学习和发展。这一点适用于所有的教师，大学的翻译教师更不例外。相关教育部门，尤其是各大学和大学下属的相关学院以及各层次的教育管理者对翻译教学的重视是翻译教师职业发展的重要前提保证。因为只有相关部门的重视，才能保证翻译学科的健康快速发展，才能保证翻译教师都是翻译专业出身的高级人才，才能保证师资队伍的不断发展壮大，从而保证为国家和社会培养出更多的翻译人才和翻译教学人才。

相关部门及管理者对翻译教学的重视具体可以表现为以下几个方面：首先是优化翻译专业高级人才培养（包括硕士研究生和博士研究生）的师资队伍。不少大学虽然在潮流的推动下设立了翻译系或翻译学院，但是这些机构不少都徒有其表，师资力量实际上依然非常薄弱，这样下去势必造成恶性循环，培养出的翻译方向的研究生在翻译实践技能和翻译理论研究水平上都会大打折扣，他们如果再去担任本科生的翻译教学工作，其结果可想而知。所以，高校及相关院系应该重视高层次翻译人才和翻译教学人才培养的师资队伍建设，摒弃"只要会英语就能做翻译、教翻译"的错误观念，真正重视翻译人才和翻译教学人才的培养；其次，高校和相关院系应该拓展翻译人才培养的课程结构。翻译是一门综合运用语言知识、文体知识、文化知识的实践和理论相结合的学科，所以翻译人才培养的课程体系应该包括上述各方面的课程，而不仅仅是纯粹的翻译实践课程和纯粹的翻译理论课程。第三，高校和相关院系还应该注重翻译教师的在职培训和教研活动。培训可以说是教师职业发展的同义词，因为很多教师愿意参加研讨等活动，乔伊斯和肖尔斯（1983）指出，教师如果得到足够的机会进行学习，就能够获得新知识和新技能，并将这些新知识和新技能运用到自己的教学实践。所以，教育机构应该重视翻译教师的在职培训，比如让一些教师继续深造或进修，同时不定期邀请翻译实践经验丰富的译者对翻译教师的实践水平和翻译技巧进行培训，或者邀请语言对比、文体学、文化学等领域的专家对他们进行相关领域与翻译实践和教学实践相关联的培训，或者学校或院系为这些教师的进修提供资助。第四，重视翻译教师的理论研究。翻译教师的理论研究离不开教育机构的支持，如文献资料的提供和翻译学科的发展等。换言之，要提高翻译师资队伍的素质和翻译教学质量，应该像穆雷所说："从根本上提高有关教育部门、各级译协组织和广大翻译师生对翻译教学在翻译学学科建设中的正确定位，端正并提高大家对翻译理论研究和翻译教学研究重要意义的认识。"①

---

① 穆雷：《翻译教学发展的途径》，载《中国翻译》2004年第5期，第26页。

另外，翻译教师本人以及翻译学习者都应该树立正确的翻译观和翻译教学观，摒弃对翻译理论与实践以及翻译教学的偏见和歧视，端正对翻译教学的态度，要充分认识到会外语不等于能翻译，会教课不等于会教翻译课。翻译教师和翻译学习者均应如张瑜指出，要

> 充分认识翻译的本质、翻译教学的必要性和翻译理论的重要性。翻译的本质是一种跨文化、跨语际的信息传播。它既是一种符码转换的文本活动，更是一种文化间的交流与传播活动，是传递思想、知识的一种社会行为。语言能力是翻译的必要条件，但不是充分条件。翻译除语言能力外，还需要相应的认知知识、跨文化的分析／综合的思维能力和双语交际能力。所以，会外语不等于能翻译。[①]

只有认识到翻译活动是一种跨语言、跨文化的传播形式，是一种思维模式的转换，认识到翻译是一种文化交流行为，有着自己独特的机制和科学规律，认识到译者应该拥有使用译语再创作的能力，认识到翻译对人类物质和精神文化方方面面的交流都起着非常重要的作用，翻译教师才会更加注重自己的职业发展和教学实践，翻译学习者才会以更大的兴趣和更坚强的意志投入到翻译学习当中去。同时，翻译学习者的积极性反过来会调动教师对翻译教学的积极性，这样师生之间就会形成良性的互动关系，翻译教学才会拥有良性的发展势头。

二、翻译教师要重视提高自己的实践技能

翻译教师本身要注重自己的职业发展，从而提高自己的职业成就，让自己获得一种成就感。而翻译教师本人的技能发展在自己的职业发展方面起着核心作用。重视翻译教师的技能主要在于重视提高翻译教

---

① 张瑜：《全球化时代的中国翻译教学走向》，载《外语界》2003年第1期，第14页。

学技能和翻译实践技能。

翻译教师的教学技能主要表现为以下几个方面：

(1) 教学内容的选择。在英语专业本科阶段，翻译教学的目的主要在于培养学习者翻译实践技能，所以翻译教师在教学实践中应该注重翻译教学内容的多样化，要很好地运用教育行动研究，不仅博采翻译教材的众长，还要积累和收集更多的翻译实践资料，以学习者为中心，保证教学内容的与时俱进，从而激发翻译学习者的兴趣，使他们主动参与到教师的教学实践当中来，更好更快地提升学习者的翻译能力。同时，翻译教师教授翻译实践时，不能讲授纯翻译理论或翻译史，也不能随意选择材料，而应该选择多文体、多主题的实践材料。同时还要教授注重英汉对比（语言对比和文化对比等）、篇章特点及翻译技巧等。总之，翻译教师千万不能照本宣科，拿一本教材讲下去，而是可以拿一本教材作为蓝本，对这一教材中的观点、例句、篇章进行补充和更新，尤其是要补充英汉对比要点以及实用的选材，从而更好地调动学习者的积极性。

(2) 教学环节选择。翻译课堂不能采取"满堂灌"的方法，而应采取教师讲授、学习者实践和讨论、教师与学习者共同对名家译文和某些或某个同学的译文进行点评等多个环节。在这些环节中，大多数时间以学习者为中心。具体说来，教师可以将英汉对比分成专题进行讲解，然后组织学习者对涉及相关对比的句子和篇章翻译进行有的放矢的讨论，接着布置篇章翻译作业让学习者课下完成，或指定某一小组或某一个体学习者下一节课展示自己的翻译，教师和其他同学进行点评。教师还可以就某一文体的特点和翻译策略进行讲评，然后以篇章为例，组织学习者实践和讨论。另外，还可选择名家译作组织学习者点评。总之，课堂教学环节应该以学习者为中心，调动学习者的兴趣和积极性，从而提高学习者的课堂参与程度，全面提高学习者的翻译实践水平。另外，翻译教师要本着对学习者负责任的态度，做好学习者讨论和实践的引领者，同时要积极批改学习者的翻译实践作业，及时作出反馈，从而提高教学效果。

(3) 教学方法和教学效果的反思。反思自身的行为是认识自己、评价自我、调节自我的一种重要的心理活动，是自我完善、自我成长的一种有效途径。因此，教师必须自觉地持续地对自己的教学态度、知识、技能、教学效果等进行相应的内省与评价，采取批判性眼光，检查自己的教学理念，反思自己的知识结构，审视自己的教学方法，从而发现自己的优点和存在的缺陷，解决教学问题，从而使反思成为推动自身发展的强有力的武器。总之，对教学理念、教学方法、知识结构、教学效果的反思是促进教师职业发展的重要一环，是教师行动研究的重要组成部分，更是教师学习的有效途径及提高其教学水平的手段。因此，反思应该受到翻译教师的关注与重视。在翻译教学中，翻译教师要及时对自己的教学理念和方法进行反思，对学习者的学习态度和翻译效果进行观察、调查和对比，及时发现问题，修正错误，总结经验，探讨新的教学方法，从而使自己的翻译教学变得更加合理、更加科学、更具成效。正如高等学校英语专业教学大纲明确指出（2000年）：

> 专业课程的教学方法直接关系到学生各方面能力的培养与提高。课堂教学应以学生为主体、教师为主导，改变过去以教师为中心的教学模式，注重培养学生的学习能力和研究能力。在教学中要多开展以任务为中心的、形式多样的教学活动。在加强基础训练的同时，采用启发式、讨论式、发现式和研究式的教学方法，充分调动学生学习的积极性，激发学生的学习动机，最大限度地让学生参与学习的全过程。引导学生主动积极地利用现有图书资料和网上信息，获取知识，并使学生在运用知识的过程中培养各种能力。同时，要注意教学方法的多样性，要根据不同的教学对象、教学内容、教学目的和要求，选择相应的教学方法，并鼓励教师积极探索新的教学方法。

这里要求的教学方法和手段尤其适合翻译教学，因为翻译课旨在培养学习者的双语转换能力,这种实践能力尤其要以学习者为中心,使学习者在教师的启发下对原文进行翻译,对译文进行讨论,激发学习者的学习兴趣和动机。而且,翻译课需要引导学习者查阅资料,尤其是涉及背景知识的时候要培养学习者利用图书资料和网络资料的能力,同时翻译教师也应该利用这些资料储备自己的语料库。①

翻译教师的翻译实践技能同样非常重要,因为翻译教师如果自己的翻译实践水平不高,或根本没有从事翻译实践的经验,就无法真正将英汉对比、文体特点和翻译技巧结合起来为学生进行讲解,那么教学实践也只能是纸上谈兵、生搬硬套。具体说来,翻译教师翻译实践技能的提高主要表现在以下几个方面:

(1) 提高自己的中英文基本功。学无止境,虽然翻译教师一般都是英语专业、甚至是翻译方向的硕士或博士毕业生,但这并不意味着他们的语言水平(包括中英文水平)达到了极高的水平,所以翻译教师还要不断提高自己的中英文水平,尤其是不能忽视提高自己的母语(即汉语)水平。同时,翻译教师要特别注重两种语言的对比,这样才能更好地教会学生如果针对两种语言的差别进行翻译,没有翻译专业教育背景的翻译教师更是如此。

(2) 不定期地从事一定的翻译实践工作。余光中先生指出:"教授翻译的老师,自身起码也该是一位译者,最好当然是一位译家。"②正如笔者曾经指出:

> 翻译教师一般都需要拥有一定的翻译实践经验,因为翻译是一门实践性很强的课程,如果教师没有一定的'实战'经验,那么他/她的教学就会流于纸上谈兵,遇到实质性问题也会束手无策。……同时,进行翻译实践也可以促使教师对翻译规律进行总结归纳,更好地将这些规律用于教学实践,而且教师还可以将自己的实践材

---

① 彭萍:《翻译伦理学》,北京:中央编译出版社2013年版,第286—287页。
② 余光中:《余光中谈翻译》,北京:中国对外翻译出版公司2002年版,第196页。

料用于课程教学,从而保证课堂教学与社会实践之间的有效'接轨'。比如,教师如果从事过商务合同的翻译,就可以将原文作为教学材料,这还有助于保证材料的时效性。①

因此,有意识地从事翻译实践是翻译教师职业发展的重要途径之一。

(3)拓展自己的知识面。拓展自己的知识面对教师的翻译实践和翻译实践教学都是非常有帮助的,因为翻译材料的内容可谓五花八门,作为翻译教师,不能只教会学习者翻译某一类材料,而应让学生适应各种文本、各种内容的翻译。这样在教学的过程中教师就不至于局限于某一本教学参考书,不至于让翻译课变成"照本宣科"的课堂,而是将与生活、时代、社会实践紧密联系的实用材料和实用知识带入课堂,始终让自己的翻译课程流淌新鲜的血液,从而激发学生对翻译课的兴趣。因此,不断拓展自己的知识面实际上就意味着翻译教师要终身学习。这样的终身学习有助于翻译教师更好地应对各种材料的翻译实践、从而更好地从事翻译实践教学,也是其职业发展的重要组成部分。

三、 翻译教师应重视教学理论研究和翻译理论研究

翻译是一门实践性很强的课程,但离不开理论指导,更离不开理论研究。正如哈蒂姆(Hatim)指出,理论和实践最终是互补的,尤其是在像翻译这样的领域。②关于翻译教师的理论素质,吴启金指出,从事翻译教学的人一方面要做好教学工作,另一方面要做些研究工作,要注意用新思维、新方法、新观点潜移默化地熏陶学生,使他们既打好基础,

---

① 彭萍:《对ESP翻译教学几个重要问题的思考》,载《中国ESP研究》2010年第1期,第165页。

② Hatim, B., *Teaching and Researching Translation*, England: Pearson Education Limited, 2001, p.3.

又拓宽思路,增进理解,今后走上工作岗位时具有创新能力和独到见解。①理论研究包括教学理论和翻译理论。教师首先要阅读一定的翻译理论著作和教学理论著作,然后将这些理论与自己的教学实践相结合,并在此基础上总结经验,变成自己关于翻译教学和翻译研究的理论。如穆雷指出:

> 翻译教师不仅要具有丰富的翻译经验,而且要熟悉有关翻译的纯理论知识,不仅会"翻",而且会"教"。这就要求翻译教师本人要对翻译学这门学科有一个概括的了解,对翻译理论的历史和发展比较熟悉,掌握国内国际翻译理论研究的新成果和新动向,最好对与翻译研究相关的学科,如符号学、语义学、语用学、文化学、心理学、接受美学及计算机科学等的研究和发展有所了解,即翻译教师本人就要力争做一名翻译理论研究工作者。只有这样,才能不断运用翻译学研究的新成果去指导翻译教材的编撰和教学活动,使得翻译教学能够反映出当代翻译研究及相关学科的研究或翻译学学科建设的最新成就。②

翻译教学的研究应该着眼于翻译教学实践本身,要真正将翻译理论运用到翻译教学实践,然后再总结出翻译教学的理论,也就是说要遵循"从实践中来到实践中去"这条原则,引入国外的翻译理论和翻译教学理论要符合中国的翻译教学实际,不能盲目介绍,更不能盲目引用,真正将介绍进来的理论用来指导翻译教学实践和翻译教学研究,同时还要更多地研究翻译教学的原则和翻译效果及翻译教学效果的评价体系和评价标准,尤其是针对国内本科生翻译教学,更需要上述翻译教学研究的态度和准则,不能让翻译理论研究与翻译教学脱节,没有翻译研究背景和翻译专业背景的教师如果从事翻译教学工作,应该积极涉足

---

① 吴启金:《翻译教学与研究前瞻》,载《中国科技翻译》1999年第1期,第27页。
② 穆雷:《翻译学与翻译教学》,载《中国翻译》1993年第3期,第38页。

翻译教学研究。总之，正如余光中指出：

> 理想的翻译教师应有"三德"：一要有见解，包括理论水平、见识等；二要目光犀利，要眼光高；这两德属于学者。第三德属于作家，即手高。翻译教师仅仅"眼高手低"不算称职。手高包括了眼高，一个人不可能眼低而手高，手高也包括有见解。任何译作都是翻译理论不露声色的实践，所以只要手高就证明他眼高，也许他有自己的一套见解，也许没有写出来，但是一定会有。①

当然，翻译教师的理论研究离不开教育机构的支持，如文献资料的提供和翻译学科的发展等。换言之，要"从根本上提高有关教育部门各级译协组织和广大翻译师生对翻译教学在翻译学学科建设中的正确定位，端正并提高大家对翻译理论研究和翻译教学研究重要意义的认识。"②

四、翻译教师要具有高尚的职业道德情操和社会责任感③

翻译教师是教育工作者的一部分，是阳光下最灿烂的职业之一，所以高尚的职业道德情操是翻译教师不可或缺的伦理素质。作为翻译教师，其高尚的职业道德情操主要表现在以下几个方面：

> 端正的教学态度和高度的责任感。和所有的教师一样，翻译教师要树立"教书育人"的责任感，用自己的实际态度和行动感化学生。前面说过，教师不仅担负着"授业"的任务，还担负着"传道"

---

① 穆雷：《余光中谈翻译》，载《中国翻译》1998年第4期，第38页。
② 穆雷：《翻译教学发展的途径》，载《中国翻译》2004年第5期，第26页。
③ 关于教师的职业伦理，笔者在拙著《翻译伦理学》中专门做了探讨，这里引用了该书中关于教师"高尚的职业道德情操"部分。（参见彭萍：《翻译伦理学》，北京：中央编译出版社2013年版，第279—281页。）

的重任,这里的"传道",笔者认为更应该是道德层面的教育,教师要在道德上教育学生,首先自己就应该以身作则,也就是所谓的"率先垂范"或"为人师表"。"以身作则"最直观的表现就是端正自己的教学态度,认识到翻译教学的重要性和复杂性,不可自己小看翻译,不可认为任何学过英语或翻译的人都可以成为出色的翻译教师。翻译教师必须认真备课,充满热情地上好每一堂课,不辞辛苦地批改学生的翻译作业,同时还应将翻译课同中国文化、社会现象等结合起来,使学生在学到语言对比和翻译技巧的同时,树立正确的人生观和价值观,认识到翻译对文化交流和国家的经济发展的作用。同时,翻译教师必须有坚定的职业信念,热爱学生,把学生的成长和翻译实践的进步看作自己的一种责任,具有强烈的道德责任感,把学生的成长作为己任,不计较个人的得失与名利,真正做到无私奉献。

明确翻译教学的思想和目的。任何教学都要以一定的思想和目的为指导,没有正确的指导原则,教学实践就会无章可循,就不可能取得富有成效的教学效果。刘宓庆指出:

> 翻译的教学思想应该反映时代的特征,体现翻译所肩负的重大使命。这是翻译教学最大、最基本的价值观。……翻译教学思想可用以下具体的教学方针来分述:(1)翻译教学必需尽最大努力满足社会需求和目的与文化建设需要;(2)翻译教学必需尽最大努力适应并指引翻译实务的发展;(3)翻译教学尽最大努力适应素质教育的要求。①

有鉴于此,翻译教师应该在选材上注意选择符合社会需求和目的

---

① 刘宓庆:《翻译教学:实务与理论》,北京:中国对外翻译出版公司2003年版,第13页。

以及文化建设需要的材料,当然在中国,满足上述目的的材料涉及方方面面,所以教师应该尽可能选取广泛的素材作为翻译实践的材料,并做到材料能与语言知识和翻译技巧相结合,同时所选的素材还有利于文化间的对话,尤其有利于中国学生对中外文化的了解,并将素质教育纳入选材的考量范围之内。同时,引导外语专业的学生在翻译实践过程中和译文欣赏过程中看到中国文化优越性的一面,加深他们对中国文化的了解,并提高他们的民族自豪感和自尊心,同时能够将中外文化进行对比,以摆脱外语专业的学生只对外国文化感兴趣的心理偏差。因为在中国英语教学上的厚此薄彼而造成中国文化失语现象或者是因为当今西方某些国家强大的经济实力使得不少国人"言必称西方",使得一些青年学生对西方国家的生活方式津津乐道,对西方国家的所谓自由、人权、个人主义情有独钟,盲目崇拜西方文化,而对于中国文化却知之甚少,甚至对中国传统文化嗤之以鼻。[①]所以翻译教师作为双语转换的教师,最应该担负起这样的使命,通过翻译理论、翻译实践和译文赏析三个教学环节中带领学生领略母语文化,从而提高学生的母语文化素质,从而更好地弘扬中国文化。同时,翻译教师要严格要求学生的中文水平,尤其是笔译课的教师,不要纵容学生的欧化句式和措辞,以使得学生能够对纯正的汉语进行发光扬大,杜绝太多的网络用词和非正式用词,以保持现代汉语的纯洁性。

认真备课,对学生的翻译作业认真批改和反馈。如前文所述,翻译课需要教师具有一定的理论知识,包括翻译理论本身、语言学知识、语言对比知识、文体知识等,同时教师所提供的翻译材料应该是各种体裁和题材的,并且要保证材料的时代性,所以翻译课的教学需要做好很多前期的工作,虽然备课量很大,但教师必须认真、详尽地备课,广泛地收集各种资料,并将这些知识和材料化为我有,才能在课堂上挥洒自如,出口成章,激发学生的兴趣。试想,一个不认真备课的翻译教师站

[①] 赵凤玲:《论外语教学中本土文化缺失问题》,载《鲁东大学学报(哲学社会科学版)》2008年第5期,第49—50页。

在讲台上，只会照本宣科，教师本人都感觉有多么不自在，学生又会感到多么枯燥无味！另外，翻译是一门实践性很强的课程，在教师讲授中外文语言和文化异同与翻译技巧的基础上，学生必须进行一定字数、一定份数的翻译实践练习，并由教师批改和反馈，这无疑会给教师带来更多的课业负担。但是，一位有责任感的教师应该不厌其烦，投入时间和精力对学生的作业认真批改，并从中发现学生掌握的翻译技巧和暴露的问题，总结归纳，这样在下次课堂上进行作业反馈的时候就能够有的放矢，真正提高学生的翻译水平。

综上所述，目前高校翻译教师队伍虽然在素质上有一定的提高，但是依然存在一定的问题。要解决这些问题，就应该重视翻译教师的职业发展。教育机构、管理者、教师本人和翻译学习者等各方对翻译教学的重视是教师职业发展的重要前提；翻译教师本人重视其实践技能和理论研究水平的提高以及教师本人的高尚的职业道德情操则是根本。当然，翻译教师的职业发展还有待翻译教师本人在教学实践中不断反思并探究更多的途径。总之，期待在相关各方的重视下，将来的翻译教师都应该接受过翻译专业的系统训练，都应该具有翻译理论和教学理论素养和社会翻译实践经验，根据社会实际需求有的放矢地以更艺术、更科学的方式向翻译学习者讲解翻译，从而提高学习者的专业素养，满足新形势对翻译人才的需求。

第四章 翻译学习者的学习动机、学习现状、学习效果调查与分析

学习者的学习动机对学习者是否能够主动学习、是否能够用心学习、学习是否具有一定的成效等方面都有着非常重要的作用,同时学习的现状和学习效果反过来也会影响学习者的学习动机。盛炎认为,第二语言学习者所共有的特点至少包括以下几点:1.有明确的学习目的和目标,有极强的学习动力,有浓厚的学习兴趣,有克服困难的毅力;2.积极用所学语言进行交际,不怕犯错误,也就是:"脸皮厚","不怕丢丑";3.在课堂上积极主动,不但注意语言的功能,同时也注意表达功能的语言形式;4.把"学习"跟"习得"结合起来,从而会收到事半功倍的效果;5.不仅仅依赖视觉,避免逐字逐词翻译,注意泛听泛读,善于排除冗余信息,把握要点和大意;6.在目的语文化环境中,能够在两种文化之间保持理想的距离,既排除了母语文化所带来的保守性,又未被目的语文化所同化;7.具有双学习风格。①虽然盛炎这里论及的是第二语言学习,实际上作为外语专业课中的翻译课,学习者的学习也应该具有以上大多数的特点。

为了解翻译学习者的学习情况,改进翻译教学,笔者对某高校累计三百多名英语专业学生(含双学位)进行了笔译课程调查,调查内容涉及学习者的学习动机、学习现状和学习效果。调查的结果和分析分节详述如下。

---

① 盛炎:《语言教学原理》,重庆:重庆出版社1990年版,第72—74页。

第一节 翻译学习者的学习动机调查与分析

从心理学角度讲，动机是指"发动、指引和维持躯体和心理活动的内部过程。在具有特定目标的活动中，动机涉及这种活动的全部内在机制，包括能量的激活、使活动指向一定的目标以及维持有组织的反应模式，直到活动的完成。"[①] 动机是决定行为的内在驱动力，与学习存在着密切的关系。学习心理学家霍尔（C.Hull）和米勒（N.Miller）认为，"学习作为一种行为过程，是由机体内部追求享乐的力量所发动和维持的，没有动机的机体是消极被动的，不会去行动，不会去探索环境，因而也不会去学习行为的结果。"[②] 学习者的学习动机是直接推动学习者学习的内部力量，是由求知欲、学习兴趣、改善和提高自己能力的愿望等组合起来的内部力量。由此可见，学习动机对学习效果具有重要的影响作用。既然从心理学角度讲动机是决定行为的内在动力，直接决定行为的强度和持久性，那么在学习方面，如果没有动机，学习者就只能是消极被动地学习，其学习效果可想而知。有鉴于此，在教学过程中要适当激发学习者的学习兴趣和动机。

笔者通过调查发现，学习者对学习笔译课程的动机均比较强烈，尤其是内在动机比较强烈。所谓内在动机，是指"个体的内在需要而引起的动机。"[③] 也就是说，学习者认识到学习的意义或对学习产生了兴趣而主动地学习。之所以说学习者对笔译课程的内在动机强烈，是因为在回答下面几个问题时，他们的选择趋势是非常明显的：

1. 你认为大学里开设笔译课重要吗？
   A. 非常重要 B. 比较重要 C. 不重要 D. 无所谓

[①] 孟昭兰（主编）：《普通心理学》，北京：北京大学出版社1994年版，第358页。
[②] 孟昭兰（主编）：《普通心理学》，北京：北京大学出版社1994年版，第359页。
[③] 孟昭兰（主编）：《普通心理学》，北京：北京大学出版社1994年版，第359页。

第四章　翻译学习者的学习动机、学习现状、学习效果调查与分析

调查结果图示如下：

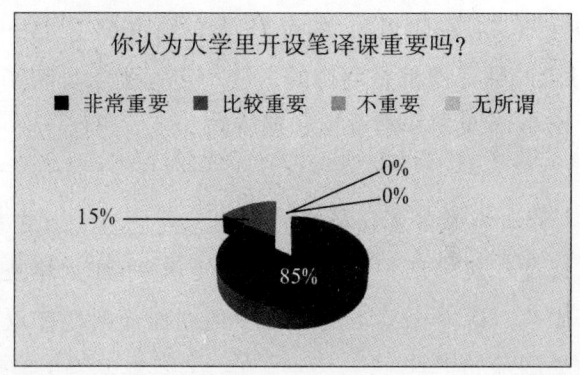

其中，在收回的320份有效问卷中，有272份选择了选项A（即"大学里开设笔译课非常重要"），占总问卷份数的85%；选择选项B（即"比较重要"）的有48人，占15%；没有人选择选项C和D（即"不重要"和"无所谓"）。这一结果说明学习者已经意识到翻译的重要性。

2. 你是否对笔译课的开设怀有期待？
A. 强烈期待　B. 比较期待　C. 没有期待　D. 心存恐惧

调查结果图示如下：

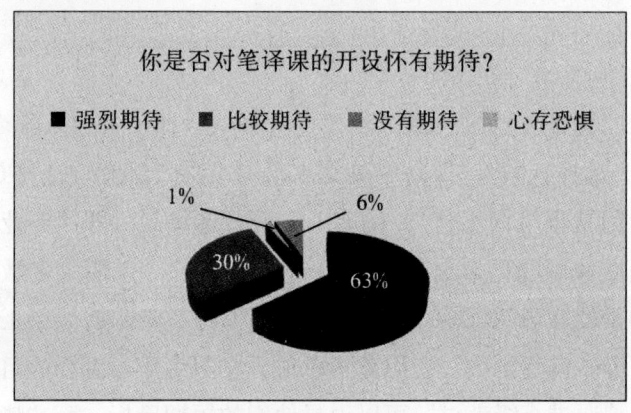

其中，在收回的320份调查问卷中，选择选项A（即"强烈期待"）的有201人，约占总问卷份数的63%；选择选项B（即"比较期待"）的

有97人,约占30%;选择选项C(即"没有期待")的有4人,约占1%;选择选项D(即"心存恐惧")的有18人,约占6%。这一结果说明约93%的学习者对翻译课都是期待的,从一定程度上反映了绝大多数学习者心理上对翻译课是非常重视和期待的。

3. 你认为学习笔译的目的在于_____。(可多选)

A.通过八级考试　B.提高中英文水平　C.毕业后能专门从事笔译工作　D.毕业后如果工作中遇到翻译问题可以自行解决

调查结果图示如下:

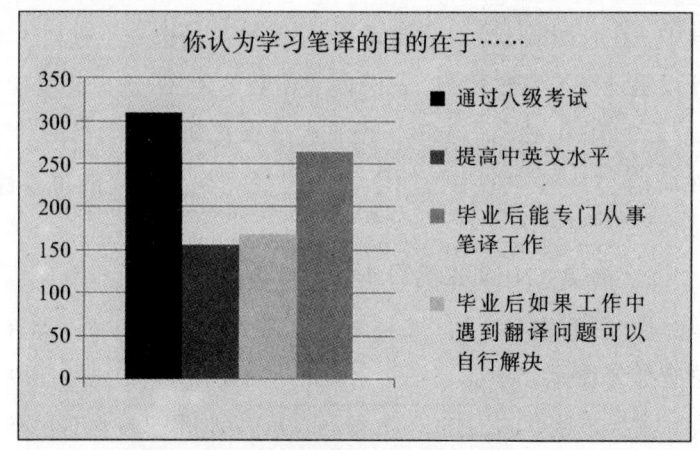

这个问题是多选题,调查结果中选择A(即"通过八级考试")的有309份,选择B(即"提高中英文水平")的有156份,选择C(即"毕业后能专门从事笔译工作")的有168份,选择D(即"毕业后如果工作中遇到翻译问题可以自行解决")的有264份,说明大多数学习者认为翻译的目的在A和D("通过八级考试"和"毕业后如果工作中遇到翻译问题可以自行解决")。因此可以说,学习者学习翻译的目的非常明确,其中"通过八级考试"可以说是他们的短期目标,而"毕业后如果工作中遇到翻译问题可以自行解决"则是他们学习翻译的长远目标。

第四章 翻译学习者的学习动机、学习现状、学习效果调查与分析

4. 你认为笔译工作是一项_____。（可多选）

A．神圣而光荣的工作　B．出力不讨好的工作　C．只有没有其他本事的英语毕业生才从事的工作　D．学过英语的人都能做的工作

调查结果图示如下：

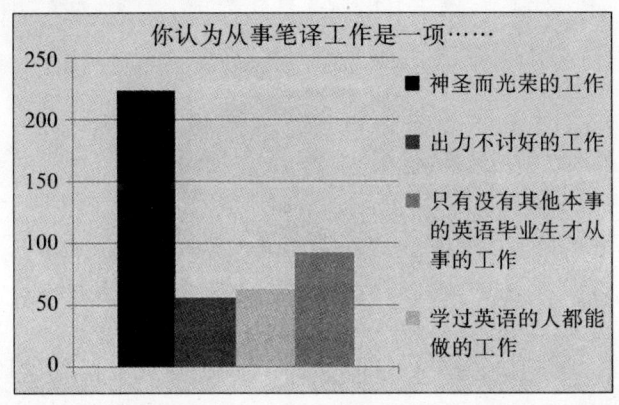

关于第四个问题，收回的320份调查问卷中选择A（即认为"翻译工作是神圣而光荣的"）的有223份；选择B（即认为翻译是"出力不讨好的工作"）的有56份；选择C（即认为翻译是"只有没有其他本事的英语毕业生才从事的工作"）的有63份；选择D（即认为翻译是"学过英语的人都能做的工作"）的有92份。这一结果说明，大多数学习者认为翻译是一种神圣而光荣的工作，预示着大多数人对翻译工作的认同。但是也有一些学习者认为翻译是学过英语的人都能做的工作，这说明有一部分学习者并没有意识到翻译工作的重要性。另外，可以毫不夸张地说，选择B和D的学习者在心理上是鄙视翻译的，这也是非常危险的，因为这种心理从一定程度上会影响这部分学习者学习翻译的动机和认真程度。那么，针对该种情况，教师就需要采取一定的手段扭转这部分学生的心理，激发他们学习翻译的动力，从而保证翻译教学的效果。

5. 你认为笔译课会_____。

A.很有意思　B.比较有意思　C.有些枯燥　D.非常枯燥

调查结果图示如下：

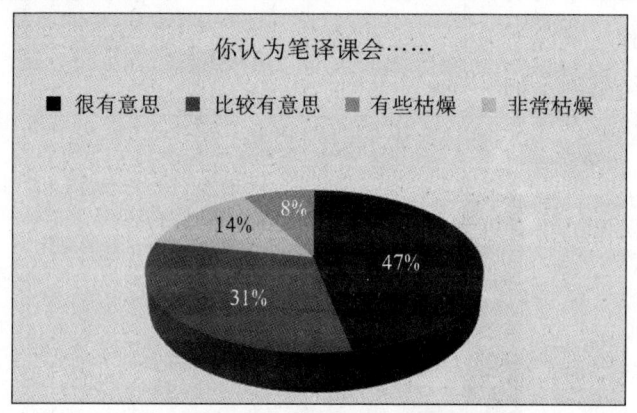

关于这个问题，选择 A（即认为笔译课很有意思）的有 151 人，约占总问卷份数的 47%；选择 B（即认为笔译课比较有意思）的有 98 人，约占总问卷份数的 31%，两者相加约为 78%；选择 C（即认为翻译有些枯燥）的有 45 人，约占 14%；选择 D（即认为翻译非常枯燥）的有 26 人，约占 8%。这说明大部分学习者认为翻译课是有意思的。兴趣是最好的老师，既然大多数学习者对翻译的预期是"有意思"，这对学习者学习翻译的动机是有利的。

以上调查数据说明，大多数笔译学习者认识到笔译课程的重要性以及学习笔译课程的目的，同时对笔译课程有着一定的兴趣和期待。大多数学习者的内部学习动机对翻译教学来说是非常重要的驱动力，那么翻译课堂的气氛应该是融洽的，教师布置的任务对大多数学习者来说都应该是有动力完成的。这一调查结果令人振奋。

当然，针对那些学习动机不足的学习者，教师要注意调动其积极性。廖英认为，要提高大学习者学习英语的动机，主要可以采取以下手段：首先，教师利用教学策略创造能吸引学习者注意力的有兴趣的课。其次，鼓励学习者在课堂上成为一个更积极的参与者，有助于他们明白

第四章 翻译学习者的学习动机、学习现状、学习效果调查与分析

提高英语交流的目的。再次，一篇有趣课文的使用也有助于提高课堂内学习者的动机水平，重要的是充分利用这些讨论的话题，帮助学习者认识到即使他们不需要精通外语，但是外语及其文化的学习能增强对其他科目的理解和领悟。①这些手段确实非常可行。翻译教师也可以采取类似的方法来提高学习者的学习动机，首先在翻译实践的选材方面要做到丰富多彩，既有文学色彩比较浓的小说片段，又有写景和抒情的散文，更要有比较实用的应用文，尤其是特别实用的商务文体；在课堂上，有意识地鼓励学习者参与讨论，努力让这些少数缺少学习动机的学习者与动机比较强烈的学习者一起进行讨论，这样前者就会受到后者的感染，无形中会增强自己的学习动机。另外，教师力图在课堂上创造气氛，吸引学习者的注意力。如根据翻译实践讲解的素材选取相关的幻灯片背景，有感情地朗读同学的译文，在英汉对比方面列举比较生动的例子，等等。

实践证明，在教学过程中教师运用一些生动的教学手段是可以调动学习者学习的积极性的。而且，教师课下可以找学习动机不足的学生谈心，了解情况，这样的谈话只要动之以情，晓之以理，完全是可以打动学习者的。翻译教师可以在谈心的过程中了解学习者为什么对翻译课没有期待，或者为什么对翻译课没有兴趣，帮助他们分析原因，同时还可以举一些例子说明翻译对社会的贡献。总之，在翻译课中端正学习者的态度和调高他们学习的内部动机是可以做到的。

第二节 翻译学习者的学习现状调查与分析

毋庸置疑，做好翻译最重要的前提条件是译者的双语基本功。英语专业学生的翻译基本功就在于其英语水平和母语（汉语）水平。这些学生一般是在大学三年级开始时开始学习翻译，这等于他们已经积累了

---

① 廖英：《外语学习动机与大学英语教学》，载《高教论坛》2005 年第 4 期，第 88 页。

相当多的语言知识，抛开母语知识不谈，他们也积累了很多的英语语言知识，但这不等于说学习翻译的时候就不需要学习语言知识了，实际上语言知识的积累是个长期的过程。另外，更毋庸置疑的是，翻译是一项技能，技能是需要不断练习的，正应了中国的那句谚语"实践出真知"或英语的谚语 Practice makes perfect。因此，翻译学习者应该不断增长自己的语言知识、提高自己的语言基本功并不断进行翻译练习。其次，翻译作为一个学科，与语言学、文体学、文化等都有着密切的联系，因此在学习翻译的同时，学习者还应该尽可能多地阅读有关方面的书籍，从而更好地根据语言与文化的差异以及文体的特点总结翻译技巧。那么，学习者对这些问题的认识以及学习现状如何呢？笔者的调查结果及分析如下：

一、对翻译学习的认识

为更好地了解学习者对英汉双语的重要性、笔译学习以及文体方面的认识，笔者对上述学习者进行了调查，具体问题及其调查结果如下：

1. 你认为对笔译来说，英语和汉语哪个更重要？
A．英语　B．汉语　C．同等重要

调查结果图示如下：

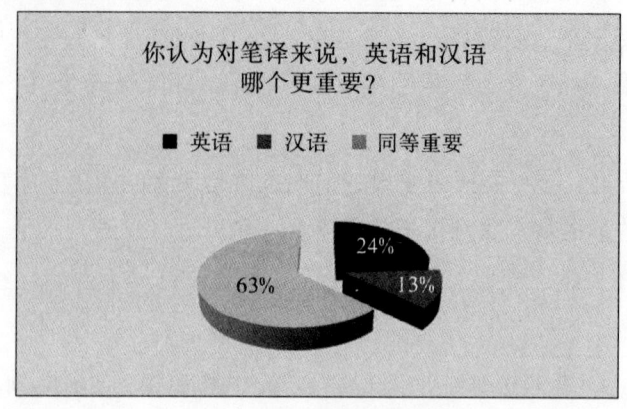

第四章 翻译学习者的学习动机、学习现状、学习效果调查与分析

在上述收回的320份问卷中，认为英语和汉语同等重要的学习者占了大多数，即选择C（认为英汉两种语言都重要）的占大多数，共有201人，约占63%；选择A（即认为英语更重要）的有76人，约占24%；选择B（即认为汉语更重要）的有43人，约占13%。这一调查结果说明大多数学习者已经认识到双语在翻译中的同等重要性。一般说来，没有翻译经验的人会认为对翻译而言英语更为重要，因为毕竟英语是我们的外语。实际上，真正做起翻译来就会明白，英语作为一门外语固然重要，但汉语无论是在英译汉还是在汉译英的过程中都是非常重要的，前者需要汉语表达地道，后者在于对汉语的理解要特别到位，尤其是，汉语是一种意合的语言，而英语是形合的语言，所以很多时候需要把汉语的意思理解到位，用正确的英语形式表达出来。比如"街上有各种各样的饮料和水果，但是，对山桃儿来说，那些东西全是可望而不可求的奢侈品"一句如果译成 There were all kinds of drinks and fruits on the street, but to Shantao, they were all luxuries within her sight but beyond her reach，就没有译出原文的意思，也就说明译者没有理解原文的意思。首先"街上有各种各样的饮料和水果"的意思是"街上在卖这些饮料和水果"，其次"渴望而不可求"是指"买不起"。因此，这个句子应该译为 There were all kinds of drinks and fruits being sold along the street, but to Shantao, they were all luxuries that she could never afford。可见，在将汉语翻译成英语之前，译者首先要对汉语原句进行透彻的分析，理解其意思之后才能更准确地翻译出来。由此可见，汉语在英译汉和汉译英过程中都显得非常重要。

2. 你认为英语的哪个方面对笔译非常重要？
A.词汇量　B.语法　C.都很重要

调查结果图示如下:

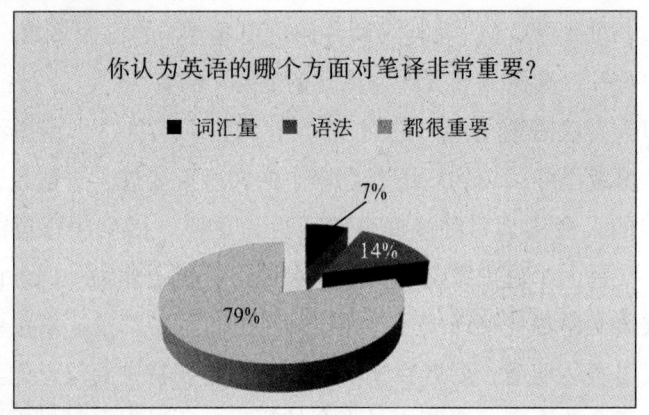

这一调查结果说明,大多数学习者都会意识到英语的语法和词汇以及理解力都非常重要,即选择上述第二问题中 C(词汇量和语法都很重要)的学习者占了大多数,共有 252 人,约占到了总数的 79%。另外,选择 A(即认为词汇量非常重要)的有 23 人,约占 7%;选择 B(即认为语法非常重要)的有 45 人,约占 14%。学习者对英语词汇的掌握不能仅仅停留在词义层面,更重要的是要知道如何去运用这些词汇,特别是根据语境使用适当的词汇,包括词的固定搭配、词在句中或更大上下文中的含义、广狭、褒贬等,这样不仅有助于英译汉过程中对英语的理解,更有助于汉译英过程中英语的表达。英语的语法就更不必说了,由于翻译不仅仅是理解词的意思,更重要的是理解这些词放在一定逻辑关系中的意思,因此英译汉时分析英语的句子对理解原文的逻辑关系非常重要。汉译英的过程中,英语表达是否地道,除词汇外,更是语法的方方面面了,从句子结构到时态,从单复数到介词的使用等等,都是语法的细节问题。

3.你认为英译汉和汉译英的教学应该_____。(可多选)

A.同步进行 B.一学期的英译汉和一学期的汉译英 C.由同一位教师讲授 D.分别由一位教师承担 E.无所谓

第四章　翻译学习者的学习动机、学习现状、学习效果调查与分析

调查结果图示如下：

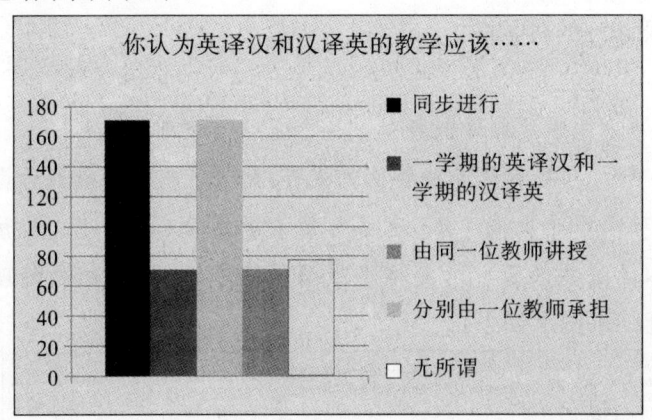

关于英译汉和汉译英是否应该同步进行、是否应该由一位老师讲授的问题，有171位学习者同时选择了A（即"同步进行"）和C（即"由一位教师教授"），约占总人数的54%，但也有78名学习者选择选项E（即"无所谓"），约占24%。另外，选择B（即"一学期的英译汉和一学期的汉译英"）和D（即"分别由一位教师承担"）的有71人，约占22%。这说明大多数学习者认为英汉互译同步进行对提高翻译水平是有益的，而且由一位教师同时讲解英汉互译可以更好地将英汉对比讲授清楚。但是，约24%的学习者会认为英汉互译是否可以同步进行以及是否需要同一名教师讲授英译汉和汉译英是无所谓的，这说明这一部分学习者还没有意识到翻译的过程存在一定的科学规律，也就是说英语和汉语本身具有一定的规定性，翻译的结果就是要让译文符合目的语的规定性，这就需要对双语进行对比，从中找出其不同，然后再根据这些差异总结一些通用的翻译技巧。而且双语的语篇同步进行，还可以看出不同语言在同一体裁中的用词和句式以及语气表现有何不同，然后根据这些不同进行翻译，从而使这一文体的译文更像目的语相应的文体。而且，双语同步进行还能让学习者记住一些表达方式，从而在反方向的翻译中进行使用。因此，针对一部分学习者没有意识到英汉互译同步进行的重要性，教师在翻译课的开始就应该将这一点向同学

解释清楚，启发他们意识到英汉同步进行及由同一名教师同时讲授英译汉和汉译英的科学性。

4．你感觉翻译教师＿＿＿＿＿＿＿＿。（可多选）
A．只要英语专业毕业的就可以　B．应该是翻译方向毕业的
C．双语水平要高　D．有尽可能多的综合知识　E．应该有丰富的翻译实践经验　F．英语水平高的就可以　G．很高的理论水平
调查结果图示如下：

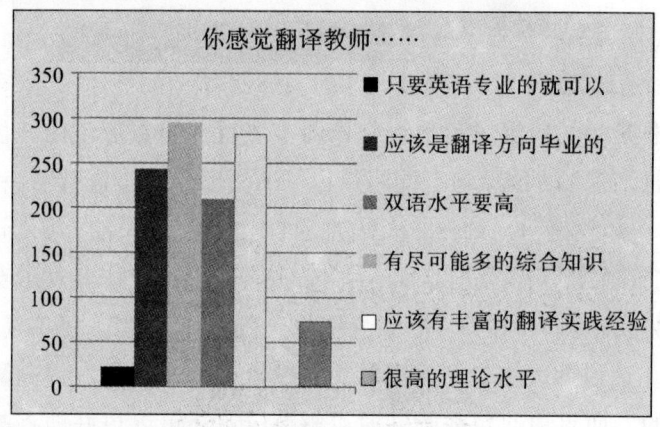

关于翻译教师素质的这一问题，不少翻译学习者认为这些教师应该具有翻译专业的教育背景、较高的双语水平、尽可能多的综合知识和丰富的翻译实践经验，即在上述问题的选项中，大多数学习者选择了B、C、D、E，选A的较少，没有人选择F。学习者对翻译教师的这种预期也对翻译教师队伍素质的提高具有重要的参考价值，为翻译教师自身的发展提供了参考依据，说明翻译教师应该具有翻译理论与实践方向或专业的教育背景，应该不断提高自己的双语水平、丰富自己的综合知识，同时应抽出一定的时间从事一定数量的翻译实践，从而不但可以在不泄露行业机密的情况下将最新的材料用于翻译教学，还可以在翻译实践中总结出更多的翻译规律与自己的所学结合起来，从而更好地指导翻译学习者的翻译实践。当然翻译教师还应该具有一定的理论

水平,学习者之所以很少有人选择 G(即"很高的理论水平"),很可能是因为学习者对理论的认识不够,或不知如何界定翻译教师的理论水平。实际上翻译教师的理论水平应该是用于翻译实践和翻译教学实践的语言学理论、文体学理论、文学理论、文化理论、教学法理论等,但这些理论不应该是抽象的、晦涩难懂的、高深莫测的,而应该是实用的、与实践密不可分的、通俗易懂的,所以翻译教师的这一素质与前面提到的丰富的知识应该是紧密相关的。

5. 你期待在笔译课上学习 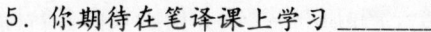 。

A. 各种文体的翻译　B. 实用文体的翻译(如旅游、科技、商务等)　C. 文学翻译(如小说、散文、诗歌)

调查结果图示如下:

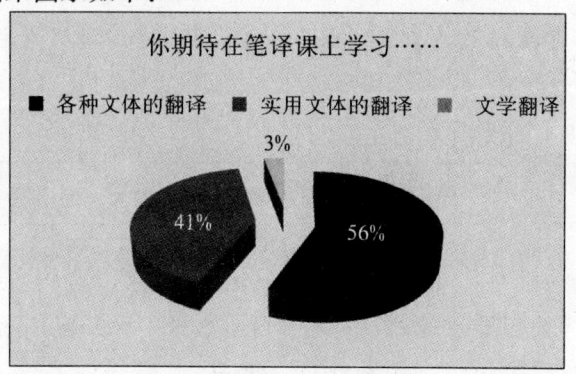

关于翻译课应该涉及的文体(上述问题 5),大多数学习者会选择"各种文体的翻译"(选项 A),共有 179 名学习者选择了这一答案,约占总人数的 56%,还有一部分人倾向"实用文体的翻译"(即选项 B),共有 131 人,约占 41%,选择"文学翻译"(即选项 C)翻译的人数非常少,只有 10 人,仅约占总人数的 3%。超半数的学习者认为本科阶段的翻译应该涉及各种文体的翻译,这说明他们对未来的翻译工作领域没有专门的期待,希望在学习阶段均有涉猎,而且即使涉足的是实用文体,文学翻译也应该是要学习的。同时,我们不难看出,当今经济的发展使得一些学习者在学习翻译的时候出现了一定的功利心,认为实用文体的翻译才是重要的,是与未来的工作密切相关的。这实际上无可厚非,因为翻译作为一门实践课程本身就是为社会培养更多的翻译实践人才。极少的学习者只选择"文学翻译",说明这些学习者对此类翻译的热爱和好奇。将调查结果综合起来可以推出,翻译教学中的文体应该是多方面的,应该既包括文学翻译(如小说、散文等,诗歌可以不涉及),又包括各种实用文体,当然根据学时可以适当减少文学翻译所占用的课时,将更多的课时分配给实用文体的翻译(如旅游、科技、商务等,其中商务又包括了企业宣传、产品广告、商务信函及商务合同等)。这样就照顾到了绝大数学习者对翻译课中文体类型的预期。

6. 你认为笔译课的课堂上应该_____。

A. 学生练习与教师讲解相结合 B. 老师讲解为主 C. 学生练习为主

调查结果图示如下:

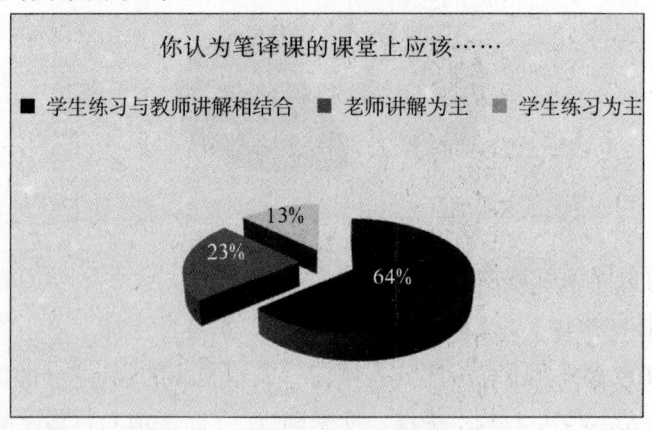

关于翻译教学的方法,在上述接受调查的学习者人数中,有204名学习者认为应该采用学习者练习与教师讲解相结合的方法(选项A),占总人数的64%;75人认为应该以老师讲解(选项B)为主,占23%;剩下的41名学习者认为应该以学习者练习(选项C)为主,占13%。这

第四章 翻译学习者的学习动机、学习现状、学习效果调查与分析

一结果说明,大多数学习者认识到翻译课上不能一味地让教师照本宣科,也不能只是让学习者做练习。由于翻译是一门实践性很强的课程,但又具有一定的规律可循,因此学习者一方面要进行一定的翻译练习,另一方面要在教师的引导下认识到两种语言的差别,并从中总结一定的翻译规律。同时教师要对学习者的练习进行检查和反馈,并将翻译规律与学习者的错误分析相结合。

7. 要提高笔译的质量,你认为＿＿＿＿＿＿。

A. 需要每天做一定的练习　B. 需要每周做一定的练习　C. 需要每两周做一定的练习　D. 不需要经常练习,只要掌握一些规律

调查结果图示如下:

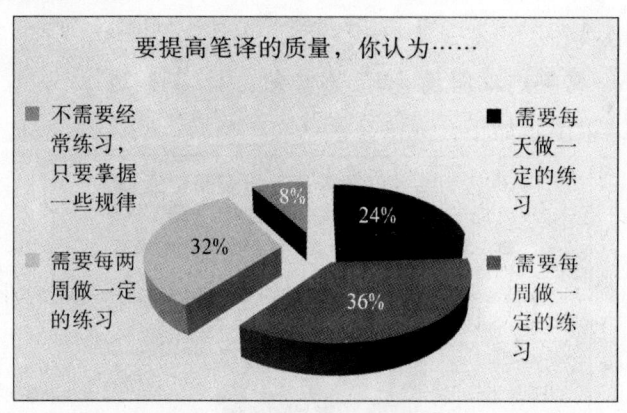

关于学习者对翻译练习的认识,可以从学习者对上述第7个问题的选项中得到答案。在收回的320份调查问卷中,有78名学习者认为需要每天做一定的练习(选项A),占24%;115名学习者认为需要每周做一定的练习(选项B),占36%;有103名学习者认为需要每两周多一定的练习(选项C),占32%;还有24人认为不需要经常练习,只需要掌握一定的规律(选项D),占8%。从这组数字来看,大多数学习者认为翻译需要一定的练习,但并不是每天练习,而是每周或每两周进行一定的练习,共占总人数的68.13%,其中认为每周需要一定练习的人数

超过了认为每两周需要练习的人数。至于认为不需要经常练习的人仅占一小部分,这一小部分学习者应该属于学习动力不足型。综合看来,大多数翻译学习者已经意识到翻译是一门实践性的课程,是一门技能,因此需要定期练习。针对这样的调查结果,教师可以每周或每两周根据教学大纲布置一定的翻译任务,可以以要求上交的作业形式或课堂提问的形式督促学习者完成,当然本书的后面会专门探讨翻译作业的形式,此不赘。针对少部分认为翻译无需太多练习的学习者,教师应在翻译课上阐明翻译是一项技能,又是一门艺术,属于一门语言游戏,因此需要不断实践,从而使这部分学习者认识到翻译实践的重要性。

8. 你认为要做好翻译是否需要阅读语言学、文体学、文化方面的书籍?

A. 需要广泛阅读　B. 不需要　C. 不知道

调查结果图示如下:

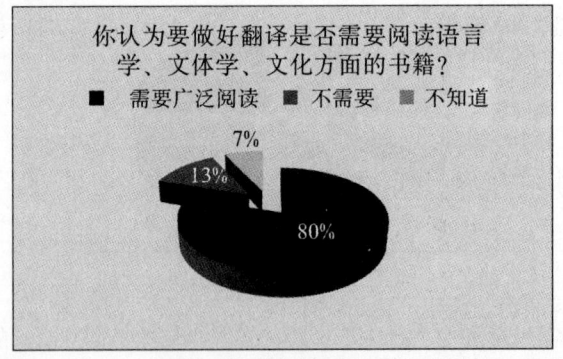

关于学好翻译是否需要阅读语言学、文体学、文化方面的书籍,有256名学习者选择了选项A,即"需要广泛阅读",占80%;43人选择B,即"不需要阅读有关书籍",占13%;21人选择C,即"不知道是否需要阅读有关书籍",占7%。这说明大多数学习者已经意识到翻译是一门跨学科的课程,与语言学、文体学、文化等密切相关,因此阅读相关书籍有助于更好地做好翻译。针对少数学习者不知道是否需要阅读相

第四章　翻译学习者的学习动机、学习现状、学习效果调查与分析

关书籍，教师应该给予引导，同时推荐一定数量的相关书籍，甚至规定学习者在一定时间内读完某些相关内容，并抽出一定时间检查是否读完，这对学习者来说起着督促的作用。当然，大学习者本身就应该提高自己读书的自主性和自觉性，不断丰富自己的知识，这样的阅读对他们的学习也是一种促进。

从上面的调查看，学习者对翻译学习有关方面的认识总体上是积极的，是正面的，对积极正面的东西教师要给予正确的鼓励和引导，从而使学习者的这些积极认识能够付诸实践，针对少数学习者认识不够积极的现象，教师也要动之以情，晓之以理，从而树立这部分学习者对翻译学习的正确认识。既然大多数学习者对翻译学习的认识是正面而积极的，其学习翻译的现状如何？笔者同样进行了调查，结果如下：

二、翻译学习的现状

为了解学习者学习翻译的现状，笔者的调查问卷中还涉及以下问题。其调查结果和分析如下：

1. 你平时阅读英文的频率_____（教科书除外）。
   A. 很高　B. 较高　C. 很少　D. 几乎不读

调查结果图示如下：

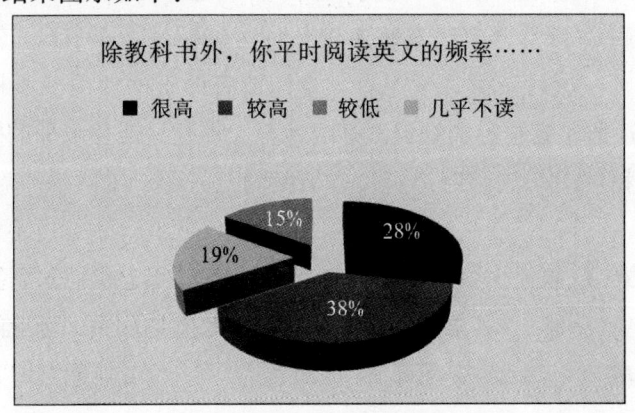

2. 你平时阅读中文的频率_____（教科书除外）。
A. 很高　B. 较高　C. 很少　D. 几乎不读

调查结果图示如下：

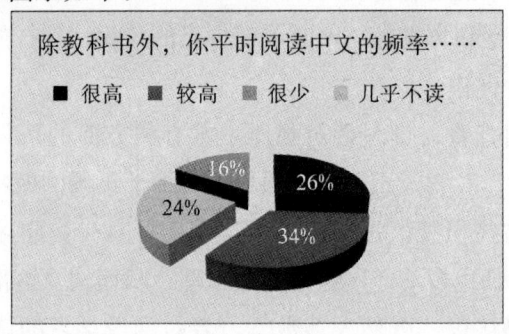

翻译涉及两种语言，因此需要对两种语言特别精通，翻译学习者不仅需要在学习翻译之前打下坚实的语言功底，在学习翻译的过程中应该继续坚持阅读中英文的资料。在调查中发现，学习者阅读中英文的频率并不是很高，尤其是阅读教科书以外的中文频率更低。因为在对第一个问题的回答中，320份问卷中有123份选择了"较高"（即选项B），占38%；有88份选择了"很高"（即选项A），仅占28%；61份选择"较低"（即选项C），占19%；还有48人选择了"几乎不读"（即选项D），占15%。学习者除教科书以外阅读中文的平均频率不算特别高，其中有109人选择了"较高"（即选项B），仅占收回调查问卷的34%；84人选择了"很高"（即选项A），仅占26%；76人选择"较低"（即选项C），占24%；剩余51人选择"几乎不读"（即选项C），占16%。针对这种情况，教师应该告诉翻译学习者大量阅读有助于增加词汇量和增强语感，同时还能丰富自己的知识，开阔视野。不管是语言水平的提高还是知识面的拓展对学好翻译都是极有帮助的。

3. 你喜欢阅读何种英文作品？（可多选）
A. 文学　B. 社科（历史、地理、文化等）　C. 新闻　D. 专业书籍

第四章 翻译学习者的学习动机、学习现状、学习效果调查与分析

调查结果图示如下:

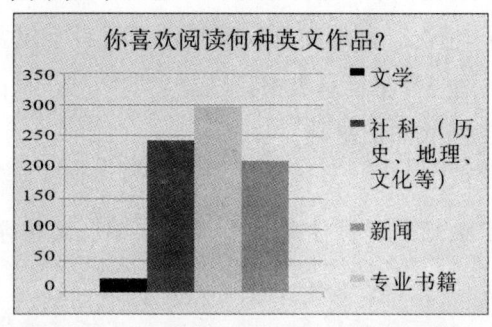

4. 你喜欢阅读何种中文作品?(可多选)
A. 文学 B. 社科(历史、地理、文化等) C. 新闻 D. 专业书籍

调查结果图示如下:

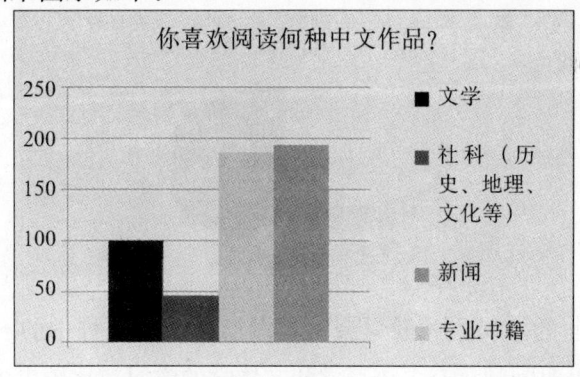

调查发现,大多数学习者喜欢阅读中英文的新闻(两个题均为多选题),阅读英文新闻(选项C)的人数有198人,占62%;阅读英语文学作品(选项A)的人数112人,占35%;选择社科类(选项B)的学习者非常少,320人中仅有65人,占20%;选择专业书籍(选项D)的有189人,占59%。由此可见,阅读英文新闻和专业书籍的人数占的比例最大。喜欢阅读中文新闻(选项C)的学习者人数也最多,有186人,占58%;其次是专业书籍(选项D),有193人,占60%;阅读中文文学作品的人数较阅读英语文学作品的人数更少,选择上述第四个问题中

A 选项的只有 99 人，占 31%；选择社科类（选项 B）的人数为 46 人，仅占 14 %。针对这一情况，翻译教师应该鼓励学习者不仅要阅读新闻和专业书籍，还应该适当涉猎社科类书籍以及文学作品，从而提高个人素养，为翻译打下良好的知识基础。

5. 为了学好翻译，你是否阅读语言学、文体学等方面的书籍？

A. 阅读，语言学读得多　B. 阅读，文体学读得多　C.没有兴趣，不读

调查结果图示如下：

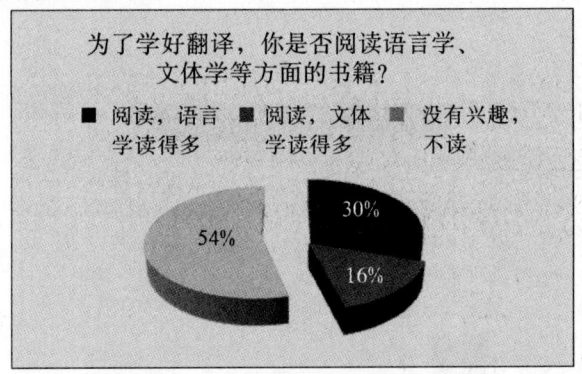

英语专业的本科生一般只会将翻译当作众多课程中的一门普通课程，所以课外时间阅读有关语言学和文体学的学习者比较少，这可以从本人所做的调查结果看出。320 份收回的调查问卷中，选择"没有兴趣，所以读不下去"（即选项 C）的人数最多，共有 172 人，占 54%；其次是选择"阅读，但语言学读得多些"的人数有 96 人，占 30%；选择"阅读，但文体学读得多些"（即选项 B）的有 52 人，占 16%。针对阅读文体学书籍较少的情况，教师应该通过某一文体翻译的实例说明文体知识在翻译中的重要性。

总之，针对上述情况，应该鼓励翻译学习者尽可能阅读各类书籍，毕竟翻译涉及的知识面很广，而且还要告诉这些学习者，阅读还有助于

第四章 翻译学习者的学习动机、学习现状、学习效果调查与分析

形成语感。无论从哪个层面讲,大量而广泛的阅读对翻译学习都是有利的。

6. 老师布置一篇翻译作业后,你是否会认真完成?

A. 非常认真 B. 比较认真 C. 没有太多时间,所以只是为了应付上交或提问而完成 D. 不认真,有时候还想参考同学的译文

调查结果图示如下:

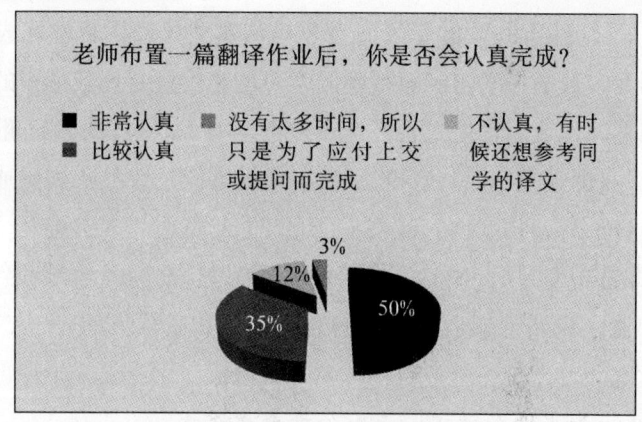

7. 做完一篇翻译作业后,你是否会认真检查?

A. 会,一般会检查两遍以上 B. 会,一般从头到尾通读一遍译文 C. 不会,做完就上交

调查结果图示如下:

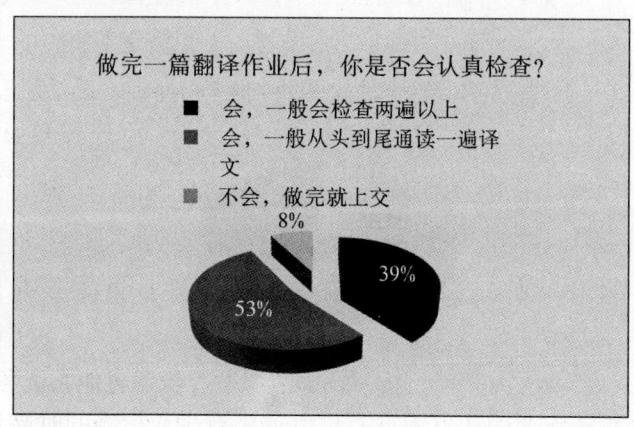

关于学习者对待翻译作业的态度，可以从上述第6和第7个问题的调查结果看出。关于老师布置一篇翻译作业后是否会认真完成，在收回的320份调查问卷中，有159人表示"非常认真"（即选项A）；占50%；有113人表示"比较认真"（即选项B），占35%；39人表示"没有太多时间，所以只是为了应付上交或提问而完成"（即选项C），占12%；仅有9人表示"不认真，有时候还想参考同学的译文"（选项D），占3%。由此可见，有超过80%的学习者会非常认真或比较认真地完成翻译作业，说明大多数翻译学习者对待翻译学习的态度还是比较端正的。关于做完一篇翻译作业后学生是否会认真检查，有125人表示"一般会检查两遍以上"（即选项A），占39%；168人表示"一般从头到尾通读一遍译文"（选项B），占53%；还有剩下的27人表示"不会检查，做完就上交"（即选项C），占8%。这说明，超过90%的翻译学习者会至少检查一遍作业，说明他们对待作业的态度还是比较认真的。

8. 如果检查译文，是否会检查出错误？

A.会，一般会检查出意思错误和语法错误 B.会，但发现不了太多错误 C.感觉有错误，但又检查不出什么错误

调查结果图示如下：

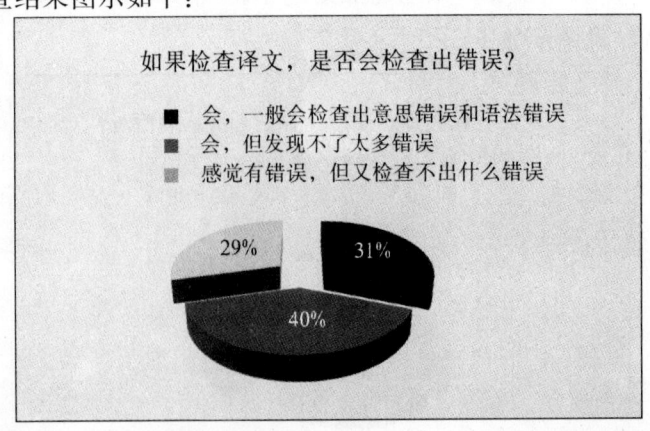

至于检查作业的认真程度，可以或多或少从检查的时候是否会发

第四章 翻译学习者的学习动机、学习现状、学习效果调查与分析

现问题的调查结果看出。其中，98人表示"一般会检查出意思错误和语法错误"（即选项A），占31%；128人表示"发现不了太多错误"（即选项B），占40%；94人表示"感觉有错误，但又检查不出什么错误"（即选项C），占29%。这一调查结果说明，大多数翻译学习者在检查作业时发现不了太多错误，从一个侧面说明检查的认真程度并不十分高。

9.老师反馈翻译作业的结果时，是否会有受挫感？

A.不会，因为大部分自己都是对的　B.会有一点受挫感，因为意思传达和语法有一定的错误　C.很有受挫感，自己的问题太多

调查结果图示如下：

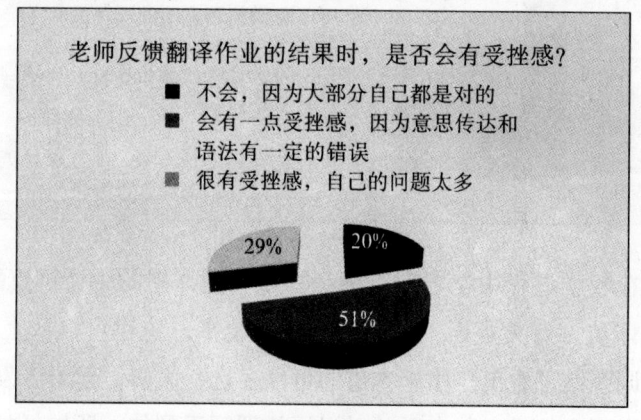

关于老师反馈翻译作业的结果时是否会有受挫感，320人中选择选项B的人最多，即"会有一点受挫感，因为意思传达和语法有一定的错误"，共有162人，占51%。其次是选择C的人数，即选择"很有受挫感，自己的问题太多"这一选项的人数为93人，占29%；另外65人选择了A，即"不会，因为大部分自己都是对的"，占20%。这说明，大多数翻译学习者在翻译方面有待提高。

10.你认为自己在翻译中表现出的最大弱点是_____。（可多选）

A.对汉语的理解不到位,所以经常出现表达不当的错误 B.英语词汇量不够 C.英语词汇不会区分使用 D.英语句子分析不好,所以理解出现问题 E.英语语法不好,所以汉译英时经常出现语法错误

调查结果图示如下:

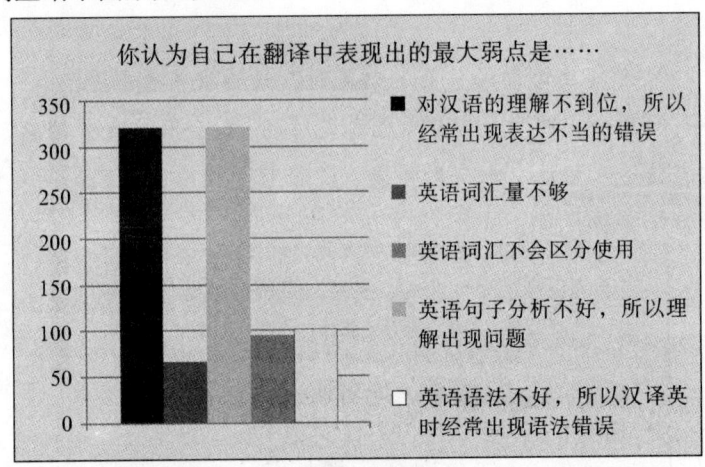

笔者在教学过程中也发现,翻译学习者翻译中的小错误真的不少,尤其是汉译英,有关英语基本功的错误比较多。这也可以从上述第10个问题的调查结果看出。由于本道题可以多选,大多数学习者发现自己在翻译中表现出的最大弱点于"对汉语的理解不到位,所以经常出现表达不当的错误"和"英语词汇不会区分使用"两个方面,320人中几乎都选择了这两项,其次是选项E,即"英语语法不好,所以汉译英时经常出现语法错误",共有101人,占31.56%;另有95人选择D,即"英语句子分析不好,所以理解出现问题",占29.69%。选择选项B(即"英语词汇量不够")的有66人,占20.63%。这说明翻译学习者在翻译中出现的问题在于中英文基本功,即理解力和表达力,所以首先要启发学习者分析句子和语篇,提高其对句子和语篇的理解力;其次要鼓励学习者在记忆英语单词时不应只记住其中文意思,而是要阅读其英文解释,多查英英词典及例句,在语境中记忆单词的意思,从而在翻译中能够更

第四章　翻译学习者的学习动机、学习现状、学习效果调查与分析

好地选词；第三要细心。因为英语语法在学习者高中毕业之前基本都已经有所涉猎，关键就是在实践中加以应用，由于英文的形式变化比较多，需要应用英语时要特别细致，从句式结构的分析到动词、名词、形容词的变化以及介词、副词的应用等要准确到位。

11. 如果翻译作业问题较多，下次作业是否会更认真一些？
　　A. 会　B. 不会
调查结果图示如下：

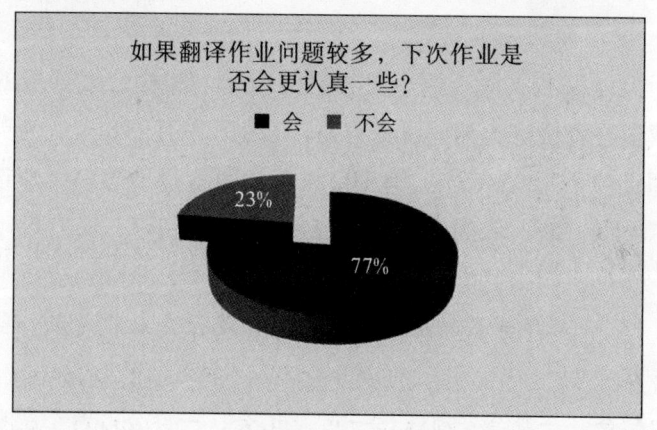

通过调查还发现，学习者对待翻译作业反馈的态度大多是积极的，这可以从上述第11个问题的选项看出。多数学习者如果发现这一次的翻译作业问题较多，下一次再写作业时会更认真一些，共有246人选择了A，占77%，剩下的74人选择B，占23%。对那些对待翻译作业反馈的态度不够积极的学习者，教师应该召开小组会议，教导并鼓励这些学习者形成积极的态度。

12. 你认为英译汉和汉译英哪个更容易？
　　A. 英译汉　B. 汉译英　C. 都不简单

调查结果图示如下:

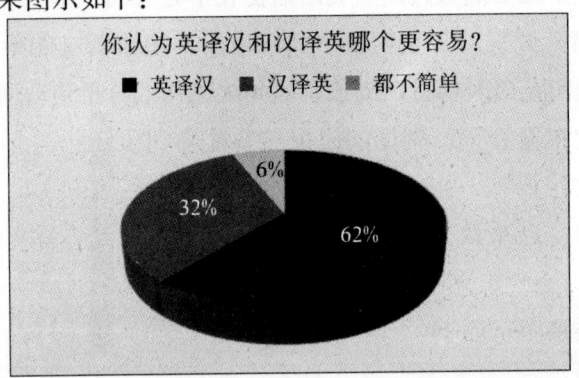

关于英译汉和汉译英哪个更容易的问题,和社会上一般的认识一样,多数学习者会认为英译汉更容易,320人中有198人认为英译汉更容易(即选项A),占62%;有102人认为两者都不简单(即选项C),占32%;剩下的20人认为汉译英更容易(即选项B),仅占6%。

13.除老师布置的翻译作业外,你是否会主动再做一些额外的翻译练习?

　　A.会,一般会每周选作一点　B.会,一般会每两个星期选作一点　C.不会,但会主动看一些译文　D.不会,只完成老师的作业

调查结果图示如下:

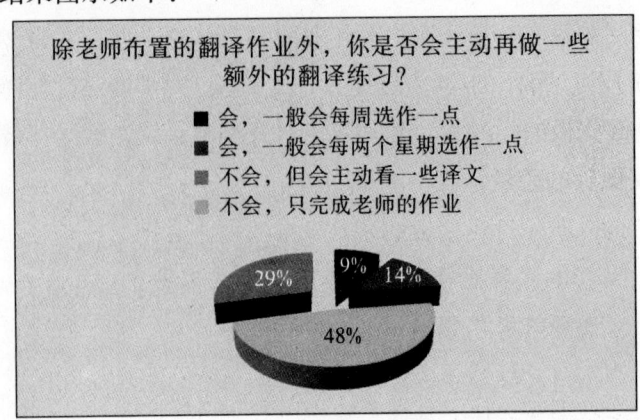

第四章　翻译学习者的学习动机、学习现状、学习效果调查与分析

调查发现，除老师布置的翻译作业外，学习者一般不会主动再去做翻译练习，因为关于第13个问题调查的结果是这样的：154人选择C（即"不会，但会主动看一些译文"），占48%；93人选择了D（即"不会，只完成老师的作业"），占29%；45人选择了B（即"会，一般会每两个星期左右选作一点"），占14%；还有28人选择A（即"会，一般会每周选作一点"），占9%。由此可见，共有77%的翻译学习者不会主动在完成翻译作业以外主动做一些翻译练习。

14.你感觉自己在笔译这门课中投入的时间_____。
　　A.很多　B.较多　C.不多
调查结果图示如下：

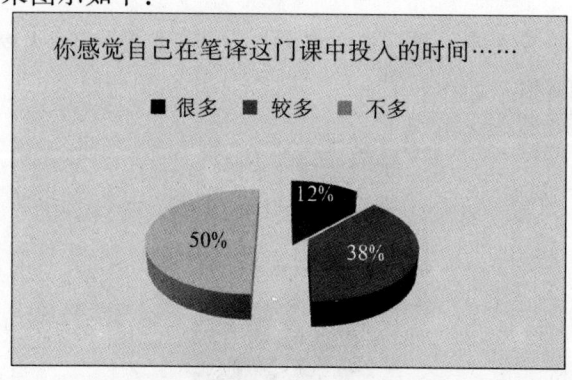

在回答第14个问题时，159人选择了C（即"不多"），约占50%，接近总调查人数的一半；123人选择了B（即"较多"），占38%；剩余的38人选择了A（即"很多"），仅占12%。对13和14个问题的调查结果说明，学习者学习翻译的主动性不足。针对这种情况，教师可以访谈一些学习者，在此过程中帮助学习者提高学习翻译的主动性。另外，还可以适当举行小组翻译比赛，通过竞争的方式提高学习者的主动性。

通过以上调查可以看出，学习者的学习现状并不十分满意，尤其是在阅读书籍、自觉练习、翻译水平等方面存在一定的不足。针对这种现状，翻译教师需要探求有效的方法，包括课堂讲授、反复练习、课堂和

课后讨论、布置阅读任务和翻译任务、课下访谈和动员等方式改善翻译学习者的学习现状,从而提高翻译教学的质量和学习者的翻译能力,达到预期的效果。

第三节 翻译学习效果调查与分析

关于翻译学习的效果,笔者在一学年的笔译课结束后进行了跟踪调查,问卷的内容及对收回的310份有效问卷的调查结果分析如下:

1. 回顾一学年的笔译学习,你认为大学里开设笔译课重要吗?

A. 非常重要　B. 比较重要　C. 不重要　D. 无所谓

调查结果图示如下:

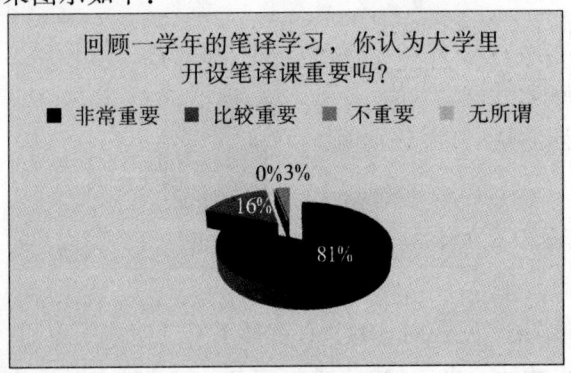

在回答这个问题时,310人中有252人选择了A(即"非常重要"),高达81%;有50人选择了B(即"比较重要"),占16%;剩下的8人选择了D(即"无所谓"),占3%。没有人选择C。由此可见,通过一年的翻译学习,对于几乎所有的学习者来说,翻译还是重要的课程,因为选择"比较重要"和"非常重要"的人数比例高达99%。而且绝大多数学习者已经认识到,这门课是非常重要的。至于选择"无所谓"的极少部分学习者,主要在于其学习动机不足。

2. 笔译课是否满足了学年开始时你对该课程的期待?
A.是　B.否

调查结果图示如下：

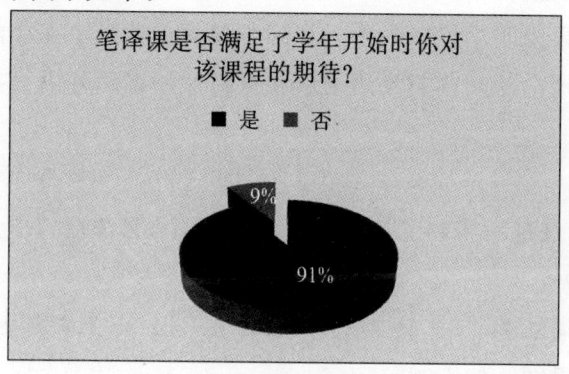

在310人中，有282人选择了A（即笔译课满足了学年开始时自己对该课程的期待），约占总人数的91%；剩余的28人选择了A（即笔译课满足了学年开始时自己对该课程的期待），约占9%。这说明绝大多数学习者认为在翻译课上学到了自己想学到的东西，也从侧面反映了学习者对翻译课的认识以及他们的学习效果。

3. 通过笔译课的学习，你认识到对笔译来说，英语和汉语哪个更重要？
A. 英语　B.汉语　C. 同等重要

调查结果图示如下：

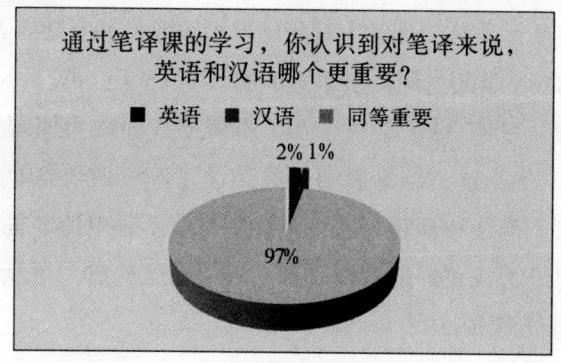

在对这一问题的回答中，有302名学习者选择了C（即英语和汉语在笔译中同等重要），占到总调查人数的97%，选择A（即英语更重要）的仅有6名，选择B（即汉语更重要）的仅有3名，分别只占2%和1%。这一调查结果说明学习者既然意识到英汉语在翻译中都非常重要，就会或多或少地主动阅读英汉语书籍和材料并注重两种语言技能的同步提高。

4. 经过一年的笔译课程学习，你认为语言的以下几个方面非常重要？

A. 词汇量　B. 语法　C. 理解力　D. 以上都很重要

调查结果图示如下：

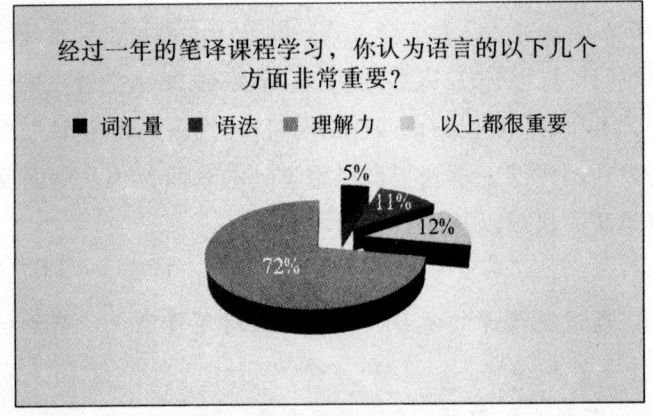

在回答以上这个问题时，翻译学习者的倾向非常明显，即大多数学习者认为词汇量、语法和理解力对翻译都很重要，即有223人选择了D，占72%。选择A（即认为词汇量重要）的仅有15人，占5%；选择B（即认为语法重要）的有34人，占11%；选择C（即认为理解力重要）的有38人，占12%。这一结果表明，翻译学习者意识到要学好翻译，就要注重词汇量、语法和理解力的综合提高，而不是单纯地去扩大词汇量或单纯地复习语法或更好地掌握语法。认识到这一点，对他们更好地做好翻译具有重要意义。

第四章 翻译学习者的学习动机、学习现状、学习效果调查与分析

5. 通过笔译课程的学习,你认为自己的英文水平较一年前_____。

A. 得到提高　B. 保持原有的水平　C. 下降

如果选择C,请说明原因:_____。

调查结果图示如下:

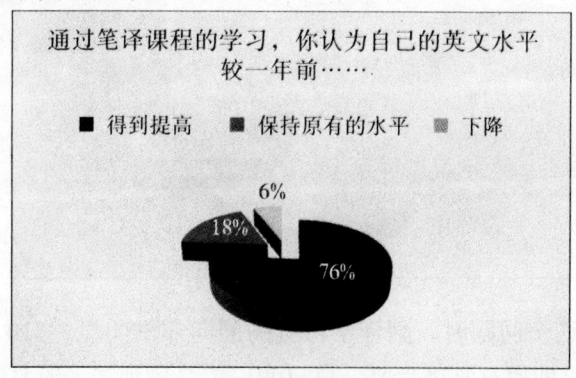

笔译水平直接反映了译者的语言基本功,因此学习笔译实际上有助于学习者词汇量的提高以及词汇的运用,同时还有助于巩固他们所学过的英语语法。只要认真对待翻译,经过一年的笔译学习,英文水平是应该有所提高的,本次调查也证明了这一点。在310份收回的调查问卷中,235人选择了A(即"得到提高"),占76%;56人选择了B(即"保持原有的水平"),占18%;还有19名学习者选择了C(即"下降"),占6%。这一调查结果说明,大多数学习者在笔译学习方面富有成效,因为他们感觉自己的英语水平有了提高。本问题还附带了一个追问,即选择英语水平"下降"的学习者需要给出原因,有12名学习者的回答却是"不知道什么原因",还有7人的回答是"没有认真学习"。由此可见,只要认真学习笔译,其语言水平的提高会非常明显。

6. 如果你认为通过笔译课程的学习自己的英文水平得到了进一步提高,主要表现在_____。

A. 词汇量增加　B. 能更准确地应用词汇　C. 语法应用得到能

力提高　D.分析句子的能力提高　E.以上所有方面均有所提高
调查结果图示如下：

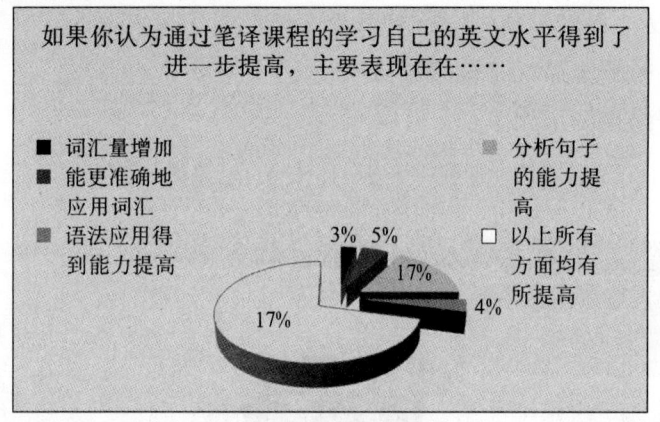

在回答这个问题时，翻译学习者的倾向非常明显。310人中有221人选择了E（即通过笔译学习，自己的词汇量增加了，而且能更为准确地应用词汇，语法应用能力和分析句子能力均得到了提高），占总人数的71%。另外，有10人选择了A（即"词汇量增加"），占3%；16人选择了B（即"能更准确地应用词汇"），占5%；52人选择了人C（即"语法应用得到能力提高"），占17%；剩下的11人选择了D（即"分析句子的能力提高"），占4%。这说明笔译不仅是综合应用语言能力的训练，更是综合提高语言能力的训练。既然71%的翻译学习者认为自己的英语各方面均得到了提高，说明笔译学习效果是十分显著的。

7. 通过笔译课程的学习，你认为汉语水平的哪个或哪些方面对笔译工作很重要？
　　A.理解力　B.表达力　C.两个因素都很重要　D.两个因素都不重要

第四章　翻译学习者的学习动机、学习现状、学习效果调查与分析

调查结果图示如下：

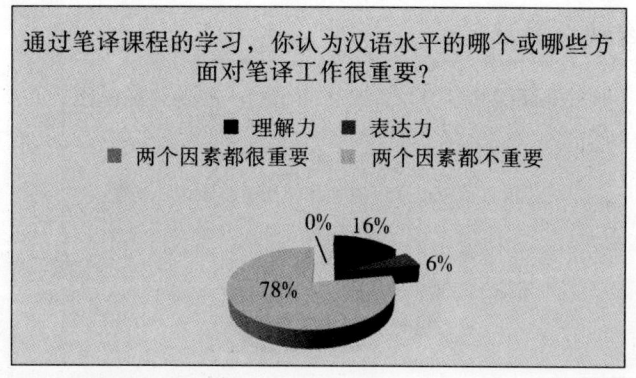

对于这个问题的回答，有241人选择了C（即认为汉语的理解力和表达力这两个因素都非常重要），占78%；49人选择了A（即认为汉语的理解力重要），占16%；18人选择了B（即认为汉语的表达力重要），占6%；仅有2人选择了D（即认为汉语的理解力和表达力这两个因素都不重要），其百分比可以忽略不计。既然大多数翻译学习者均意识到汉语的理解力和表达力都很重要，说明他们在以后的翻译中会进一步重视汉语。实际上意识到汉语的重要性对学英语的人来说都非常重要，因为长期以来，由于外语教学法强调外语学习者用外语思考、教师用外语讲授、用外语介绍西方文化从而达到外语教学的目的，尤其是很多外语教学材料一般都选自国外原版资料，这造成了外语专业的学习者忽视母语的现象比较严重，尤其是在网络高度发展的今天，学习者花在中文阅读上的时间可以说少之又少，这可以从前面的调查看出。因此通过笔译课让学习者意识到中文的理解力和表达力均非常重要，可以促进他们重视母语的阅读和提高。说明翻译课对改变学习者对母语的态度还是非常有效果的。

8. 通过笔译课的学习，你是否在承担一些课外翻译任务的时候更有信心？

A. 是　　B. 否　　C. 还没有承担过任何课外翻译任务，所以不

清楚

调查结果图示如下：

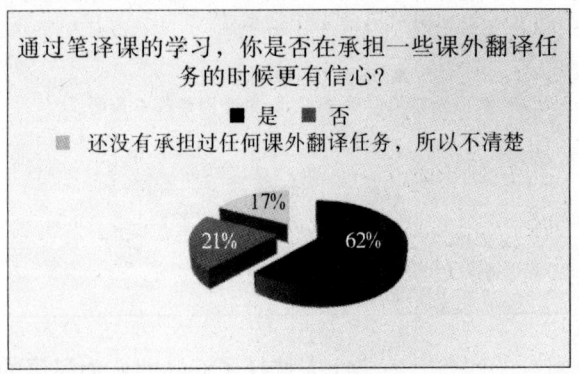

这一问题的调查结果如下：193名学习者选择了A（即承担一些课外翻译任务的时候更有信心），占总人数（310）的62%；65人选择了B（即承担一些课外翻译任务时依然没有信心），占21%；剩余的52人选择了C（即还没有承担过任何课外翻译任务，所以尚不清楚自己是否更有信心），占17%。其中选择更有信心的学习者占到了一半以上，说明翻译课的学习还是有成效的，达到了一定的预期目的。

虽然上述调查的人数和对象具有一定的局限性，因为不可否认，任何抽样调查均不可能覆盖社会的所有同一群体，但是上述对300多人进行的跟踪调查也具有一定的代表性，在很大程度上反映了翻译学习者的动机、翻译学习的现状和翻译学习的效果。通过以上对学习者笔译学习的动机、学习的现状及学习的结果所做调查的分析可以看出，大部分学习者对学习翻译具有强烈的内在动机，大部分学习者的学习现状比较令人满意，也取得了一定的学习效果。当然，对上述问题的调查结果也暴露出了一定的问题，比如少数学习者学习翻译的内在动机不够，阅读中英文普通文献（尤其是社科文献）以及与翻译有关的语言学和文体学文献不够主动，有些学习者的学习效果欠佳等等。所有这些问题的解决均需要教师和学习者的共同努力。例如，教师要动员和鼓励学习者而增强他们的学习动机，要通过改进教学方法进一步提高学习者学习翻

第四章 翻译学习者的学习动机、学习现状、学习效果调查与分析

译的兴趣，满足大部分学习者对翻译课的预期和期待等。当然，翻译学习者要学好翻译，更重要的还是学习者本人。比如，翻译学习者应该正视自己的学习动机、学习现状和学习效果，认识到翻译在以后的学习、工作中的重要作用，树立良好的学习态度和信心，积极配合老师的要求，等等。尤其是学习者不应该轻视翻译，不能简单地将英语学习等同于翻译，而应该意识到对外语的正确理解只是翻译过程的第一步，如何把自己的理解表达出来才是最费心神的一步，同时还应意识到自己的母语汉语在英汉互译中的重要作用。翻译学习者还应该主动掌握基本的翻译理论技巧知识，一些翻译理论技巧是前人在翻译实践中所取得的经验总结和理论升华。另外，翻译学习者要进行大量的实践，因为翻译课（尤其是本科阶段的翻译课）是一种实践性很强的课程，只有理论技巧的讲解是很不够的，必须经过大量的实践才能去印证所学到的理论和技巧，才能加深印象，提高翻译实践能力。而且，学习者在翻译实践中还可以发现新问题，并通过总结规律、探寻新的方法进一步丰富自己的理论技巧知识。

希望本章所做的上述调查以及对调查结果的分析能够更好地指导教师的教学，包括教学的材料、课堂的组织、教学的方法以及教学的偏重等。总之，只要师生共同努力，翻译学习者的学习动机、学习的现状以及学习的效果一定会得到进一步提高。

第五章 本科翻译教材和翻译教学内容

不可否认,教材在教学中起着非常重要的作用,尤其是在外语教学中,诸如精读、泛读、听力、口语、写作等课程的教材可谓举足轻重,特别是精读教材更是实施外语教学大纲的教学目标、教师组织教学活动和学习者学习的重要依据。翻译课程作为外语教学的核心课程之一,当然也离不开教材。关于翻译教材问题,尤其是对 21 世纪之前的教材,已有学者进行探讨。那么进入 21 世纪的今天,翻译教材是否在内容上发生了变化,教学过程中应该选用何种翻译教材,翻译教学的内容该如何取舍,从而适应新时期学习者翻译能力的培养,这些都是值得重新审视和探讨的问题。

第一节 翻译教材的真正定位

由于翻译是一门综合学科,至少与语言、文化、文体、翻译理论发生联系,所以编写翻译教材并非易事。如杨自俭所说:"这个问题比较复杂,因为翻译是综合性课程,它至少应是语言学、文体学、翻译学等学科的综合。把这几个学科的基础理论、基础知识及基本技能糅合成一个较科学的教材系统那就应该是理想教材追求的目标。"[①]因此,"编出好教材是个苦差事,编者条件要求很高,教材的科学性与规范化等要求也很高,教学有不同的目标,不同使用者有不同的要求,所以要

---

① 杨自俭:《关于翻译教学的几个问题》,载《上海翻译》2006 年第 3 期,第 38 页。

编出受较多师生欢迎的教材是非常困难的。"①张美芳对中国1998年（含1998）之前的翻译教材进行了研究。她将新中国翻译教材发展的历史分为四个阶段。②第一个时期是1949—1965年，这是新中国成立至"文革"前时期，这一时期正规出版的英汉翻译教材很少，其中陆殿扬编写的《英汉翻译理论与技巧》是整个50年代唯一一套出版的翻译教程，张培基编写的《习语英译法》和《英语声色词与翻译》是60年代的翻译专著。第二个时期是1966—1976年，这十年的翻译专著和翻译教材是一片空白。第三个阶段是1977—1989年，其中1976—1979间独立出版的英汉翻译教材种类不多，主要有林相周的《英汉翻译中的语法问题》(1979)、王淑钧的《科技英语翻译入门》(1979)和西北工业大学外语教研室编著的《科技英语翻译初步》(1979)。上世纪80年代开始翻译教材的题材和体裁开始呈现多样化的特点，除了一般的翻译教材外，还出现了专门针对文学和文化、科技、旅游、外贸等专业方向的翻译教材。这一时期出版的张培基等编著的《英汉翻译教程》到90年代末依然是全国使用面最广、影响最大的独立翻译教程。第四个阶段是1990—1998年，这个时期翻译教材的名称变得正规，口译和商贸翻译教材加速问世，一些教程中开始引入西方当代译论。张美芳将1949—1998年新中国成立以来翻译教材的出版时期和教材种类统计为下表：③

---

① 杨自俭：《关于翻译教学的几个问题》，载《上海翻译》2006年第3期，第38页。
② 张美芳：《中国英汉翻译教材研究（1949—1998）》，上海：上海外语教育出版社2001年版，第1—14页。
③ 张美芳：《中国英汉翻译教材研究（1949—1998）》，上海：上海外语教育出版社2001年版，第52—53页。

	综合性基础教材	口译教材	科技翻译教材	文学翻译教材	商贸翻译教材	总数及百分比
1949—1965	3	0	0	0	0	3 2.6%
1966—1976	0	0	0	0	0	0 0%
1977—1989	32	3	22	2	2	61 53%
1990—1998	33	11	2	1	4	51 44%
总数及百分比	68 59.1%	14 12.2%	24 20.9%	3 2.6%	6 5.2%	11 5%

根据张美芳的调查，当时最受欢迎和较受欢迎的翻译教材共有15种，在这十五种教材中，排在前五位的是张培基的《英汉翻译教程》、陈宏薇的《新实用汉译英教程》、柯平的《英汉与汉英翻译教程》、吕瑞昌等的《汉英翻译教程》和陆殿扬的《英汉翻译理论与技巧》。① 但总体来说，调查结果显示教师们普遍不满意现有的教材，因为这些教材或是缺乏系统的理论指导，或是译论陈旧，或是理论脱离实际；其次是现有翻译教材零散、杂乱、多且滥；另外，翻译教材的编写体系及材料陈旧老化，教材脱离实际需要，练习和译例取材不广、陈旧、形式单一，技巧训练方面不够灵活，大多数翻译教材重视双语的词法、句法分析与对比而轻视语篇分析，并且教材本身错误较多。②

上世纪末（1997年），穆雷曾对我国翻译教材使用情况进行过问卷调查研究，这一调查发现上世纪80年代初出版的张培基等编《英汉翻译教程》和吕瑞昌等编《汉英翻译教程》仍被许多学校用作教学参考书，

---

① 张美芳：《中国英汉翻译教材研究（1949—1998）》，上海：上海外语教育出版社2001年版，第128页。
② 张美芳：《中国英汉翻译教材研究（1949—1998）》，上海：上海外语教育出版社2001年版，第145页。

第五章 本科翻译教材和翻译教学内容

同时这些学校大多以自编讲义为主要教材。鉴于上述教材的时代性，穆雷建议可以组织协调一批翻译教师编成一套翻译教学丛书，可以包括《英译汉教程》、《汉译英教程》、《译作赏析》、《翻译批评》、《英汉对比研究》以及与各教程配套的教师用书及练习册，以减轻教师备课和出题的负担。①如今，在21世纪的今天，书店里翻译教材和各种谈翻译的书籍可谓琳琅满目，穆雷提到的这些书名在书店几乎都可以看到。笔者在中国国家图书馆的馆藏目录中输入"英汉翻译教程"，查询1999—2013年出版的相关图书，可以看到共有178条记录（包括电子图书），这178记录中基本上都是英汉或汉英翻译教程，当然也有1999年之前出版的教程的再版或修订版，但这一数字无疑说明英汉／汉英翻译教程的出版在这14年间的飞速发展，从一个侧面说明了中国翻译教学的发展。这些教程包括普通的翻译教程，也包括各种实用文体的翻译教程，如商务翻译教程（10条记录）、法律翻译教程（12条记录）、科技翻译教程（8条记录）、旅游翻译（4条记录），甚至是医学翻译教程（2条记录）等，但是，这些翻译书籍或教材大多都是零散的作者写出的，到目前还没有太多完整的丛书，尤其是没有太多为本科生编写的翻译教材丛书。另外，从这些记录中可以看出，英汉翻译教程的比例明显大于汉英翻译教程的比例。但是，让人欣慰的是，对外经济贸易大学出版社近期出版了一套实用文体翻译丛书，涉及新闻、旅游、法律、商务和科技等方面。正如该套丛书的出版说明中所述：为适应新的教学需要，满足社会对专业翻译人才的教学培养要求，对外经济贸易大学出版社策划出版了这套应用型翻译系列教材。

虽然上述应用型成套翻译教材照顾到了文体特点，但毕竟只是少数，大多数教材按张美芳的观点，我国传统的翻译教材在编排上主要以词和语法、句法为纲，以语篇和文体为纲的较少，其原因在于：编著者心目中的读者对象是外语学生，教材的任务与目标是加深学生对语言

---

① 穆雷：《翻译事业何以发展——翻译教学及其研究》，载《外国语》1997年第4期，第47页。

的认识或提高外语水平;编著者本人是语言教学专家而不是翻译专家,他/她虽然也可能做过一些翻译工作,但对现实社会的实际翻译操作了解得不够深入;在翻译教材编纂者心目中,语言能力与翻译能力、语言教学与翻译教学是划等号的,或者至少是大致相同的。①翻译教材中当然不能缺少词、语法、句法的层面,尤其是两种语言在用词、语法和句法方面的区别,但是词、语法和句法只能是翻译教材的一个方面,而且在谈及词汇、语法和句法的对比时举例要丰富,不能只是传统的文学例证,应该包含涉及各种题材和文体的例证,这样的讲解才有说服力。除词汇、语法和句法外,翻译教材应该包含语篇翻译的讲解,文体知识与语言知识相结合,毕竟将翻译作为专业技能来学习的翻译学习者走上工作岗位以后是要从事语篇翻译实践的。有鉴于此,笔者认为翻译教材的内容和编著应注意以下几点:

翻译教材编写的目的要明确。翻译教材针对的读者对象是将翻译作为专业技能来学习的读者,这些读者以后会从事不同行业的翻译,尤其是随着中国经济的发展,实用文体的翻译将是更大的需求。因此,教材编著者要明白,翻译教材应该是时代的产物,应该是为社会服务,应该综合体现翻译知识,包括语言知识、文化知识、文体知识和相应的翻译技巧。也就是说,翻译教材编写的目的是既要提高学习者的语言能力,丰富学习者的语言知识、文化知识和文体知识,又要培养学习者应用语言的能力,即翻译能力,使学习者有的放矢地掌握翻译技巧。

翻译教材的编著者应该既有扎实的中英文功底,又有翻译专业学习的背景和丰富的翻译实践经验和翻译教学经验。翻译教材的编著者首先应该具有扎实的中英文基本功,因为扎实的语言功能够保证教材编著者提供的译例是确切的翻译,也就是说用准确地道的目的语传达出了原文的意思和文体色彩,而且扎实的语言功还能够保证教材中英文讲解的语言质量。其次,编著者要具有翻译学习的背景。这里关于"翻

---

① 张美芳:《中国英汉翻译教材研究(1949—1998)》,上海:上海外语教育出版社2001年版,第148页。

译学习的背景"指的是编著者至少接受过翻译专业的硕士学习,因为一般说来,各学校翻译专业硕士至少要开设翻译实践课程(包括普通翻译、文学翻译、商务翻译等)、英汉对比课程、语言学基础课程、文体学课程、翻译理论课程、文化课程等,这些课程的开设使得翻译专业的硕士能够进一步熟悉英汉差别,掌握翻译技巧与语言差异之间的关系以及文化差异和文体之间的关系,而且在学习这些课程的同时这些编著者一定也阅读过大量的有关书籍和资料。这样的学习背景会使得翻译教材的编著者在编写教材时考虑到以上因素,从而使得翻译教材编写更具科学性和学科性,将语言对比、文化对比、文体知识融入编写的教材之中,从而使翻译教材不流于只重视语言、词汇的层面。第三,翻译教材的编著者应该具有丰富的翻译实践经验,因为只有这样编著者才能够将自己从翻译实践中总结出的规律编写进教材,从而使得其中的讲解更具说服力,更重要的是,翻译编著者可以将最新的材料编入教材,使得翻译教材所用实例更加丰富,更具时代特色,更能引起读者的兴趣。另外,翻译教材的编著者应该具有丰富的翻译教学经验,因为丰富的教育经验可以使得编著者更好地了解读者的需求和读者的水平,从而使得教材的编纂有的放矢,水平适当。

翻译教材的内容要综合实用。除上文穆雷曾建议编写系列教材外,张美芳也建议编写一系列核心翻译教程,包括翻译的基础知识(词法对比与翻译、语法对比与翻译、语篇对应)、翻译与文化、翻译导论、译文赏析、口译教程、商务翻译、科技翻译、法律翻译、文学翻译、传媒语体与翻译策略、专业翻译知识、翻译工具书和运用、国际互联网与翻译、机器翻译。[①]其中,张美芳建议可将商务翻译、科技翻译、法律翻译、文学翻译和机器翻译作为外语专业翻译方向本科生的选修课,其他作为通用教材,翻译学系的本科生则可全选。当然,这里所述的是系列教材,作为翻译实践课程,笔者认为需要一本适用于学习翻译的所有本

---

① 张美芳:《中国英汉翻译教材研究(1949—1998)》,上海:上海外语教育出版社2001年版,第165—166页。

科生的综合教材。该教材可以包括从词汇、英汉对比、文化到文体翻译的各个层面，关于词汇问题，可以包括词义与语境以及翻译中对应词的选择，英汉对比则可以包括若干中英文的差异问题，如句式结构对比、时态和语态对比、形合与意合对比、静态与动态对比、抽象与具体对比等等，文化方面可以挑选与文化密切相关的语言现象进行讲解，文体层面可以包括几种常见文体的翻译，如叙事文学、散文、报告、旅游、商务信函与商务合同、公司宣传、科普等，重点讲解这些文体在用词、语法和句法、风格等方面的特色以及相应的翻译策略。上述这些内容基本能在三至四个学期讲完。以上内容从语言基础到文体翻译，实际上是一条从基础到提高、从微观到宏观的线索，融合了词汇学、句法学、语法、文体和翻译技巧等诸多方面，既有助于翻译学习者提高自己的语言水平，又有助于提高其翻译水平，还能帮助他们丰富自己的文体知识。上述内容可以融会在一部教材当中，也可以分别编入两部教材，第一部讲英汉语言和文化对比，第二部讲文体与翻译。

翻译教材应该将同步涵盖英汉互译。纵观自改革开放以来市场上出现的各种翻译教材，不难看出，大多数的翻译教材都是单向的，要么只讲英汉翻译，要么只讲汉英翻译，很少将这两种语言的双向翻译放在同一本教材中讲解，而且英汉翻译的教材明显多于汉英翻译教材。这实际上是一种不科学的现象。从具体操作层面看，翻译实践过程中译者需要更多地考虑两种语言在词汇、句法和语篇上的异同，在经过细致的比较之后才能更好地选择对应词，才能使句子读起来更像目的语，才能更好地将原语语篇译成地道的目的语语篇，使译文更好地为目的语读者所接受。正如叶蜚声、徐通锵指出："语言复杂多样，两种语言的成分很少能够简单地对应，而是要经过复杂的换算，因而无论从事外语教学或翻译，都需要对本族语和外语有比较全面的知识，作细致的比较，找出彼此的异同，这样才能学好外语，做好翻译工作。"[①] 连淑能在《英

[①] 叶蜚声、徐通锵：《语言学纲要》，北京：北京大学出版社1997年版，第22页。

汉对比研究》(1993)一书的前言中也指出:"翻译教学和研究的经验表明,翻译理论和技巧必须建立在不同语言和文化的对比分析的基础上。英汉互译的基本原则和技巧……以及时态、语态、语气……等的译法,都体现了英汉的不同特点。……因此,对比、分析和归类这些差异,便是翻译教学的重要任务。"由此可见英汉对比在翻译教学中的重要地位,那么在编写翻译教材时,也应该对英汉翻译和汉英翻译进行同步讲解,这样有助于读者更好地认识两种语言在词汇使用、句法结构、语法现象、文化方面的区别,认识到不同语言在同一文体中的用词和句法等有何差异,从而能够相互借鉴,更好地掌握翻译技巧。这样的翻译教材编排才更科学,读者阅读时的收获和学习时的效果才会更大。

当然,很多时候,翻译教材只是翻译教师和翻译学习者在教学中的一种参考,所以翻译教材只是能提供一些原理和规律。由于翻译具有相当的实践性和实效性,所以更多的翻译材料需要来自教材之外,保持与时俱进。尤其是当今时代,社会上更需要实用文体的翻译,而这些实用文体具有很强的实效性,所以翻译教学的材料不能只停留在文学或文献的层面。这在中西方都是共同的,翻译理论在探讨翻译实践时更是如此。奥地利学者玛丽·斯内尔—霍恩比(Mary Snell-Hornby)认为,在西方,传统的翻译理论所谈的翻译针对的都是文献的翻译,虽然我们今天所谓的"实用文体"翻译追溯到古巴比伦王国的多语言文化时代,但在学术界直到近代才开始得到重视。[1]这在中国也有相似之处,传统的翻译一般都重视文学翻译,可是在经济发展突飞猛进的 21 世纪,文学翻译只能看作是本科翻译教学的一个内容,商务信函、企业宣传、法律文

---

[1] 原文: (As with all writings in traditional translation theory, however, these words of wisdom were intended to apply only to the translation of great literature. The translation of what we now call 'pragmatic texts' although it has a history going back to the polyglot culture of Ancient Babylonia, was until comparatively recent times totally ignored in serious scholarly discourse.)(Snell-Hornby, M., The Professional Translator of Tomorrow: Language specialist or All-round Expert? Dollerup, C. & Loddegaard, A. (ed.), *Teaching Translation and Interpreting, Amsterdam*/Philadelphia: John Benjamins Publishing Companym, 1992, p.1.)

件、旅游材料、报刊新闻、学术论文等涉及社会经济生活的许多方面的书面文本更需要翻译出来，为社会和经济的发展提供有益的借鉴，为中外交流提供必要的桥梁。

第二节 翻译教学的内容

本科翻译教学应该以翻译实务为主。我国高等学校英语专业教学大纲（2000年）对笔译课程的描述如下：

> 笔译课的目的在于使学生具备笔头翻译的基本能力。通过介绍各类文体语言的特点、汉英两种语言的对比和分析以及各种不同文体的翻译方法，使学生掌握英汉双语翻译的基本理论，掌握英汉词语、长句及各种文体的翻译技巧和英汉互译的能力。要求译文比较准确、流畅，翻译速度达到每小时250—300字。

由此可见，本科阶段还需要以翻译实务为主要教学目标，因为本科阶段主要培养学生应用语言的能力，培养在走上社会后能从事各种翻译实践的外语人才，而且翻译课程本身就应该以翻译实务为中心。正如刘宓庆指出：

> 社会现实的需求通常通过各种途径反映在翻译实务上。因此，翻译教学欲与社会现实需求'合拍'，就必须实实在在地关注翻译实务，加强自己的社会功能水准和实效。如果翻译教学不密切关注实务，置实务教学素质和需求于不顾，则如'皮之不存，毛将焉附'，翻译教学的基本目标和目的也都不可能落到实处。这是很显然的。①

---

① 刘宓庆：《翻译教学：实务与理论》，北京：中国对外翻译出版公司2003年版，第18页。

当然，由于大学不是专门的培训机构，大学的翻译教学也不是单纯的翻译技能培训，因此，在翻译教学中依然要主要学习者的人文素质和专业能力全面提高。因此，笔者认为在本科翻译教学中可以适当穿插中国翻译史的简介，不仅能丰富学习者的文化知识，更重要的是通过翻译简史让他们认识到翻译在人类文明发展中的作用，从而激发他们学习翻译的兴趣。总体说来，翻译教学内容可以包括以下几个方面：

一、中国翻译史简介

翻译是一种重要的文化活动，是原语文化与目的语文化之间的交流与对话。尤其是对目的语文化来说，翻译扮演者非常重要的作用。让本科阶段的翻译学习者了解中国历史上的几大翻译高潮，可以使他们了解中国文化发展的脉络，尤其是翻译对丰富中国文化、科学技术、文学、思想等方面的作用。这也是真正的大学生应该接受的一种人文通识教育（关于翻译课中的"人文通识教育"本书后面还有专章论述）。但是由于本科翻译教学的学时有限，一般每周为2课时，所以这一部分内容不应由老师长篇累牍地讲授，而是可以将中国历史上的几次翻译高潮用人物串起来，让学习者课下查找资料，上课向其他同学讲述。例如，笔者在自己教授的翻译课上选择了中国翻译史上的以下人物：支谦、道安、鸠摩罗什、玄奘、徐光启和利玛窦、徐寿和李善兰、林纾、严复、鲁迅、傅雷、郭沫若、杨宪益和戴乃迭（共12组），授课对象每个大班在48人左右，这样学习者就分成12组，每组4人，然后抽签决定每个小组会讲到哪个人物。这四个人的讲述内容包括人物生平和社会背景、翻译实践、翻译理论和影响共四个方面。每周上课前15—20分钟讲其中的一个翻译家的故事，12周完成，讲解的语言可以是中文，也可以是英文，而且笔者建议最好使用中文，毕竟翻译课上中文与英文一样重要，尤其是讲到佛经时期的几个翻译家，其中有很多关于佛经的英文单词，如果用英文讲解听众可能会丧失兴趣，或对信息把握有漏。对于讲解特别到位的,教师不需要太多补充,只需要对小组的讲解做一个小小的总结,对于讲解稍微欠缺的,教师就稍作补充。

二、两种语言和文化对比及翻译策略与技巧

本科翻译教学应该把主要的时间放在学习者翻译能力的培养上,也就是翻译技能的培养上,正如杨柳、张柏然指出:"对于大学生这批未来译者行业的主力,在选材上就应以面向社会实践的主体为主。"① 翻译课要让学习者真正掌握一些翻译技巧,学到一些规律,就必须重视两种语言的对比,因为通过对比才会真正意识到译文是否地道,也就是说,只有重视了两种语言的对比,学生才能真正做到知道如何翻译,而且知道为何这样翻译。可见双语对比在翻译教学中的重要性。实际上,早在我国佛典翻译时期,道安就已经意识到两种语言的不同对翻译的影响。他提出了翻译"五失本"和"三不易"。"五失本"中的前两条就是关于两种语言对比的内容,这两条是:"一者,胡语尽倒而使从秦,一失本也;二者,胡经尚质,秦人好文,传可众心,非文不可,斯二失本也。"② 其中第一条就是两种语言的语序不同,第二条是两种语言背后的思维和审美不同,翻译要根据两种语言的不同做出调整。

关于翻译中要重视双语对比这一论断,现当代的翻译学界也已基本达成共识。早在1959年,雅可布逊(R. Jakobson)就在《翻译的语言问题》(On Linguistic Aspects of Translation)一文中提出:

> 两种语言之间的对比必然包含对双语可译性的考察。语际之间的广泛交流,尤其是翻译活动,必须成为语言科学长期详细研究

---

① 杨柳、张柏然:《"道"与"技"——被忽略的中国翻译教学问题》,载《中国科技翻译》2003年第1期,第22页。

② 道安:《摩诃钵罗若波罗密经钞序》,见罗新璋、陈应年(编):《翻译论集(修订本)》,北京:商务印书馆2009年版,第25页。

的对象。迫切需要编纂对比性的双语词典，这一做法的理论和实践意义非常重大，此种词典要详细对比两种语言中对应语言单位的内涵和外延。同样，双语对比语法应该确定两种语言在选择和限制语言概念上有何种联系，又有何种区别。①

中国著名语言学家吕叔湘先生曾经在《中国人学英语》（2005）的修订本序中说过："我相信，对于中国学生最有用的帮助是让他认识英语和汉语的差别，在每一个具体问题—词形、词义、语法范畴、句子结构上，都尽可能用汉语的情况跟英语作比较，让他通过这种比较得到更深刻的领会。"

英汉对比研究于 20 世纪 90 年代在我国处于研究的兴盛期（如刘宓庆，1991；陈安定，1991；许余龙，1992；连淑能，1993；王福祥，1992；刘重德，1994；杨自俭和李瑞华，1990；李瑞华，1996），可以说，这一时期的英汉对比研究蔚为大观。进入 21 世纪以来，中国译学界受到西方"翻译的文化转向"这一潮流的影响，更多学者从文化角度研究翻译。但是，笔者认为，21 世纪译学界的研究更多关注了译介学以及描述翻译学（即将"翻译"作为一种文化现象来阐释），而实际上，从翻译的具体操作层面看，英汉对比并没有过时，因为翻译实践过程中译者需要更多地考虑两种语言在词汇、句法和语篇上的异同，在经过细致的比较之后才能更好地选择对应词，才能使句子读起来更像目的语，才能更好地将原语语篇译成地道的目的语语篇，使译文更好地为目的语读者所接受。翻译操作过程中既然要重视语言的对比，翻译教学就更应该教会翻译学习者通过英汉对比掌握一定的翻译原则和技巧。吕叔湘先生认为："比较是要注意英语和汉语的不同之处，让学习者在这些地方特别小心，这是极应该的。"②而且，吕叔湘先生主张教师要帮助学习

---

① Jakobson, R., On Linguistic Aspects of Translation, Venuti, L. (ed.), *The Translation Studies Reader*. London: Routledge, 2000, p.115.

② 吕叔湘：《中国人学英语》，北京：中国社会科学出版社 2005 年版，第 2 页。

者对双语进行比较,因为要不帮着学习者去比较,他自己会无意之中在那儿比较,而只见其同不见其异,那就是"比附"了。吕叔湘先生这里论及的虽然是英语本身的语言教学,但对翻译教学有着很大的启发意义。刘宓庆也提出,翻译实务教学第一条基本思路就是"应着眼于双语对比,特别是双语差异,使学生深明'知己知彼,百战不殆'之理,实际上这也是传播学的基本原理之一。"①他认为要"以充分的语言实例展示汉英双语之间的差异"②。蔡毅指出,从语际等值的角度出发,及时地把对比语言学的有关研究成果引入翻译理论和翻译教学,从而充实翻译教学的内容是一项极为重要的任务。③连淑能在《英汉对比研究》(1993)一书的前言中也提及:

> 翻译教学和研究的经验表明,翻译理论和技巧必须建立在不同语言和文化的对比分析的基础上。英汉互译的基本原则和技巧……以及时态、语态、语气……等的译法,都体现了英汉的不同特点。……因此,对比、分析和归类这些差异,便是翻译教学的重要任务。

在研究翻译教学的过程中,金萍指出,对于双语学习者和翻译初学者来说,"对英汉两种语言的对比分析,有利于语言意识的培养和避免母语的干扰。"④由此可见,在翻译教学中将两种语言的对比作为翻译教学的内容是多么重要的任务,有着多么重要的作用。

除两种语言的对比外,还应重视两种语言背后文化的对比。不同民

---

① 刘宓庆:《翻译教学:实务与理论》,北京:中国对外翻译出版公司2003年版,第94页。
② 刘宓庆:《翻译教学:实务与理论》,北京:中国对外翻译出版公司2003年版,第94页。
③ 蔡毅:《对比语言学·翻译理论·翻译教学》,见王福祥(编):《对比语言学论文集》,北京:外语教学与研究出版社1992年版,第304页。
④ 金萍:《多维视3域下翻译转换能力发展与翻译教学对策研究》,北京:中国人民大学出版社2012年版,第199页。

族因为人类居住的环境和生活习惯不同，其形成的文化也会存在很大的差异，而文化又会对翻译的具体操作产生影响，这种影响有时会是一种"制约"，甚至成为翻译中的"难题"或"瓶颈"，因此翻译与文化之间的关系非常密切。换言之，翻译不单单是语言转换的问题，而是与文化有着千丝万缕的联系。正如戎林海指出：

> 翻译问题不单单是个语言问题，在很大程度上，它与文化因素、背景知识有着重大关系，受着它们的影响和制约。一般说来，一种语言中的纯语言障碍可以比较容易地在另一种语言中得到克服。但是，要克服文化上的差异及其在语言上的反映则比较困难。①

包惠南认为文化的差异给翻译带来的困难表现在五个方面，即词汇空缺、词义冲突、语义联想、语用涵义、民族心理差异。②因此，要想真正传达原文的信息，译者不仅要精通两种语言，更要精通两种语言背后的文化，正如刘宓庆指出："译者必须努力学习，不仅是在语言上下功夫，还必须在文化上下功夫，以提高文化意识。提高文化意识是文化信息感应力的前提，也可以是一种驱动力。"③例如，英国是岛国，而中国是大陆国家，所以在比喻花钱浪费或花钱大手大脚时，英语会使用 spend money like water，而汉语则用"挥金如土"，这里就可以看出"水"文化和"土"文化对两种语言的影响；在比喻一个东西不伦不类时，英语使用 neither fish nor foul，而汉语则使用"非驴非马"，由此也可以看出英语背后岛国文化和海洋文化及汉语背后大陆文化之间的差异。英语中有许多关于船和水的习语，证明了生存环境对语言的形成有重要影响，如 to rest on one's oars(暂时歇一歇)、to keep one's head above

---

① 戎林海：《翻译与文化背景知识》，见王福祥（编）：《对比语言学论文集》，北京：外语教学与研究出版社1992年版，第347页。
② 包惠南：《文化语境与语言翻译》，北京：中国对外翻译出版公司2001年版，第13—22页。
③ 刘宓庆：《文化翻译论纲》，武汉：湖北教育出版社1999年版，第71页。

water（奋力图存）、all at sea（不知所措）等。

由此可见英汉语言和文化对比在翻译教学中的重要地位。在翻译教学中要做到英汉对比，就应该保证英汉双语翻译同步进行教学，这样才更为科学，才能取得更好的翻译教学效果。在两种语言对比的基础上归纳翻译技巧具有一定的科学性。这些翻译技巧已经在不少翻译教材中提及，包括"选词（Diction）、转换（Conversion）、增补（Amplification）、省略（Omission）、重复（Repetition）、替代（Substitution）、变换（Variation）、倒置（Inversion）、拆离（Division）、缀合（Combination）、阐释（Annotation）、浓缩（Condensation）、重组（Restruction），以及时态、语态、语气、习语、术语等的译法，都集中地体现了英汉的不同特点。"①比如笔者在讲授英汉句式结构对比及翻译时，注重让翻译学习者了解英汉句式结构的异同，尤其是英语句子均为主谓结构，而汉语句子有相当于英语主谓结构的句子，更有话题——评述句和无主句转译为英语的主谓句，然后着重探讨后两种句子结构类型在译成英语时如何变成英语的主谓结构，同时还会讲授如何将英语的某些主谓句转译为汉语的话题－评述句和无主句。

三、文体特点及其翻译策略与技巧

翻译是语言之间的转换，语言的转换又离不开语言所在的文体。正如王佐良指出：

> 在翻译工作里，也必须注意语言与社会场合的关系。译文同样有一个适合社会场合的问题。译者同样必须能根据原文的要求，写出各种不同的语类、文体。例如，翻译请帖、通知、布告、规章、病历与病情公告之类的'应用文体'，译者应该知道在译文里怎样

---

① 连淑能：《英汉对比研究》，北京：高等教育出版社1992年版，第2页。

第五章　本科翻译教材和翻译教学内容

寻到相等的内行的格式和说法。①

本科翻译课的最终目标是培养学生翻译各种文体文本的能力，因此本科翻译教学的另一个内容应该是各种文体篇章的翻译。正如刘宓庆指出：

> 文体与翻译的密切关系已日益为翻译界所认识。翻译教学进入高级阶段时，必须开始注意功能文体问题。不论英语或汉语都有不同的文体类别，不同的类别具有不同的文体特点。译者必须熟悉英汉各种文体类别的语言特征，才能在英汉语言转换中顺应原文的需要，做到量体裁衣，使译文的文体与原文的文体相应，包括与原文作者的个人风格相应。这是高级阶段英汉翻译的基本要求之一。②

文体不同，语言的功能就不同。王佐良、丁往道指出：

> 对一种语言的各类文体进行研究，也就容易较深入地了解语言的各种功能（function）。语言所传达的信息有各种各样的作用，或是说明一件事情，或是表达某种情感，或是促使对方做出各种动作，或是仅仅为了使得彼此谈话不至冷场，等等。广告文体有其特点，例如具体，扼要，简明，夸张，俏皮等等，其作用则是一个，即促使看或听广告的人去做某事，如购买某种商品。③

在翻译课上讲授文体知识，可以让翻译学习者更好地掌握不同文

---

① 王佐良：《词义·文体·翻译》，见罗新璋、陈应年（编）：《翻译论集（修订本）》，北京：商务印书馆 2009 年版，第 926—927 页。
② 刘宓庆：《文体与翻译》北京：中国对外翻译出版公司 1998 年版，绪论第 6 页。
③ 王佐良、丁往道：《英语文体学引论》，北京：外语教学与研究出版社 1987 年版，第 iii-iv 页。

体的不同语言特征,因为"文体学的任务不在列举若干文体的名目,而在观察和描述若干种主要文体的语言特点,亦即它们各自的语音、句法、词汇与篇章的特点,其目的在于使学[习]者能够更好地了解它们所表达的内容和在恰当的场合分别使用它们。"①也就是说,学习者在掌握英汉两种语言异同的同时,还应了解不同文体如描述或叙事文体、论述文体、科技文体、报告文体(或称公文文体)、应用文体、新闻文体等不同文体中在两种不同的语言中其用词、句法、语法、语气等的特点,从而更好地将这些特点组成的文章译成地道的目的语。其中描述或叙事文体包括小说、传记、散文、游记等写人、记事、描述类的文章,其特点在于用词相对丰富,使用一定的修辞手法,句式结果不是特别复杂;论述文体即议论文、政论文等,如就某一社会问题发表的议论、学术论文等,其特点在于用词比较正式,语法和句法比较规范,句式结构相对复杂,逻辑比较缜密;科技文体包括科技著作、论文、报告以及科技情报乃至科技实用手册等,其特点在于用词比较专业,句式结构也相对复杂,英语科技文章还倾向静态,善于使用名词,语法上被动语态使用较为频繁;报告文体(公文文体)指"政府(或机构)发布的各种公告、宣言、规章、法令、通告、启事、通报、指令以及各类法律文书"②,其特点在于用词比较正式规范,句式结构较为紧凑;应用文体指公函、通知、契约或合同、广告、企业或旅游宣传等,这些不同的应用文体具有各自不同的特点,如公函用词和句式都要注重正式和礼貌,合同或契约用词正式、庄重、严谨,句子较长,广告或宣传则用词和句式结构均相对简单;新闻文体则包括各种报刊上的新闻报道、社论等。由于本科阶段学习者的中英文基础、学时以及教学目标都受到一定的限制,上述文体类别中的各种分类别并不能全部都能在有限的时间内完成,因此需要在这些文体中进行筛选。

---

① 王佐良、丁往道:《英语文体学引论》,北京:外语教学与研究出版社1987年版,第 i 页。

② 刘宓庆:《文体与翻译》北京:中国对外翻译出版公司1998年版,第177页。

但是，传统上不少英语语言文学专业的翻译课将语篇翻译的重点放在了文学方面，正如周雪林(1996)所认为："以培养社会需求的翻译人才为目标的翻译教材应充分体现市场导向原则，然而笔者翻阅过现有的种种翻译教材，发现绝大多数翻译教材的内容以文学题材为主，辐射的知识面窄小，翻译人才培养的市场导向原则体现得不明显。"① 所以张云、曾凡桂建议翻译实践的问题应该多样化，"特别是对非文学题材文体特征的把握能力，如商务合同、法律法规、科技产品说明书、广告宣传片、领导人发言稿、体育运动项目介绍、旅游景点介绍等不同领域的语体把握能力。"② 根据笔者十多年的翻译教学经验，本科阶段应该讲授的文体包括：（1）散文（包括叙事、写景）；（2）人物传记；（3）有关社会和教育等方面的议论文；（4）经济和政治（含外交）等方面的报刊文章；（5）政府或企事业单位的年度报告或发言稿；（6）简单的科普文章；（7）旅游宣传文字；（8）企业和产品宣传资料；（9）商务信函；（10）商务合同。

英汉两种语言写成的同一文体难免存在一定的差异，所以在讲授文体知识和翻译的时候，还要讲解两种语言在同一文体中的使用有何差异，然后引导学习者更好地从事各种文体的翻译。比如，笔者在讲授企业宣传材料的翻译时分别讲授英语企业宣传材料和中文企业宣传材料各自的用词特点、句式结构的总体趋势以及由词和句式及语法表现出来的语气特点，在讲解这些特点的过程中讲授两种语言在这一类文体中有何区别，翻译过程中在保持信息忠实的情况下如何让译文去迎合目的语读者的期待，总结出此类文体中词、句法的翻译策略以及整个文体的翻译原则。

当然，不同文体在语篇讲解内容上也会存在一定的差异，但大体应该是相似的，具体的差异需要翻译教师在内容上具体做出调整。另外，

---

① 周雪林：《浅谈 7 外语教材评估标准》，载《外语界》1996年第2期，第60—63页。

② 张云、曾凡桂：《英语专业本科翻译教学改革探讨——供需均衡原理引发的启示》，载《外语与外语教学》2006年第7期，第16页。

一般在本科生翻译课上，文学体裁和非文学体裁的比例可以根据学时数进行安排。王树槐建议文学翻译和非文学翻译各占50%①，但笔者认为随着时代的发展，文学翻译的比例可以适当降低，因为大多数本科生毕业后从事的翻译工作会是非文学翻译，因此建议文学翻译比例占20—30%，研究生阶段文学翻译的比例可以提高到40—50%。

四、译文评析

在有限的翻译课时数当中，教师要合理安排一定的时间让学习者进行译文评析。译文评析可以是对某一学习者完成的优秀译文进行评析，也可以对某一名家的译作进行赏析，当然也可以对一份质量不高的译文进行评析。对译文进行评析不仅有助于学习者认清优秀的译文标准，更重要的是培养了学习者的批判思维模式。批判性思维（Critical Thinking）是一种探究性的思维模式，在现代社会已被普遍确立为教育目标之一，特别是高等教育的目标之一。虽然批判性思维可以追溯到古希腊哲学家苏格拉底，但真正将批判性思维作为高等学校学习者的思维进行探讨却是在20世纪的60年代。当然约翰·杜威（John Dewey）早在1909年就对批判性思维进行了定义，他认为批判性思维是个体对于任何信念或假设及其所依据的基础和进一步推导出的结论所进行的积极、持久和周密的思考。②著名的批判性思维研究专家罗伯特·恩尼斯（Robert Ennis）对批判性思维的定义比较简单，他认为，批判性思维是个体以后天的客观经验为基础，为决定相信什么或做什么而进行的合理的、反省性的思维。③20世纪80年代末，美国哲学学会将批判性思维的界定以及批判性思维在教育中的作用阐释如下：

---

① 王树槐：《关于本科翻译教学的思考》，载《中国翻译》2001年第5期，第37页。
② Dewey, J., *Moral Principles in Education*, Boston: Houghton Mifflin Company, 1909, p. 9.
③ Ennis, R., A concept of critical thinking, Harvard Educational Review, 1962(1), p. 81.

我们认为批判性思维是有目的的、自我调节的判断力。这种判断力表现为解释、分析、评价、推断以及对判断赖以存在的证据、概念、方法、标准或语境的说明。批判性思维是一种不可缺少的探究工具。由于这个原因,批判性思维是教育的解放力量,是一个私人生活和公众生活的强大资源。虽然批判性思维不完全等同于好思维,但批判性思维是人类普遍存在的、自我校正的现象。理想的批判性思维者通常具备下列特质:勤学好问,信息灵通,信赖理智,胸怀宽广,适应性强,公正评价,诚实对待个人偏见,谨慎判断,乐于再三斟酌,头脑清醒,在复杂的事物中有条不紊,不懈地查找相关信息,理性地选择判断标准,专注于探究,坚持不懈地寻求学科和探究所允许的精确结果。因此,培养好的批判者就是朝这个理想努力。它把批判性思维技能的培养与批判性思维品质的培养结合起来,也是理性和民主社会的基础。①

由此可见,批判性思维作为一种不可缺少的探究工具,可以引入教学中的各个学科,没有明显的学科边界。因此,在翻译教学中可是适度引入批判性思维,其中译文评析便是批判性思维最明显的表现。对某一现成的译文进行评析,分析其可取之处和不可取之处,或者就某一位同学的译文进行评析,找出其译文的亮点和错误之处,尤其是一边根据英汉对比知识和文体知识对错误的表象和原因进行归类,一边进行纠错。关于评析某一学习者的译文,教师可以布置将一些篇章做成电子版,课堂上请一名学习者在台上展示自己的译文,并说出自己翻译过程中的一些困惑,其他学习者则对其提出的困惑提出解决的办法,并就译文出现的其他问题进行纠错,教师在这一过程中扮演着引导者的角色。译文评析的方法可谓是"培养他们批判性思维能力的宝贵教学资源:学习者们在教师指导下,通过错误分析去识别、判定自己译文中的正误,并

---

① 王源生:《关于批判性思维》,载《求索》2004年第7期,第139页。

对产生的错误进行分类、析因和评价，有利于激发他们的学习兴趣，养成积极主动的学习习惯。"① 关于译文评析的内容本书还将在第八章"翻译教学中的人文通识教育"做进一步的探讨和分析，此不赘。

　　以上是笔者建议的本科阶段翻译教学的主要内容，不管是中国翻译史的简介、双语对比与翻译策略和技巧，还是语篇知识与翻译策略和技巧、译文评析，都是本科阶段翻译课程的重要内容，对丰富翻译学习者的人文知识、提高其双语能力和语篇翻译能力、培养其批判思维都起着重要作用。当然在实际操作过程中，翻译教师可以根据自己所在学校的特色、本科生的就业趋势、学习者的预期及学时数进行适当调整。

---

　　① 余国良：《翻译教学中批判性思维的培养模式研究》，载《外语学刊》2010年第5期，第102页。

第六章 双语互译教学同步进行的科学性[①]

翻译是外语专业本科高年级的一门必修课。一般来说，该课开设在三年级的两个学期或外加四年级的第一学期，共三个学期，有的学校则开设四个学期。拿英语专业为例，在两学期到四学期的翻译教学任务分配中，有些学校或教师将其分配为一半英译汉，一半汉译英，即一学期英译汉，一学期汉译英，或者两学期英译汉、两学期汉译英。还有人主张一名教师专教英译汉，另一教师专教汉译英。但笔者认为，如果连续一学期或两学期都进行英译汉或者汉译英单向的教学，会让学习者感到枯燥无味，更重要的是无法让学习者在英汉对比中掌握一些翻译的技巧和规律，而事实上，翻译的技巧和规律大多要基于两种语言的异同才能归纳和总结出来，所以英汉互译教学最好能够同步进行。而且，如果两名教师同步进行翻译教学，一名只教授英译汉，另一名只教授汉译英，那么保持英汉对比同步进行也是非常困难的。因此，英汉互译教学同步进行的同时，还应注意由同一名教师独立承担教学任务。下面将从英汉对比角度详细论述英汉互译同步进行的科学性。

第一节 从词义对比看双语互译教学同步进行的科学性

选词是中国很多翻译学习者中遇到的一个比较棘手的问题。尤其

[①] 本章大部分内容已发表在《北京外国语大学 2010 年教学研究论文集》，外语教学与研究出版社 2011 版，第 257—273 页。此处略有改动。原文题目为"试论英汉互译教学同步进行的科学性"。

是中国传统的英语教学中,学习者在记英文单词的时候,往往只记单词的某个汉语意思,这导致在翻译过程中,尤其是在汉译英的过程中,往往只根据记忆中某个英语单词的汉语意思选取这个英语单词,而在英译汉过程中看到一个英文词就想起了第一次学这个词时所记住的汉语意思,于是便"对号入座"。另外,有的学生在翻译过程中频繁地使用词典。一个汉语词在汉英词典中可能对应几个英语单词,但如何从这几个词选择最佳对应词呢?如果随便选取,很可能造成用词不当。所以正如吕叔湘先生所说:

> 有许多词的意义,要完全靠注解来说明,非常困难,甚至不可能,所以不得不用例句来阐发。我们要知道,一个词的意义可分为两层,在核心的是所谓'概念意义',围绕着这个核心的还有'联想意义',合起来是一个词的'意蕴'。……诸如此类的意蕴,往往连单个例句还不足以说明,必须有大段的上下文,甚至积累多少次的实例,才可以衬托出来。①

由此可见,翻译中的选词要看语境,根据上下文选择某一词在目的语中的对等语。针对这一情况,吕叔湘先生提出要注重读书时细细体会,反复吟咏,然后做到心领神会。笔者认为,在汉译英之前如果先做完一篇类似文体或内容有些相似的英汉翻译,学习者就可以学到该类文体中英语常用的表达法及其他一些词汇,这样就为词语的使用提供了语义背景和文体背景,从而使学习者更好地掌握一些英文单词在一定语境下的词义、广狭、感情色彩等,以便在汉译英实践中更好地选词。例如,一篇英语企业宣传材料中出现这样一句话:

例1:Reliability, security and customer proximity are included in the

---

① 吕叔湘:《中国人学英语》,北京:中国社会科学出版社2005年版,第49页。

philosophy of Postbus Switzerland.
安全可靠、亲近顾客是瑞士邮政巴士旅游局的服务理念。

这里的 customer proximity 译成了"亲近顾客"，philosophy 译成了"服务理念"，均符合汉语的表达习惯。学生译完这样的句子后，如果遇到下面的中文句子，在选词上就可以"迎刃而解"：

例2：本公司本着'信誉第一，客户至上'的理念，竭诚与广大国内外客商携手共进，共创美好未来！

这里的"客户至上"便可以模仿前面提到的英文译成 customer proximity，"理念"则可以译为 philosophy。句子在结构上比较简单，所以只要选词没有问题，整句话就很容易翻译出来了，即：

例2译文：

With our philosophy of reputation priority and customer proximity, we would like to cooperate with our clients from both home and abroad for a better future.

再比如，在翻译下面一句英文时，学习者学会了 famous and obscure，以后在汉译英中就可以模仿使用：

例3：My generation may be the last one to know that feeling, the feeling of being surrounded by millions of words; those words were the products of years of work by authors famous and obscure.
我们这一代人也许是最后一代知道这种感觉的，即被语言文字包围的感觉；这些文字都是大大小小的作家多年的劳动成果。

这里的 famous and obscure 译成汉语的"大大小小"非常贴切,因为中文里会使用"大大小小"来表示"知名的和不知名的"。那么,在中译英的时候,学习者遇到"大大小小"用来修饰人的时候,马上就会想到 famous and obscure。下面中的"大大小小"就是用来修饰"皇帝"的:

例4:孔庙里,我并不感兴趣那些大大小小的皇帝为孔子竖立的石碑,独对那面藏书墙钟情。(贾平凹:《进山东》)

In the Confucian Temple, I was interested in the Book Security Wall rather than the stone tablets erected for Confucius by Chinese emperors, famous and obscure.

同样道理,如果学习者在汉译英的时候遇到"(房屋)空置率"这样的词去查了参考资料,记住了 vacancy rate,那么在翻译下面一句英语句子的时候就很容易将其译为地道的汉语:

例5:In Shanghai, the central business district appears to have high vacancy rates, yet building continues.
上海中心经济区空置率已经很高,然而建造工作仍在进行。

著名的语言学家维特根斯坦曾经指出,一个语词的意义就是它在语言里的用法。他认为不仅意义受制于语境,意向(intention)也含蕴于并受制于语境。[①]英汉互译同时进行就可以使学习者掌握不同的语境(包括语言语境和文化语境)中词的用法,这样在翻译过程中可以互相借鉴。如果一学期甚至两学期的英汉翻译教学之后再开始汉英翻译,

---

① 转引自刘宓庆:《翻译教学:实务与理论》,北京:中国对外翻译出版公司2003年版,第35—37页。

学习者很有可能就忘记了曾经翻译过的英文文章和文体以及在这些文章和文体中常用的单词。所以，笔者认为，为了让翻译学习者能够在目的语中选择更为准确的对等词，应该"趁热打铁"，从而也便于学习者更好地巩固所掌握的单词。这正符合建构主义的教学理念，即强调学习发生的情境与目的。当学习发生在现实世界的具体情境中，学习就会变得比较有效。学习目的既要理解某些知识，还要能迁移性地运用所学知识去解决复杂的、真实情境中那些结构不良的知识运用。①

第二节 从句式结构对比看双语互译教学同步进行的科学性

句式对比是英汉对比中非常重要的部分，因为语序本身也能传达意义。正如王东风和章于炎指出："同一概念意义的若干句子会因为各自语序的不同而产生不同的主题意义，具有不同的交际价值。翻译既然要重视原意，就不能置这种意义以及传达这种意义的语序于不顾。我们相信，揭示语序的表意功能和英汉语序的异同规律，将有利于提高翻译的质量和效率……"②如前章所述，英汉句式很重要的一点不同在于：汉语更多的是话题+评述（Topic+Comment/Theme+Rheme，即TC/TR）的结构，即前面是一个话题，后面是对话题的评述，这个话题可以是施事者，也可以是受事者，还可以是非施事者或受事者的时间、地点、方式、行为等等，另外，有些汉语句子是无主句；而英语句子的基本类型是主谓（SV）搭配形成的形式主轴。在翻译教学过程中，英汉互译同步进行有助于学生对英汉句式差别的掌握，从而使译文更符合目的语的句式结构。下面举例分析：

---

① 鲍文：《三种建构主义英汉互译教学模式分析与构建》，载《沈阳农业大学学报（社会科学版）》2010年第3期，第207—210页。

② 王东风、章于炎：《英汉语序的比较与翻译》，见李瑞华（主编）：《英汉语言文化对比研究》，上海：上海外语教育出版社1992年版，第402页。

例6: Any science can be likened to a river. It has its obscure and unpretentious beginning; its quiet stretches as well as its rapids; its periods of drought as well as of fullness.

任何一门科学都可以比作一条河。其源头隐隐约约,并不引人注目,水流时而平缓,时而湍急,有枯水期,也有丰水期。

例7: First published in Sweden in 2002, it is written by a professor of criminology who has been involved in many of Sweden's high-profile cases and is an epic and ambitious tale spanning several decades of Swedish history.

小说于2002年在瑞典首次出版,作者是一位犯罪学教授,曾参与瑞典多起备受瞩目案件的调查。小说堪称一部史诗,气势恢宏,内容跨越了瑞典几十年的历史。

上面的例6中后半部分虽然较长,但是主谓结构特别明确,即 It has its... beginning; ... its quiet stretches as well as its rapids; its periods of drought as well as of fullness,如果把这部分直译为主谓结构,则是"这条河有其模糊而不引人注目的源头,有平静的水流和湍急的水流,有枯水期和丰水期。"但是,这样的中译文读起来并不十分通顺,译者通读译文后,不免会将其修改为"这条河源头隐隐约约,并不引人注目,水流时而平缓,时而湍急,有枯水期,也有丰水期"。前后两种译文的差别就在于后一种译文将前半部分变成中文的"话题—评述"结构,即"这条河"做"话题","源头隐隐约约,并不引人瞩目"和"水流时而平缓,时而湍急"作"评述"。例7中 an epic and ambitious tale 也根据汉语的表达习惯,译为"小说堪称一部史诗,气势恢宏",其中"气势恢宏"也属于"话题—评述"结构。如果英译汉过程中这样的译法较多,就可以帮助翻译学习者总结一定的规律,然后将汉译英与之对照,便可以教会学习者学会这种句式:汉语中一些"名词+形容词"作为评述来说明前面的另一名词时，便可转译为英语的主谓结构，尤其是可转译为"have+形容词+名词"的形式，即最前面的"话题"名词成为英语句子的主语，后面的"名词+形容词"在译文中颠倒顺序，成为"形容词+名词"结构做宾语。请看下面的例子：

例8：黄茶色泽耀眼，白茶药效显著，黑茶醇厚回甘。
Yellow tea has a bright colour, white tea a significant medicinal effect and dark tea a mellow taste.

例9：武陵源岩溶地貌发达，石英砂岩地貌发育更为世界罕见。
Wulingyuan boasts developed karst landforms and especially quartz sandstone landforms rare in the world.

以上两个例子的原文均为"话题—评述"结构，模仿上面例6的英文句式将之译成地道的英文主谓结构，原中文句子中放在名词后面的形容词在英译文中挪至名词的前面，谓语动词使用了 have 或 have 的同义词 boast。

另外，汉语中还经常使用无主句，这类句式一般用来表达存现（即表示"存在"、"出现"的动词放在前面，存在或出现的事物或现象放在后面）、建议或其他微妙的感情、客观公正或科学等，①而英语当中表示存现时一般将存在或出现的事物或现象放在前面作主语，后面跟表示存在或出现的动词。这样，表示存现的汉语句子就不难译成英文了，反之亦然。英语中表示建议或客观公正语气的时候往往会使用被动语态，所以表示建议或客观公正语气的汉语句子可以转译为英语被动语态，反之英语中表示此类语气的被动语态可以译成汉语的无主句。请再看一些例子：

---

① 彭萍：《实用英汉对比与翻译（英汉双向）》，北京：中央编译出版社2009年版，第25—31页。

例 10：Consequently, pest outbreaks often occur when large numbers of immigrant pests, inhibited populations of beneficial insects, favorable weather and vulnerable crop stages happen simultaneously.

结果，当大量害虫迁移、益虫数量减少、气候条件适宜、作物抵抗力较弱等因素同时出现，往往就会爆发病虫害。

例 11：建议将节假日分散。

It was suggested that holidays should be staggered over the period.

以上例句分别表示"存现（即"爆发"）"和"建议"，根据英汉结构的不同分别译成通顺的目的语，譬如英语的主谓结构译成了汉语的无主句，汉语的无主句译成了英文的主谓结构，但根据语气转译成了英语的被动语态。这些译文不仅在句法上符合目的语的特点，而且还忠实地传达了原文的语气。

另外，英文中有一部分谚语是 He who/that...结构。这些谚语译成汉语时，一般要译成比较紧凑的句子，使其读起来更像汉语的谚语，无需添加太多的连接手段。例如：

例 12：He who lives by the sword dies by the sword.

玩火者必自焚。

例 13：He that lives in hope dances to an ill tune.

活在虚幻中，人生必扭曲。

让翻译学习者作过这样的谚语翻译后紧接着做汉语谚语或俗语的英译，下面的例子就迎刃而解，因为学习者可以模仿上面的英文句式来翻译汉语中的谚语或俗语：

例14：知己知彼，百战不殆。

He who knows both the enemy and himself will fight a hundred battles without danger of defeat.

例15：读书破万卷，下笔如有神。（杜甫）

He who reads widely will wield a gifted pen.

不难发现，以上两个中文谚语均由两部分组成，前后两部分暗含条件关系，但隐含的动作发出者是泛指的人，所以可以借助上文英语的句式结构进行翻译，这样的译文读起来显得非常地道。学会了英语的上述句式，学习者还可以翻译汉语中类似的非谚语的句子。例如：

例16：东家的柳树矮一点儿，不必向路人解释本来有长高的可能；西家的槐树高一点儿，也不必向邻居说明自己并没有独占风水的企图。（余秋雨）

He who has a short willow need not explain to the passers-by that it could have grown taller; he who has a tall Chinese scholar tree need not explain to his neighbours that he has had no attempt to occupy a piece of favourable land.

以上例子说明，从英汉句式结构看，英汉互译同步进行是科学的，因为在句式对比的过程中，学习者可以举一反三，从而将原语句式变成地道的目的语句式。语言的灵魂便是词义和句式结构，在双语互译过程中注意到这两点，提醒学习者在两种语言之间相互模仿，势必会提高翻译的质量，从而也就优化了翻译教学的效果。

第三节 从文体特点对比
看英汉互译教学同步进行的科学性

除上述词和句式层面外，从文体角度看，英汉互译教学同步进行也是科学的，这是因为了解了英汉相同文体的不同特点，在翻译过程中便可以学会迎合目的语文体特点，从而使译文更加地道，更能为目的语读者所接受。

例如，由于中西思维的差异，英文的旅游材料虽然也会有一些写景的描述类词汇，但总体上会更注重客观事实，中文的旅游材料则更注重感情的传达和主观的体悟，所以英文的旅游材料中多种简单的词，一般不会使用太多的修辞手法，而中文则更多地使用四字成语和一定的修辞手法，有的可谓"极尽渲染之能事"。这是因为中国人更注重艺术、直观，西方人更重事实和抽象。那么，通过两种语言中这一文体中用词和修辞的比较，就可以使学习者在翻译英文旅游材料时尽量选取一些描述性较强的词，以迎合中文读者的思维习惯，在翻译中文旅游材料时适当省略一些渲染和描述较强的词，以迎合英语读者的审美习惯。例如：

例 17：On the shores, in tributary valleys and on sunny ledges, you will discover picturesque villages of richly-decorated chalets and guest houses in what surely is the embodiment of Swiss-style comfort and serenity.

在湖畔，在河谷，在阳光灿烂的山坡，映入眼帘的是风景如画的村庄，村庄里有精心装饰的木屋和客舍，体现了独具瑞士风情的舒适与宁静。

这里的译文根据汉语的表达习惯将原文前面的三个介词短语译成了排比，discover 没有直接译成"发现"，而是变成了"映入眼帘的是"，后面的译文中添加了"独具（瑞士风情）"，显然整个译文符合汉语读者的审美习惯，从而能够更好地吸引中文读者。反过来，翻译下面的中文旅游材料时就要提醒学习者，一些夸张、渲染、描述性太强的词应该适当省译：

> 例18：春天，绿茵茵的山坡上，争奇斗艳的花朵到处可见。夏天，泰山的雷暴雨堪称奇观。秋天，枫树叶漫山遍野，蔚蓝色的河水穿流而行。冬天，雪盖群峰松披霜，景观素雅悲壮，别有一番情趣。喜逢艳阳日，极目远眺，重峦叠嶂，尽收眼帘。但遇阴天时，环顾四周，苍茫大地，尽入云海。
>
> On Mount Tai there are fabulous flowers on the green slopes in spring, the spectacular thunderstorm in summer, the red maple leaves and turquoise streams tinkling here and there in autumn and snow-covered peaks and pines in winter. On a sunny day, you will enjoy the panoramic view of the peaks around and on an overcast day, you will see the landscape disappearing into a sea of clouds.

上述中文旅游材料中使用了大量的成语，如"争奇斗艳"、"漫山遍野"、"穿流而行"、"素雅悲壮"、"重峦叠嶂"等，使用了排比和夸张的手法，体现了中文旅游材料的宣传色彩，如果译成英文保留上述"意复"短语和夸张手法,,则给人一种"浮夸"之感，所以应该比照例17的原文，将上述词汇和修辞手法简单化，保留实质信息，适当选用一些英语常用的描述类词汇。另外，充满汉文化意象的"素雅悲壮，别有一番情趣"更要省译，以迎合英文读者的思维习惯、审美标准和文化预设。由此可见，翻译教学中对两种语言中文体用词和修辞特点进行比较是非常重要的，这也说明双语翻译同步进行的必要性。

除比较用词和修辞外，还应比较同一文体的句式结构。以小说为例。英文小说句式有长有短，长一点的句子多用主从结构，体现英语形合的特点；用来描写的时候倾向使用静态结构，但整体都要符合英语句法规则。中文小说则多用并列结构，读起来也朗朗上口，体现中文意合的特点。经过这样的比较，学习者在翻译中就能做到"有章可循"。也就是说，英译汉的时候将译文变成并列结构，有的描写句将主谓结构转译为主题＋评述结构，如果相邻的两句是简单句但意思有连接，中间也用逗号隔开，少用连接手段，这样的中文读起来就比较上口、通顺。中译英的时候，可根据情况将中文的一些并列结构根据隐含的逻辑关系译成英文主从结构。请看下面的例子：

例 19：The laughter and talking rose and fell in the dark night air, pleasant, homely, carefree sounds, gutturally soft, musically shrill. (Mitchell: *Gone with the Wind*)

  笑声和谈话声在黑沉沉的夜色中时高时低，显得愉快、亲切、随便，这些声音时而低沉而柔和，时而高亢但悦耳。

例 22：There was a brief interval of whispering, and Pork entered, his usual dignity gone, his eyes rolling and his teeth a-gleam. (Mitchell: *Gone with the Wind*)

  然后，经过片刻的耳语，波克进来了，那严肃的神气已经消失，眼睛滴溜溜直转，雪白的牙齿闪闪发光。

  上面两个例子中英文原文符合英文注重形合的句式结构，主从部分都非常明显，译成汉语时要体现汉语小说句子的特点，即并列的小分句使用多，体现汉语意合的特点，另外有的地方变成成汉语的主题－评述结构，显得比较描写，如例 19 中的"这些声音时而低沉而柔和，时而高亢但悦耳"和例 20 中的"雪白的牙齿闪闪发光"。再来看一个汉语小说英译的例子：

例21：有的问题是教科书上的，有的问题是教科书外的。有的问题向老师提出来，老师给予满意的答复，有的问题山桃儿就攒了下来。（刘云生：《蓝蓝的山桃花》）

  Some questions were about what she had learned from her textbooks while others were not. Some were raised to her teacher, who would give satisfying answers, while others were kept to herself.

  不难看出，原文两个汉语句子特别体现汉语意合的特点，均由小分句组成，中间没有连词，而且比较口语化。译成英文却依然要遵从英语的句法特点，使用连词将两个小分句或三个小分句联系在一起，使用 while 引导的状语从句和 who 引导的定语从句。另外，为了语篇的连贯，后一句开头只使用不定代词 some，后面使用被动语态。

  从上面的论述和举例可以看出，翻译教学中通过双语之间相同文体的比较，能够使学习者更透彻、更直观地了解两种语言在文体的用词、修辞和句式结构上的差异，从而根据目的语的特点进行翻译。因此从文体角度讲，双语教学同步进行的科学性不言而喻。

  综上所述，翻译教学中英汉双语教学同步进行既有其理论基础，又有着实践例证。英汉对比在翻译教学中是不可或缺的一环，因为只有通过比较，学习者才能了解中英两种语言在词义、句法、文化和文体等方面的异同，翻译中才能根据这些异同找到翻译规律，从而提高翻译的质量。因此可以说，从词义对比、句式结构对比和文体对比的角度看，翻译教学中双语翻译同步进行是科学的。而且，这种同步教学最好由同一名教师独立承担，同时，教师在选材时应有目的地选取一些能展开英汉对比的材料。当然，上述对比只使用了体现英汉两种语言以及两种语言中同一文体差异的少数举例，实际上还可以通过更多例证以及语法对比和修辞对比等更多的对比来说明双语翻译同步进行的科学性。无论何种对比，其原理和作用大致相同，所以这里只挑选了笔者认为翻译教学过程最为重要的对比作为论述依据，论述了翻译教学过程中双语互译同步进行的科学性，以期对翻译教学有一定的启发意义。

第七章 翻译教学中的人文通识教育

第一节 人文通识教育概述

"通识教育"就是对大学生进行全方面的教育，使得受教育者成为既有人格、又有学问的"全人"而不仅仅是一个"专业"人才。所谓"人文通识教育"则是在教育中加入"人文知识"的课程，是"以文史哲教育为核心的基础教育"[①]，旨在培养大学生的批判性思维和创新能力，更重要的是使大学生成为身心健康、知识渊博、德才兼备的真正人才。换言之，"通识教育"就是对所有的大学学习者进行普遍的基础性学科教育，包括语言、文化、文学、历史、科学知识的传授、个性品质和公民意识的训练等不直接服务于专业教育的人所共需的一些实际能力的培养。通识教育有几个特征：首先通识教育是相对于专业教育而言的，它为学习者学习专业教育打下宽泛的基础，给予学习者学习方法和思维方式的训练，使学习者具有自我学习和自我提高的能力；其次通识教育的另一个主要功能，是它致力于人格的完善、促进个人发展，并使个人达到和谐发展。[②]

通识教育在中西方均有悠久的历史，古希腊的亚里士多德、中国春秋时代的孔子都提倡教育内容的多元化。公元前五世纪和四世纪雅典的教育包含7门学科：语法、修辞、逻辑（论辩）、算术、几何、

[①] 张汝伦：《我国人文教育的现状及出路》，见孙有中（主编）：《英语教育与人文通识教育》，北京：外语教学与研究出版社2008年版，第12页。

[②] 王益宇：《论大学通识教育的根本出发点》，载《中国高等教育》2008年第10期，第84页。

天文、音乐。到文艺复兴时期，为反对宗教和封建势力对教育的支配，通识教育进一步兴起。意大利学者弗吉里奥（P. P. Vergerio, 1349—1420）在率先阐述人文主义教育的同时，主张施行"博雅教育"（liberal education），提倡包括人文学科和自然知识等多方面的教学内容，使受教育者兼获德性与智慧，以唤起和发展人的多种才能。特别是近代以后的西方大学受到市场的驱使，越来越注重专业化。随着时间的流逝，西方一些思想家看到了注重专业的教育给人的全面发展带来的不利影响，卢梭、康德、洪堡等人开始意识到人文主义教育的重要性。例如在19世纪，德国教育家洪堡（W. von Humboldt, 1767—1835）按照新人文主义精神，对德国教育进行了卓有成效的改革，提倡学术自由。20世纪，美国的一些著名大学明确推行现代"通识教育"（generaleducation）。例如，20世纪三十年代，美国芝加哥大学校长赫钦斯（R. M. Hutchins）秉承英国教育家纽曼（J. H. Newman, 1801—1890）关于大学教育旨在提高社会的知识氛围、培养国民的公心和净化国民的情趣、提高人际交流的质量等的自由教育思想，他捍卫学术自由，对当时盛行美国的实用主义提出批评，反对大学过分专业化。从此，"通识教育"成为西方大学教育的重要理念。二战时期担任哈佛大学校长的科南特（J. B. Connant, 1893—1978)认为美国的高等教育过于务实，应该从理论探索方面花些功夫。于是科南特他任命了一个委员会，专门研究通识教育的目标。1945 年，该委员会发表了关于通识教育的报告书。该报告书提出，通识教育的目标是：有效的思考（to think effectively）、思想的沟通（to communicate thought、恰当的判断（to make relevant judgment）、分辨各种价值（discriminate among values）。该报告书还建议，人文学科应开设文学名著、外国文学、哲学、美术、音乐等课程；社会学科应开设西方思想与制度、美国民主政治、人际关系等课程；科学课程应有科学概论、数学、物理原理、生物原理等课程。这样的通识教育致力于培养"全人"（the whole man），即善良的人（good man）、善良的公民（good citizen）和有用的人（useful man）。由此一来，大学的培养目标

第七章　翻译教学中的人文通识教育

就从单一的、片面的培养目标转向完整的、全面的培养目标；从相互脱节和对立的教育体制转向完整的、统一的教育体制；从割裂的、残缺的知识转向广泛的、全面的教育内容。

中国古代儒家要求学生掌握礼、乐、射、御、书、数这六种基本技能，"说明早期的大学教育具有我们今天所提倡的通识教育的性质。"① 因为这六种技能就涵盖了我们今天所说的"德、智、体、美"或"文科"与"理科"的宽泛内容。儒家经典《礼记·学记》中写道："知类通达，强立而不反，谓之大成"。《中庸》中的"博学之，审问之，慎思之，明辨之，笃行之"显然彰显出人才培养中人格与学问相互渗透的特点，在人格上要知行合一，学思不离，在学问上要博学贯通。明清之际的黄宗羲、顾炎武等人批评科举制度，主张"博学于文"、"行己有耻"。清代，梁启超为京师大学堂草拟的第一个办学章程中便有"中西并用，观其会通，无得偏废"的规定；1902年，张百熙主持拟定的《钦定京师大学堂章程》中进一步规定："端正趋向，造就通才，为全学之纲领"。② 自中国大学教育诞生以来，更多具有远见卓识的教育家就看到了"全才教育"的重要性，例如蔡元培先生、梅贻琦先生等，可是到了新中国成立之后的20世纪50年代，随着全国高等院校进行大规模的院系调整，将众多的综合性大学改为理工科大学，明显重理工轻文科。尤其是后来随着大学的行政化和社会上越发浓烈的商业气息，中国大学的专业化越来越明显。有鉴于此，不少专业学者开始反思"人文通识教育"的重要性，于是自20世纪90年代起，开始了人文通识教育的大讨论，特别是进入21世纪以来，不少专家学者在大学开展"通识教育"方面基本达成了共识。

21世纪，大学的通识教育之所以再一次成为教育者的共识，就是因为通识教育首先可以提高学习者素质，完善学习者的人格，陶冶学习

---

① 蒋洪新：《大学的"通识教育"与英语专业复合型人才的培养》，载《四川外语学院学报》2004年第6期，第144页。

② 张翼星：《试论当今大学的通识教育》，载《北京大学教育评论》2006年第3期，第10—11页。

者的情操，拓宽学习者的知识面和视野，树立学习者的人文精神，从而使得学习者更好地适应社会，更好地为社会服务，有利于整个国家和社会的进步。跟随这一潮流，中国有不少从事教育研究或外语教学研究的学者也开始呼吁在外语专业教学中重视人文通识教育。外语专业长期以来尤其注重学习者外语技能的培养，却忽视了学习者的人文素质教育，使得外语毕业生"知识少、视野窄、看问题缺乏立场和深度，往往把自己定位为一种翻译或传声的装置翻译"。[①]更有甚者，外语学习者更注重去了解外语文化而忽略甚至不愿了解母语文化，出现了母语文化"失语"现象。有鉴于此，陆全提出在教学中运用对比法、翻译法和分析法等融入中国文化。[②]笔者认为，由于翻译是外语专业课程设置中双语并重的课程，应如刘宓庆所说："翻译教学应尽最大努力适应素质教育和素质教学的要求。"[③]因此，有必要在翻译课堂中有效地纳入"人文通识教育"。正如张云和曾凡桂指出："英语专业本科翻译教学实际上是以基础英语教学和通识教育为基础的、以翻译实务技能训练为重点的一种高级阶段的外语教学，它融语言基础教学、知识教学和技能教学为一体，主要突出如何提高学生的综合职业翻译技能，其目的是为社会培养各领域的翻译人才。"[④]

[①] 阮炜：《外语学人为什么"没文化"》，见孙有中（主编）：《英语教育与人文通识教育》，北京：外语教学与研究出版社2008年版，第110页。

[②] 陆全：《论外语教学中的中国文化教育》，载《内蒙古师范大学学报》2004年第5期，第84—86页。

[③] 刘宓庆：《翻译教学：实务与理论》，北京：中国对外翻译出版公司2003年版，第25页。

[④] 张云、曾凡桂：《英语专业本科翻译教学改革探讨——供需均衡原理引发的启示》，载《外语与外语教学》2006年第7期，第16页。

第二节　翻译教学中人文通识教育的途径①

一、中国翻译简史拓展翻译学习者的历史知识与文化视野

英语专业教学大纲没有对本科教学阶段的翻译史教学作出具体规定，但是在翻译课堂适当增加一点中国翻译简史的知识不但可以使翻译学习者了解翻译的重要性，从而激发其学习翻译的热情，更重要的是，可以扩大翻译学习者的文化史、文学史和中外交流史等方面的知识面，从而提高他们的人文素质，拓展他们的视野。

刘宓庆指出："没有历史感就不会有真正的现实感。翻译史是人们对翻译的体认历程的认知性历时描写。"②本科阶段的中国翻译史只是让翻译学习者对中国历史上的几大翻译高潮有一个大致的了解。如本书第五章所述，不应依靠教师长篇累牍的讲解，而应选取一些著名的翻译家将佛典翻译、明末清初的科技翻译、洋务运动时期的科技翻译、清末民初到五四新文化运动前后的西方意识形态和小说翻译以及新中国成立后的翻译贯穿起来。让学习者分组就某一翻译家每次做 15—20 分钟左右口头报告，内容包括该翻译家简单的生平介绍、翻译实践和所提出翻译理论。每一组做完口头报告后，教师启发学习者思考翻译家所从事的翻译实践和所提出的翻译理论表现了翻译家怎样的动机，产生了怎样的影响，其采取的翻译策略是否与其翻译动机和当时的社会背景以及文化思潮有关。譬如，严复作为中国翻译史上一位非常著名的翻译家，为什么要翻译《天演论》、《原富》、《法意》、《群己权界论》、《群学肄言》等有关西方意识形态的著作，而不翻译有关船政的科技著作（实

---

① 本节内容大部分已发表在《北京外国语大学 2009 年教学研究论文集》，北京：外语教学与研究出版社 2010 年版，第 132—144 页，当时题为"论本科翻译教学中弘扬母语文化的三个有效环节"。此处略有改动。

② 刘宓庆：《翻译教学：实务与理论》，北京：中国对外翻译出版公司 2003 年版，第 356 页。

际上严复被派往英国是学习船政的),这表现了严复怎样的翻译动机?与当时的中国社会现实有无联系?严复为什么会在翻译过程了采取"增删附益"的翻译策略,其中很多地方添加了"按语"?严复的翻译对当时的社会产生了怎样的影响?关于这些问题的答案,有些在学习者的口头报告中已有涉及,有些需要老师启发学习者回顾历史并进行总结。这样,不仅使翻译学习者了解到翻译家的翻译动机、翻译策略与翻译家继承的中国传统思想和当时的社会背景有关,还使他们进一步回顾历史,丰富他们的历史知识。更重要的是,了解译者的翻译动机还能激发学生的社会责任感。

再比如,在某一组的学习者简单介绍了某一翻译家所提出的翻译标准后,就可以启发学习者思考这些翻译标准与文化之间的互动关系。比如支谦在《法句经序》中提到的"善"译和严复提出的"信"都是"忠实于原文"的意思,而"善"和"信"等字眼实际上包含了中国文化的精髓。在这一过程中就要启发学生思考中国儒家、道家文化中的"善"是一个怎样的概念,佛教中的"善"又是怎样的概念,为何佛经中总是使用"善男子"、"善女子"这样的称谓?为什么佛典译者会使用"善译"这一表达法,彰显出译者怎样的文化目的?佛教中的"善"、儒家的"善"、道家的"善"有哪些相通之处,又有哪些不同?在中国传统伦理思想中,"信"又是一个怎样的概念?为什么译者要讲求"信",对翻译有何意义?彰显出译者怎样的责任感?再比如,学习者在讲到傅雷这一翻译家的时候,会提到"神似"这一概念,而这一概念与中国传统美学概念"神韵"息息相关,那么就要启发学习者该如何理解翻译中的"神韵"?通过启发翻译学习者思考和讨论这些问题能从更深的层次揭示中国译论家提出的翻译标准与中国文化的关系,从而开阔翻译学习者的文化视野,更重要的是培养他们的思考能力。

二、翻译选材和翻译具体操作提升学生的思想道德水平、心理素质及美学素养

《高等学校英语专业教学大纲》(1999)指出：笔译课的目的在于使学生具备笔头翻译的基本能力。通过介绍各类文体语言的特点、汉英两种语言的对比和分析以及各种不同文体的翻译方法，使学生掌握英汉双语翻译的基本理论，掌握英汉词语、长句及各种文体的翻译技巧和英汉互译的能力。《大纲》还指出：专业课程教学是实施全面素质教育的主要途径。专业课程教学不但要提高学生的业务素质，而且要培养他们的思想道德素质、文化素质和心理素质。由此可见，翻译实践教学不应该是机械的语言转换教学，而应该注重培养学生的思想道德素质和心理素质，同时引导他们学会领略语言文字之美。

首先，在翻译实践的选材上，翻译教师可以有意识地选取有关思想、文化以及道德等内容而语言相对简单的篇章让翻译学习者进行翻译实践，比如某一思想家的介绍、爱国故事、成语典故、特定历史时期的描述、某一民间艺术现象的介绍等，甚至是中英文经典名篇中的选段。为了确切地表达出其中的文化涵义，学习者在翻译前势必要认真阅读材料，而对这些材料的精读可以帮助提升他们的思想认识，培养其道德情操，有助于树立正确的价值观、人生观和艺术观。而且，就在这种阅读过程中，翻译学习者会不由地学会领略文化和经典的魅力。在具体的翻译操作过程中，为了准确地传达原文的意思，翻译学习者就会逼迫自己去查阅资料，这种查阅又会使他们了解到文化的更多知识，可以说是一种"滚雪球式"的学习过程和积累过程。

其次，在翻译的具体操作教学中带领翻译学习者去欣赏文字表达之美。在这一过程中引导学习者发现原文和目的语的语言文字美，从而提升学习者对美的认识，激发他们对文字和文化的热爱。譬如翻译下面一个片段让翻译学习者首先体会英文原文的美表现在何处：

例1：The sun did not shine clearly, but it spread through the clouds a tender, diffused light, crossed by level cloud-bars, which stretched to a great length, quite parallel. The tints in the sky were wonderful, every conceivable shade of blue-grey, which contrived to modulate into the golden brilliance in which the sun was veiled. (W. H. White: *An Afternoon Walk in October*)

该英文片段出自一篇散文，在学习者动笔翻译之前，应启发他们说出原文的美表现在何处。例如，在用词方面，动词有 spread、cross、stretch、contrive、modulate、veil 等，形容词有 tender、diffused、level、great、parallel、wonderful、conceivable、golden 等，名词有 cloud-bar、length、tints、shade、brilliance 等，这些词非常生动，形成了原文的美感；在句式结构方面使用了分词短语、同位语、定语从句等；修辞方面使用了夸张（stretched to a great length）、拟人（contrived to modulate into the golden brilliance）等手法。当然，大多数翻译学习者的译文一开始都会或多或少地拘泥于原文，他们的译文举例如下：

> 太阳光不是很强烈，但穿过云彩投下一束柔和、散射的光，与水平的云朵交错，这些云朵延伸得很长，十分平行。天空中的颜色太美妙了，每一种可以想象到的蓝灰色调都试图变成灿烂金黄，太阳躲在里面。

在这个译文的基础上，教师应该首先启发翻译学习者汉译文中的用词，譬如前面是"太阳光不是很强烈"，接着就是"穿过云彩投下一束柔和、散射的光"，似乎前后无法搭配，再有，"散射的光"在汉语中是否通顺，"云朵"是否会"延伸得很长"，"太阳躲在里面"如何修正更为形象，尤其是原文使用了 veil 一词。其次启发翻译学习者注意音韵、句式长短和修辞风格。在整个这一环节，可以让学习者进行小组讨论，

促使他们互相启发,给予对方灵感。在一番讨论之后,将上述译文进行修正和润色,就会得到以下译文:

> 阳光并不十分强烈,但穿过云层柔和地弥漫开来,与水平的条状云彩交错。条状云彩伸向远方,仿佛一条条平行线。空中的色彩美妙绝伦,每一种可以想象到的蓝灰色都竭力幻化作一片灿烂光辉,给太阳蒙上了面纱。

修正后的译文符合汉语写景的用词,尤其是使用了四字成语,同时使用汉语惯用的小分句。这一切既传达了原文的意思和风格,又符合中国人的审美预期,仿佛呈献给读者一幅美丽的图画,正应了辜正坤曾说过的:"汉字诱导中国文化具有较强的图画性,使中国人具备较强的形象感受能力。……一个汉字就等于是一幅画,就是一首诗。"[①]译文修订成这样以后,翻译学习者对这样的译文非常满意,好像顿悟了一般:原来翻译可以这么贴切地表达原文的美!一种对母语的热爱之情定会油然而生,同时也提升了其对文字表达的信心和审美素质。

再来看一个中译英的例子:

> 例2:有时在夕阳明灭、返映着湖水的时候,我却常常一个人跑到湖边僻静处去乘凉。一边散步,一边听着青蛙在草中奏着雨后之歌,看看小鸟啁啾着向柳枝上飞跳,还觉有些兴致。每在此时,一方引动我对于自然景物的鉴赏,一方却激发起无限的悠渺寻思。(王统照:《湖畔儿语》)

首先让翻译学习者去欣赏中文原文本身的美,如其中使用了"夕阳明灭"、"返映着湖水"、"奏着雨后之歌"、"啁啾"、"悠渺寻思"等描写,

---

[①] 辜正坤:《互构语言文化学原理》,北京:清华大学出版社2004年版,第175页。

还使用了平行的小分句,读起来很有节奏。在翻译过程中,启发学生"夕阳明灭、返映着湖水"实际上就是"夕阳倒映在湖中"之意,"青蛙奏着雨后之歌"中的"奏"可以省译,"啁啾"是鸟的叫声,"悠渺寻思"实际上就是"遐想"或"想象"之意,最后一部分的"引动"和"激发"可以译成一个英文单词,如 stirup。在教师的提示和同学的讨论下,译文如下:

> Occasionally, when the setting sun was reflected on the water, I would stroll along a quiet and cool place by the lake, enjoying listening to the songs of the frogs in the grass after the rain and watching the twittering birds jumping among the willow branches. At that time both my admiration of nature and my imagination would be stirred up.

得到这样的译文,翻译学习者也能够感受到英文所传达的美,同时感悟出中英文思维和审美方面的差异,尤其是中国人重形象思维,西方人重抽象思维。中国人重具体,西方人重逻辑;中国人看待问题带有直观性和经验性,而西方人看待问题重在分析和系统性。因此,通过翻译选材以及翻译实践的具体操作,翻译学习者不仅学到了翻译的技巧,更重要的是学会欣赏语言的美和思维的差异,从而进一步树立了对翻译的信心。

三、译文评析培养学生的批判性思维

《高等学校英语专业教学大纲》(1999)指出:专业课程教学中要有意识地训练学生分析与综合、抽象与概括、多角度分析问题等多种思维能力以及发现问题、解决难题等创新能力。在教学中要正确处理语言技能训练和思维能力、创新能力培养的关系,两者不可偏废。在翻译教学

过程中，适当分配一些时间进行译作评析和同伴批改译文，可以培养学生的分析和综合能力、发现问题和解决问题的能力，也就是培养学生的批判性思维能力，因为所谓批判性思维，就是指"个体对做什么和相信什么做出合理决策的能力。"①批判性思维是大学生非常重要的能力之一，是一种不可缺少的探究工具。关于批判性思维，本书第五章已经有比较详细的论述，此不赘。总之，任何学科都应该培养学习者一定的批判性思维，使其内化为一种习惯，这也是通识教育不可或缺的一环。译文评析和同伴批改译文就是让翻译学习者对现有译文的评析，指出其译得好的方面，也挑出译得不好的方面，学会辩证地对待一篇译文。

首先是译作欣赏。译作欣赏既是一种审美体验，又能提高翻译学习者的分析能力。在这一环节要引导翻译学习者看译作在保留了原文信息的同时，是否保留了原文的文体特色、意象和意境、用词特色和倾向、叙事方式和表现手法等等，又要评述译作是否属于地道的目的语，是否传达出原文的风格。譬如，在欣赏英国散文家培根（F. Bacon）的散文《论读书》（*Of Studies*）中以下片段（例3）及王佐良的译文时，要启发翻译学习者对照原文和译文后进行分析，分析原文的用词和句式特点以及行文的总体风格，然后再分析王佐良译文的用词特点和句式特点以及总体风格，学习者便会发现译文用词简洁，读起来抑扬顿挫，朗朗上口，句式结构公正对仗，且充满古色古香的意蕴。通过这样的译文赏析，翻译学习者能够学会文体分析，还可以根据这一译文完善自己的翻译，这是培养学习者批判性思维的手段之一。

例3：Some books are to be tasted, others to be swallowed, and some few to be chewed and digested; that is, some books are to be read only in parts; others to be read, but not curiously; and some few to

---

① Ennis, R., H. A Logical Basis for Measuring Critical Thinking Skills, *Educational Leadership*, 1989 (4), pp.4-10.

be read wholly, and with diligence and attention.(F. Bacon: *Of Studies*)

书有可浅尝者,有可吞食者,少数则须咀嚼消化。换言之,有须读其部分者,有只须大体涉猎者,少数则须全读,读时须全神贯注,孜孜不倦。(王佐良 译)

其次是一般的译文评析或同伴批改译文。一般的译文评析或学习者互相批改翻译作业也有利于培养学生的批判性思维习惯。在这一环节可以启发翻译学习者发现译文存在的问题并解决这些问题。例如,在评价下面例4的译文时,启发学习者译文是否要考虑到中英文之间的不同(如中文重复,英文重替代;中文重意合,英文重形合)、语义是否过于拘泥原文、个别地方时态是否恰当等:

例4:山桃儿不好意思总是那么问老师问老师的,自己连一顿谢师饭也没有请老师吃过,怎么好意思向老师提出那么多问题呢?山桃儿想,等自己有朝一日请老师吃了谢师饭,那时候,向老师提问题的时候就会显得那么自然、那么坦率、那么通情、那么达理。(刘云生:《蓝蓝的山桃花》)

Shantao was shy to keep asking her teacher questions because she did not invite her teacher to a meal for thanks. How could she ask her teacher more questions? Shantao thought, one day, if she treated her teacher a meal, then, she would look so natural, so frank and reasonable when she asked a question.

学习者在教师的启发下发现"山桃儿"和"老师"在译文中确实存在重复的现象。正如陈安定指出:"回避重复是英语的一大特色,不仅在书面语言中十分突出,在口语中也相当明显。回避的范围也很广,小自单词,大至句子,凡是意义相同的或只是部分相同的词语,均在回避之列。"①因此,替代是英语重要的语篇衔接手段之一。而汉语更多的则使用重复这一手段,特别是重复前文提到的人、事物和动作,如果使用替代,汉语会觉得意思不够明确,句式不够均衡,前后不够连贯。所以,在英汉互译过程中译者不可忽略英汉语的这一区别,在翻译中要灵活处理,比如英语的替代手段不可能均翻译为汉语中的替代,而要根据我们这里提到的区别适当地使用重复取代原文的替代,汉译英的时候不一定都将汉语的重复直译,而是根据英汉的这一区别在英译文中使用替代。②鉴于英汉两种语言的这一区别,例4原文中第二次出现的"山桃儿"和"老师"在汉语译文中应该用人称代词替代。第二个问题是,Shantao was shy to keep asking her teacher questions because she did not invite her teacher to a meal for thanks 和 How could she ask her teacher more questions 之间存在逻辑关系不妥的问题。第三,because she did not invite her teacher to a meal for thank 和 if she treated her teacher a meal 中时态应该改为完成时。另外,she would look so natural, so frank and reasonable 属于过于拘泥原文,逻辑不清,没有传达原文的意思。在分析这些问题的过程中,学习者也找到了解决的办法,修改译文如下:

> Shantao found it embarrassing to keep asking her teacher questions. She had not invited him to a meal for thanks, so how could she bother him with so many questions? She thought that it would be so natural and reasonable to do so after she had treated him for a meal.

总之,正如余国良指出,让学生结合原文特点、作者写作风格、翻译语境等多种因素,来判定不同译文的优劣或自身翻译的得与失,在

---

① 陈安定:《英汉比较与翻译(增订版)》,北京:中国对外翻译出版公司1998年版,第234页。
② 彭萍:《实用英汉对比与翻译(英汉双向)》,北京:中央编译出版社2009年版,第170页。

分析和比较过程中获取翻译经验，这种融合了学生发现问题、提出问题、分析问题、解决问题的全过程，对培养学生的批判性思维是行之有效的教学策略。①因此，译文评析是翻译教学中不可或缺的环节，是培养翻译学习者批判性思维的重要途径。

综上所述，本科阶段的翻译课不能成为单纯的技能课，而应继承传统、顺应潮流，将"人文通识教育"纳入教学的各个环节。而且，翻译课作为中外两种语言并重的课程，完全有能力在翻译史介绍、翻译实践、译作评析等环节拓宽翻译学习者的文化视野、提升翻译学习者的思想和心理素质、增强翻译学习者的美学欣赏能力、培养翻译学习者的批判性思维能力。当然，除上述几个途径之外，还应鼓励翻译学习者课下多读中英文的文学、哲学、历史等方面的书籍，一方面提高其中英文能力，从而提高其翻译能力，另一方面这也是完善"人文通识教育"的重要自学手段和途径。

---

① 余国良：《翻译教学中批判性思维的培养模式研究》，载《外语学刊》2010年第5期，第104页。

第八章 翻译作业和翻译测试

第一节 翻译作业的必要性和重要性

翻译首先是一种语言之间的转换，所以翻译首先是一种技能，即用目的语通顺地再现原文信息和风格的技能，是运用目的语向不懂外语的群体传达原文信息和语气的技能。这种技能就像匠人所拥有的技能一样，或者干脆可以说就是一种"照葫芦画瓢"的技能，这也是翻译经常被贴上"技能"标签的原因。同时，这种技能需要倾注了译者的一片深情，因为译者必须首先沉浸于原文，去体会原文的信息和原文作者写作的语气，然后又要转换角色将自己变成目的语的读者，用目的语读者熟悉的语言表现形式将自己领会到的原文意思、原作意图以及原作者的语气再现出来，就仿佛绘画中的"临摹"，从这个意义上讲译者扮演着"艺术工匠"的角色，必须将自己沉浸其中，细致入微地刻画原文，细致入微地使用目的语再现原文，仿佛在塑造一件艺术作品。文学翻译更是如此，要保证译文让目的语读者得到美的感动和体验。就像钱钟书先生所说："把作品从一国文字转变成另一国文字，既能不因语文习惯的差异而露出生硬牵强的痕迹，又能完全保存原有的风味，那就算得入于'化境'①"。也正如傅雷先生所说：

> 以效果而论，翻译应当像临画一样，所求的不在形似而在神似。以实际工作论，翻译比临画更难。……两国文字词类的不同，

---

① 钱钟书：《林纾的翻译》，见罗新璋、陈应年（主编）：《翻译论集（修订本）》，北京：商务印书馆2009年版，第774页。

> 句法构造的不同，文法与习惯的不同，修辞格律的不同，俗语的不同，即反映民族思想方式的不同，感觉深浅的不同，观点角度的不同，风俗传统信仰的不同，社会背景的不同，表现方法的不同。以甲国文字传达乙国文字所包涵的那些特点，必须象伯乐相马，要'得其精而忘其粗，在其内而忘其外'。而即使是最优秀的译文，其韵味较之原文仍不免过或不及。翻译时应尽量缩短这个距离，过则求其勿太过，不及则求其勿过于不及。①

这里，傅雷提出的"尽量缩短这个距离"，翻译不要"太过"或"不及"，可以说是一种艺术的翻译境界。傅雷还提出："重神似不重形似；译文必须为纯粹之中文，无生硬拗口之病；又须能朗朗上口，求音节和谐；至节奏与 tempo，当然以原作为依归。"②再比如许渊冲先生曾经提出翻译的"知之、乐之、好之"，形象地表达了许先生在诗歌翻译中的主观审美体验和领悟。翻译家陈敬容在谈她的翻译体会时说："若是译诗歌、散文，你就得进入作者的思想境界、想象境界，还得掌握好原作的节奏和韵律（不只是韵脚）。"③也就是说，翻译戏剧就要像戏剧，要和主人公一起哭笑，翻译儿童作品时，译者就要有儿童的心态，有儿童的言谈举止。这些表明，翻译者首先是原作的读者，首先要把自己融入原作之中，去体会其中主人公的喜怒哀乐，就像诗人"登山则情满于山，观海则意溢于海"，这其实就是一种艺术审美活动，然后在这些审美体验的指导下，把原作用另一种语言表达出来。所以，翻译的过程是审美的，是艺术的，翻译者既要注重自己的审美感受，又要注重译文读者的审美情趣，因此，可以毫不夸张地说，翻译就是一种"出神入化"的艺

---

① 傅雷：《高老头重译本·序》，见罗新璋、陈应年（主编）：《翻译论集（修订本）》，北京：商务印书馆2009年版，第623—624页。

② 傅雷：《论文学翻译书》，见罗新璋、陈应年（主编）：《翻译论集（修订本）》，北京：商务印书馆2009年版，第772页。

③ 陈敬容：《浅尝甘苦话译事》，见巴金等（编）：《当代翻译理论百家谈》，北京：北京大学出版社1989年版，第515—516页。

术，是一种玩味语言文字的艺术。只要将翻译这一工作当成了艺术，陶醉其中，译者就会感到"其乐无穷"。

当然，翻译还是科学。翻译涉及两种语言，每一种语言都是社会实践的产物，都有自己的规律，翻译过程中能发现两种语言的不同规律，发现语句内部的逻辑关系，根据目的语的句法规律对原文的信息进行重新组合，这就是一种科学。同时，翻译学作为一门学科，也有自己的学科规律，所以完全有理由说它是一门科学。西方翻译学界一直都在探寻翻译科学这条道路。自乔姆斯基（NChomsky）提出"转换生成语法"以后，西方的很多学术领域开始注重语言的层次和结构，比如语言的表层结构和深层结构分析被应用到文学研究和翻译研究领域。这时翻译理论研究试图走上一条"翻译科学"的道路，最具有代表性的就是美国奈达（Nida）的《翻译科学探索》(*Toward a Science of Translation*)和德国威尔斯（Wilss）的《翻译科学——问题与方法》(*The Science of Translation-Problems and Methods*)。虽然前一部著作主要是以《圣经》翻译实践为研究对象，却成了翻译理论的代表作，可堪翻译理论的"圣经"。威尔斯在他的著作里就旗帜鲜明地提出翻译是一种科学，在他看来，"翻译应该走向语言学的最前沿，特别是共时描述比较语言学、篇章语言学、社会语言学、心理语言学，形成一个相对较高的自我体系"[①]于是，"翻译科学"不论在美国还是德国被广泛传播，成为翻译教学的重要内容。如当代翻译理论家根茨勒（Gentzler）所言："在德国'翻译科学'无论在概念上还是实践上都主宰了翻译教学；在美国，奈达的'翻译科学'写进了教科书，进入研究机构，甚至期刊都进行报道，成为学术界的焦点。"[②]

无论将翻译看作是技能还是艺术，抑或是科学，翻译活动作为语言

---

① Wilss, W., *The Science of Translation-Problems and Methods*, Shanghai: Shanghai Foreign Language Education Press, 2001, p.1.

② Gentzler, E., *Contemporary Translation Theories*, Routledge: London & New York, 1993, p.47.

转换的活动需要大量的练习，由翻译量的积累达到翻译质量的大幅提升，即通过练习来提升翻译的技能。同时通过翻译练习还能体会翻译的艺术性，体会翻译的创造性所带来的"好之"和"乐之"这种感觉，从而进一步意识到翻译是一份有着创造价值和审美价值的劳动。通过翻译练习，学生还能总结翻译的科学规律，巩固和总结两种语言的异同。因此，翻译练习是每个翻译学习者必须经过的路径，这种翻译练习在翻译教学中往往以作业的形式呈现，即翻译作业。

翻译作业更是巩固翻译课堂所学的的重要手段。前面第五章已经提及翻译课堂的教学内容，尤其是本科翻译阶段要以英汉对比和语篇翻译为主要内容，那么有的放矢地让翻译学习者进行相应对比点和相应文体的翻译练习，有助于学习者巩固课堂所学的两种语言的异同以及由此推导出的翻译技巧和相应的语篇文体特点及翻译策略。同时，教师对作业的检查有助于教师了解翻译学习者对课堂所讲授知识的掌握程度，及时修正教学的方法和进度，对学习者的问题进行及时反馈，从而帮助学习者认识差距，修正错误，提高双语水平和翻译水平。

另外，翻译作业可以使教学真正实现以学习者为中心。联合国教科文组织1998年的世界高等教育大会宣言指出：在当今日新月异的世界，高等教育显然需要以学生为中心的新视角和新模式。任何学习都是一个动态过程，是学习者在教师的指导下综合运用各种学习方法掌握所学知识和技能的过程。翻译本身就是一门实践性很强的课程，更需要学习者的积极参与。通过以学习者为中心，让学习者更多的参与，而不是教师的照本宣科，可以调动学习者自主学习、创新学习的积极性。正如王占斌指出：

> 翻译课应采取精讲多练的形式。翻译课的成功与否在于教师使学生参与机会的多少，所以教师应努力发挥学生的主观能动性，培养学生创造性的思维能力，学生通过教师的引导和自我参与会逐渐感受到翻译既要对原文忠实，又必须发挥译者的创造性。传统

的翻译教学只注重技巧的讲授，教师在课上罗列众多翻译名句，希望学生能够掌握并在以后的实践中应用。结果往往适得其反。①

而且，通过翻译作业，可以培养翻译学习者在翻译实践中利用各种文献资源的能力，包括网络资源、词典、百科全书、数据库等等。综上所述，在翻译教学中让学习者从事一定的翻译练习，将翻译练习作为作业并对此进行评价，是翻译教学不可或缺的必要而又重要的环节。

第二节 翻译作业的形式及其评价方法与机制

关于翻译作业，王占斌认为应该是课堂作业和课外作业并举，其中课堂作业的材料应少而精，课外作业应在难度和量上都大一些。②刘宓庆将翻译教学分为基础阶段、中级阶段和高级阶段，其中研究生教学就属于高级阶段。显然，初级和中级阶段应该是本科阶段。关于作业，刘宓庆认为，基础阶段的翻译实务教学应该采取辅助作业法，即：(1) 引导学生认识练习（英译汉及汉译英）的文体类别，并作文体特征比较。不同文体具有的不同文体特征，确定文体、析出特征，才好措词构句。教师可以提出样品，要求学生讨论、评析；(2) 引导学生学会词义辨析，除非难以辨析的词，不宜在发作业时即将难译词词义告诉学生。宜要求学生自己进行紧扣语境的意义辨析，然后在堂上讲评他们的辨析正误。这样可以着眼于能力培养，有利于训练学生进行理论思考与探讨；(3) 引导学生进行语法结构分析。教师就练习（英译汉及汉译英）中的难句提出类似结构，在练习前（或练习后）要求学生作结构对比分析，然后要求学生译出，并协助学生总结一些翻译方法；(4) 引导学生进行文化分析，析出文化信息，并要求学生提出翻译对策；(5) 引导学生进行翻

---

① 王占斌：《关于英语专业翻译教学的调查与研究》，载《上海翻译》2005年第1期，第34页。

② 王占斌：《关于英语专业翻译教学的调查与研究》，载《上海翻译》2005年第1期，第34页。

译正误辨析练习。①而在中级阶段，刘宓庆提出了 UAGT 作业法，即 An Upgrading Approach of Guided Translation（有指导的递进式翻译作业法），学习者做的是同一个语段的翻译，学习者根据教师的要求做反复的、密集的或不同方式的转换、替换加工，以改善译文质量，这样学习者可以获得较深的印象。有时一个练习可以做三遍，一遍比一遍做得好，收获也一遍比一遍大，因此可以提高学习者的信心。这种作业形式可以辅以集体研讨、个别辅导。②当然，这种 UAGT 作业法只是"一种针对基本技能较弱的学生而设计的翻译作业教学实施方法。③

　　刘宓庆此处提出的两种作业法既是教学的方法，又暗示了作业的不同形式，但这两种作业法是针对翻译学习的不同阶段和学习者不同的翻译水平而设计出的，更应该是翻译的教学方法。那么，针对英语专业本科生而设计的作业又该如何呢？笔者认为这些作业的量不必太大，但又要有丰富多彩的形式，既要调动学习者的积极性，又能有助于学习者翻译水平的提高。同时，作业的评价方法与机制会因作业形式的不同而有所不同，有的以学习者评价为主，有的以教师评价为主。这两种评价方法各有自己的重心和长处。正如王占斌指出：

> 教师讲评不仅进行错误分析，更要介绍优秀译文，要把那些敢于独立思考，具有创造性的译文选出来供大家学习；学生评议指学生完成翻译作业后分组对译文进行相互修改，评价译文的优劣，最后让学生拿出比较认可的译文。学生评议能够活跃课堂气氛，充分调动他们的积极性。④

---

① 刘宓庆：《翻译教学：实务与理论》，北京：中国对外翻译出版公司 2003 年版，第 239—240 页。
② 刘宓庆：《翻译教学：实务与理论》，北京：中国对外翻译出版公司 2003 年版，第 241–242 页。
③ 刘宓庆：《翻译教学：实务与理论》，北京：中国对外翻译出版公司 2003 年版，第 241 页。
④ 王占斌：《关于英语专业翻译教学的调查与研究》，载《上海翻译》2005 年第 1 期，第 34 页。

归纳起来,笔者认为,本科阶段翻译课的作业可以包括以下几种:

一、"有声思维"教学和微型"翻译工作坊"
——小组讨论型翻译作业

有声思维(Think-aloud Protocol)是心理学和认知科学研究中收集研究数据进行研究的一种方法,主要在于了解人们在完成某一特定的任务时其认知的行为状况或操作过程,实际上也就是说了解任务承担者在完成任务的过程中思维的过程,注重的是观察人的内心活动。有声思维这一研究方法已被广泛运用于教学过程,尤其是进入21世纪以来,"有声思维已经发展成为一种成熟的研究方法,并被广泛地应用于外语教学研究的各个方面",[①]包括外语教学,如阅读、听力、写作、翻译等,旨在通过了解学习者在学习过程中的思维过程和认知模式,从而更好地提高学习的质量。运用有声思维调查翻译的过程始于20世纪80年代。克林斯(Krings)认为有声思维是探究翻译思维过程的最自然、最适宜的方法之一。[②]蒂尔科能-康迪特(Tirkkonen-Condit)(1989)通过有声思维对专业和非专业译员的翻译过程进行了对比研究,更有不少西方学者使用有声思维的方法对翻译过程进行了描述和分析。据不完全统计,自1982年至2002年,国外共有108篇(部)翻译论文和著作以有声思维为主要研究方法。[③]随着国外运用有声思维方法研究翻译,国内已有不少学者也对有声思维在翻译中的应用进行了研究,包括有声思维在翻译策略、翻译单位以及翻译过程的研究等,其中不少通过实证方法对翻译过程、翻译步骤、翻译单位、翻译策略等方面进行了研究,包括笔译和口译两个方面。

具体说来,有声思维是指"采用收集内省数据的方法,研究者在实

[①] 郭纯洁:《有声思维法》,北京:外语教学与研究出版社2007年版,第3页。

[②] Krings, H., The use of introspective data in translation. Faerch, C. & Kasper, G. (Ed.), *Introspection in Second Langage Research*, p.166.

[③] 郭纯洁:《有声思维法》,北京:外语教学与研究出版社2007年版,第117页。

验中要求受试者在完成翻译任务的同时,将大脑中即时的思维意识活动完全口述表达。口述被同时录音或录像记录。研究者再将录音整理成书面记录,进行缜密分析研究,发现常规与特点,研究译者大脑的思维过程"①。这是实验心理学在翻译中的一种运用,通过有声思维,让译者说出自己翻译过程中所想、所遇到的问题以及想利用的处理方法,可以看出翻译者的思维过程、翻译状态以及各种因素对翻译过程的影响。采用有声思维的研究方法"可以对翻译过程从不同层面、不同步骤、不同翻译单位上进行分析,可以从不同问题、目的、设计出发进行研究,在原语同译语之间的相互影响、译者解决翻译问题的多种处理手法、制约翻译的因素、译者本身的特点与问题、翻译的求解过程等诸多方面给予揭示"②。正如郭纯洁所言:"有声思维并不像它的名字那样令人感到陌生和神秘。在日常生活中,人们经常可以看到或经历有声思维的现象。例如,有些时候儿童在玩弄玩具的过程中,喜欢一边玩一边说;有些成人在遇到急迫情况时,也会出现一边做事一边自言自语的状况。"③因此,笔者认为,课堂和课下翻译学习者讨论的翻译作业就是让小组成员说出自己的翻译思维过程以及翻译的状态等,因此小组讨论也是有声思维翻译教学模式的一种体现。

"翻译工作坊"(Translation Workshop)这一概念始于美国20世纪60年代开设的"翻译培训班"(Translation Workshop,该培训班是以实践为导向的"翻译作坊式"的翻译培训班,后来演变成"翻译培训学派",再后来演变为一种教学法,一种"作坊式"翻译教学法。根茨勒(Gentzler)将其界定为"类似于某种翻译中心的论坛,在该论坛上,两个或两个以上译者聚集在一起从事翻译活动"④。李明、仲伟合指出,

---

① 苗菊:《有声思维——翻译内在过程探索》,载《外语与外语教学》2005年第6期,第44页。

② 苗菊:《有声思维——翻译内在过程探索》,载《外语与外语教学》2005年第6期,第44页。

③ 郭纯洁:《有声思维法》,北京:外语教学与研究出版社2007年版,第1页。

④ Gentzler, E., *Contemporary Translation Theories*, London: Routledge, 1993, p.7.

第八章　翻译作业和翻译测试

"翻译工作坊"就是一群从事翻译活动的人们聚集在一起，并就某项具体翻译任务进行见仁见智的广泛而热烈的讨论，并通过不断协商，最终议定出该群体所有成员均可接受或认同的译文的一种活动，这样一种教学方式为学生提供大量高强度翻译训练的平台，让学生通过"在翻译中学习翻译"、"在合作中学习翻译"、"在讨论中学习翻译"的方式，不断提高翻译能力和译者能力，并通过课内外的交互学习环境，去感悟、领会和把握翻译的真谛，为他们日后独立从事翻译活动、实施翻译项目、承接翻译任务打下基础。①

翻译工作坊是一种以翻译学习者为中心的翻译实践教学和学习模式，在这一模式中，学习者要积极参与，充满合作精神。教师布置的这种讨论就是一个微型"翻译工作坊"。学习者的积极参与首先是对教师布置的这种讨论作业的重视，同时还能够分享自己的分析、翻译的过程，各成员做到取长补短，互相启发。另外，通过这种讨论，小组成员能够巩固教师课堂所讲，运用翻译的策略，进一步认识到翻译的规律，学习小组其他成员的翻译过程和思考模式。小组讨论作业还有助于培养学习者的团队合作能力以及相互交流与沟通的能力，同时使得小组成员互相激励，从而决定发挥最佳的翻译水平以便在下节课上展示小组合作的智慧和成果，这样还可以激励学习者的学习翻译、切磋翻译的热情以及积极性和主动性，培养学习者热爱翻译、立志从事翻译工作的职业理想。这种翻译工作坊式的作业可以分为课堂和课下两种。

课堂作业本来就是课堂活动的重要组成部分之一。课堂作业是指在课堂上留有一定的时间让学习者讨论完成的作业。课堂小组讨论的作业一般篇幅不长，英文可以选择100个单词左右的片段，中文可以选择100—150字的片段，讨论时间保持在15—20分钟左右。该作业一般是在教师讲解某一语言对比现象或语篇特点之后，找一段具有上述语言特点或篇章特点典型篇章让翻译学习者在课堂上进行讨论，然后

---

① 李明、伟仲合：《翻译工作坊教学探微》，载《中国翻译》2010年第4期，第32页。

每一组整理出一份完整的译文。这是教师总体教学策略、知识教学策略和技能教学策略的总体体现。按照张云、曾凡桂的观点，所谓总体教学策略，是指教师根据教学在特定的环境中应怎样对教学进行设计，通过课堂讲解让学生接受地学习，达到使学生自主地发现学习的目的；所谓知识教学策略，是指教师为学生设计相关领域的知识课程，指引学生在课堂吸取知识，同时让他们课外自主地获得知识，实现学习效用满足；所谓技能教学策略，是指教师的教学重心确立在总体教学策略和知识教学策略的基础之上，逐步使学生掌握相关理论和技能。[①]而且，学习外语需要学习者的课堂内外的努力，课堂学习可以为课外学习做好准备，课堂学习是学习者自主学习的重要表现形式，因为自主学习不仅是一种态度，更是一种形式。在翻译课堂上，教师可以通过布置学习者讨论某一小段的翻译让每一位学习者参与其中，"在这种民主的气氛中，学生们逐渐改变了他们被动接受者的传统角色，敢于表达自己的思想。"[②]

例如在讲到语篇翻译时，要告诉翻译学习者英语因为注重形合，所以一般结构完整了就是一句话，这导致英语语篇中句号使用比较频繁，而汉语注重意合，只有意思完整了，一句话才算完整，这导致汉语的逗号使用更为频繁。有鉴于此，在将英语译成中文时有时需要将英语的句号改为中文的逗号，即翻译中会出现合句现象。讲完英汉这一区别后，可以让学习者讨论完成以下练习，重点提醒他们是否会出现前面所讲的标点符号转换，从而保证中译文语篇的连贯：

> Few Web sites generated as much media buzz in 2005 as Wikipedia, the collectively authored online encyclopedia. The attention is well deserved because there is no more compelling

---

[①] 张云、曾凡桂：《英语专业本科翻译教学改革探讨——供需均衡原理引发的启示》，载《外语与外语教学》2006年第7期，第16—17页。

[②] 束定芳，《外语教学改革：问题与对策》，上海：上海外语教育出版社2004年版，第205页。

example of the Web's collaborative potential. What makes Wikipedia interesting is how it gets made: Ordinary people submit entries for different topics and then revise them over time. That is a truly radical break from the traditional closed-door, credentialed method of producing Encyclopædia Britannica and its ilk. While there have been substantive critiques of Wikipedia's accuracy and comprehensiveness, the idea that a free encyclopedia written entirely by volunteers could give the venerable Britannica a run for its money would have sounded preposterous even 10 years ago. Now it is a fact.

这一语段可以非常明显地表现出上文提到的中英语篇的不同。比如第一句和第二句应该做合句处理，第三句和第四句应该合句，最后两句也应该合句，所以有三处地方应该将英文的句号改为汉语的逗号。参考译文如下：

2005年，没有几家网站能像集体编纂的在线百科全书维基百科那样引起媒体的如此关注，维基百科值得这样关注，因为这是展现网上合作潜力的最佳例证。维基百科的引人之处就在于其编纂的过程：普通人提供不同主题的词条并不断修改，这与大英百科等百科全书封闭式、经授权的传统编纂方法大相径庭。尽管对维基百科的准确性和全面性存在不少批评，但完全有志愿者编写的自由百科全书能够历史悠久的大英百科展开商业竞争，这一想法甚至在10年前听上去还是荒谬的，现在却已成为事实。

再比如，讲授英汉旅游文体在用词和句式结构时会强调两种语言的相同点和不同点。无论是英语的旅游材料还是中文的旅游材料，在介绍宣传景点时都会使用一些描述性很强的形容词或动词，以渲染所介绍的景点之美，从而达到说服读者来旅游景点旅游的目的。但汉语更倾向使用大量的华丽辞藻和"意复"型四字成语，从而渲染行文的语气，达到感染读者的目的，而英语总体说来会避免语义重复，更注重简洁明快。因此，在翻译中，英语译成汉语时往往比较容易，因为汉语更注重文词的华美，但中文的一些四字描述词汇在译成英文时往往要打一定的折扣，当然也要尽量挑选恰当描述类英文形容词或动词表述出来，不过要注意避免语义重复。在句式结构方面，英语旅游文体除常使用短句外，还有一些稍长的句子，里面含有很多的短语，从而使句子变成了复杂的简单句。长短不一的句型往往出现在同一段旅游文本当中，可以将通俗易懂和艺术美结合起来。这是因为，长句可以包含更多的信息，而且使用后置定语（包括短语定语和定语从句）用来进行修饰，短句通俗易懂，有利于宣传。另外，英语还可能使用一些非完整句。汉语则多使用并列结构，尤其是对偶平行的结构，使行文读起来朗朗上口，富有节奏感。英语复杂的简单句以及汉语的并列结构连用实际上都旨在将更多的信息包含在一个句子当中。中英文旅游材料在句式上存在一些相同之处。譬如，两者都会使用一些祈使句，旨在给读者一些旅游方面的建议，还使用一些问句旨在启发读者，激起读者的热情。另外，汉语还会引用诗词、对联或其他古典文体来突出所介绍景点的历史价值和美学价值，当然这在英文中很难作对等处理，大多数情况下需要进行删译或作出调整。①通过用词和句式表现出来的旅游文体特点和翻译策略在教师使用例证讲解之后，可以让学习者讨论完成以下练习：

> Sail boats roll and excursion steamers leave their wakes on the turquoise waters of Lakes Thun and Brienz. And on the shores, in tributary valleys and on sunny ledges, you'll discover picturesque villages of richly decorated chalets and guest houses in

---

① 彭萍：《实用旅游英语翻译（英汉双向）》，北京：对外经济贸易大学出版社2010年版，第29、34、41—42页。

what surely is the embodiment of Swiss-style comfort and serenity. Delight in the best local art, in castles that are silent witnesses to wealth gone by, and in lovingly restored hotel palaces from the early days of tourism. Deep, dark forests end at the foot of rocky peaks, while cows graze under the ancient Alpine maple trees. Mountain lakes like jewels reflect towering white peaks, and above it all reigns the majestic chain of Eiger, Mönch and Jungfrau.

要启发翻译学习者去发现英语这一片段中用词的特别之处，是否包括描写的词汇以及简单词汇，句式上是否符合讲过的英语旅游文章的句式特点，比如句子不算特别冗长，使用非完整句等。启发学习者进行讨论，将之译成汉语时要主要汉语的用词和句式特点。参考译文如下：

> 图恩湖和布里恩茨湖碧蓝的水面上，帆船摆动着轻盈的身姿，游船荡起阵阵涟漪。在湖畔，在河谷，在阳光灿烂的山坡，风景如画的村庄将自己的小木屋和旅店修整一新，等待着为游客提供独具瑞士风情的舒适与宁静。沉醉于当地最优秀的艺术，徜徉于默默地诉说着往日辉煌的古老城堡，置身于见证了悠久的旅游历史、现已焕然一新的宫廷式酒店，一切令人心旷神怡。郁郁葱葱的森林一直延伸至怪石嶙峋的山峰脚下，奶牛在古老的阿尔卑斯枫树下悠然自得地享用着自己的美餐。宁静的湖水映衬着白雪皑皑的雄伟山峰，其中艾格峰、僧侣峰和少女峰一脉相连，显得格外挺拔。

在讨论上述英译汉之后，可以让学习者分组讨论以下中文旅游文章中选出的一个片段，和前面英译汉的小组讨论一样，启发学习者发现中文原文的用词特点和句式特点与教师的讲授内容是否相符，比如是否有一些描写词（比如"葱茏"、"优美"、"秀丽"等），是否出现了语义重复的现象（如"绿色葱茏"、"环境优美，风光秀丽"），句子中是否多用并列小分句（如第一句和最后一句）等等，然后再根据教师提出的翻译策略讨论论整个片段的翻译：

鼓浪屿是位于厦门西南隅的一个小岛，面积仅1.78平方公里，素以"海上花园"的美称享誉中外，是国家级重点风景名胜区。它四面环海，绿色葱茏。环境优美，风光秀丽。它还是全国独一无二的"步行岛"，岛上空气清新，没有车马的喧嚣，却时闻琴声悠扬。岛上居民多喜爱钢琴和小提琴，很多中国著名的音乐家都出生于此，故又有"琴岛"和"音乐之岛"的雅称。

参考译文如下：

Known as the Garden on the Sea, Gulangyu Island, a small island in south-western Xiamen, covers an area of 1.78 square kilometres. As one of the national scenic spots, it is surrounded by the sea, with beautiful landscape. It is the only car-free island in China, with no vehicle noise but music. Many residents on the island are music fans, who enjoy playing musical instruments. Many famous Chinese musicians were born here; hence it is named the Island of Music.

经过这种课堂讨论能够使翻译学习者在最快的时间内印证和掌握教师课堂讲授的要点，加深学习者对授课内容的印象，而且通过英汉互译的讨论，翻译学习者可以互相启发，从而更好地掌握英汉两种语言的区别以及不同文体的文体特征，更好地在翻译中使用准确、正确、合适的词汇和句式，进一步提高双语水平和翻译水平。总之，课堂作业是课堂教学不可或缺的组成部分，对翻译学习者巩固教师讲授的知识、培养学习者的合作讨论精神以及有声自主学习的习惯具有非常重要意义，尤其是培养学习者翻译中的有声思维从而促进学习者对翻译策略的掌握具有重要意义。课堂上的这种讨论作业由于篇幅不长，所以无需学习者上台展示，可以让每个小组的代表读一下该小组的译文，然后让其他小组进行评论，最后评选出最好的译文，从而各取所长得出一个参考译文。

翻译教学中课下小组讨论的作业是指将翻译学习者划分为不同的小组，就某一语篇的翻译进行讨论，得出一份经过打磨的译文，形成有别于课堂讨论的另一种翻译工作坊的学习和作业模式。课下小组讨论的作业篇幅上可以比课堂讨论的作业长一些，英文篇章可以在200—250单词左右，中文篇章可以在250汉字左右，讨论的时间可以保持在1—1.5小时之间。

教师可以将全班同学分为4—5人一组，要求他们在课下讨论中记录下对原文文体的分析、翻译中遇到的困难、采取的方法与策略，并形成完整的译稿。这种作业的检查方式就是在下一次的课堂上由各小组将各自的译稿进行展示，并说明产生这种译文的交流和讨论过程，这样各个小组之间就可以在这种展示中互相学习，同时，教师也就每个小组的译文提出哪些地方译得好，哪些地方需要修改，并给出需要修改的原因。最后评选出最好的译文、形成参考译文，从而调动学习者学习的积极性。教师还可以要求每组提交讨论过程中记录下来的笔记。

总之，有声思维方法是翻译教学的重要方法，是借鉴于实验心理学研究来揭示翻译过程中译者的思维过程，从而探索翻译规律、翻译策略、翻译步骤、发现译者解决问题的方法、存在的问题，从而研究翻译的内在过程，并启示于翻译教学。[1]课堂和课下布置的翻译讨论作业就

---

[1] 苗菊：《有声思维——翻译内在过程探索》，载《外语与外语教学》2005年第6期，第44页。

是可以让组内的每位学习者说出自己的翻译过程，在这种有声思维互相碰撞的过程中总结翻译的策略与规律，从而得到更好的译文。而且，这种翻译工作坊式的教学模式，尤其是作业模式，符合当代教育和教学的理念，即强调以学习者为中心组织教学，在学习者中营造出畅所欲言、热烈讨论、积极交流的学习气氛，促进和引导学习者对两种语言的特征、所翻译文体的特点以及翻译的过程进行思考、解释、讨论，从而使他们认识到译者在翻译过程中所发挥的主体作用。而且这种翻译的能力本来就需要不断地练习，因此就是在这种翻译实践的讨论过程中，翻译学习者不仅增强了自己的主动性、创造性、自信力、他信力，更重要的是培养了他们团队合作的精神。通过各小组课堂阅读或展示自己的译文，不同小组之间的思想又可以进行碰撞，互相学习和借鉴，再加上教师的引导、分析、评判以及归纳总结，学习者会进一步巩固自己在翻译课堂的所学，加深对翻译规律和翻译策略的认识，树立对翻译的正确态度，培养了自己的批判性思维，从而提高自己的翻译素养和人文素养。

对于课堂讨论和课下讨论作业的评价，建议使用小组和教师打分后将分数平均的评价机制。即一个小组在汇报自己的译文时，其他小组和教师可以打分，然后取平均分。以24人的教学班为例，该24人分为6个小组，每小组4人，计划一学期课堂讨论为5次，这样每次课堂作业讨论满分可以定为20分，其中一个小组进行翻译汇报后，根据其他组和教师指出的错误的严重程度和数量，其他5个小组和教师分别打分，然后将这些5组的分数与教师的分数相加，然后除以6，得出汇报小组的作业分数。当然，在打分之前，教师应指导学习者扣分的标准，如违背原文的意思、语法错误、拼写错误、句子的平衡出现问题、句子不通顺、没有注意两种语言的差别等分别扣掉多少分。一般说来，教师指导一两次以后，学习者以后就会顺理成章地按照这样的标准进行打分。

二、个体课外自主学习——课下完成后课堂展示的作业及上交的作业

自主学习（autonomous learning）是一种态度，是一种对学习过程和学习内容的心理反映，还是设计和管理自己学习计划的能力。①正如本森（Benson）指出，学习的自主性有以下三个方面：1）自主学习是一种独立学习的行为和技能；2）自主学习是一种指导自己学习的内在的心理动能；3）自主学习是一种对自己学习内容的控制。②自主学习的主要内容包括：1）态度（attitude），即学习者自愿采取一种积极的态度对待自己的学习，即对自己的学习负责并积极地投身于学习；2）能力（capacity），即学习者应该培养这种能力和学习策略，以便独立完成自己的学习任务；3）环境（environment），即学习者应该被给予大量的机会去锻炼自己负责自己学习的能力。③教师也应该是"环境"因素的重要组成部分，应该为学习者自主学习提供一定的条件，包括课堂和课外的条件。自主学习包括课堂自主学习和课外自主学习。培养学习者的自主学习能力是以学习者为中心的教学教育方式的表现形式之一，是培养学习者独立、自觉的手段，也是使学习者养成良好学习习惯的一种方式。课外自主学习的形式之一就是做好教师布置的作业，使学生通过课外的巩固、开拓与探索从而进一步巩固课堂所学，探求新知，培养能力。毋庸置疑，任何一门学科的学习都需要学习者付出课堂内外的努力，需要课内学习和课外学习有机地结合在一起。因为无论是哪一种学科，课堂教学的时间必定是有限的，无法完全保证学习者学习相关知识的质与量，因此需要课外学习作为有益的补充和巩固知识的手段，因此

---

① 束定芳：《外语教学改革：问题与对策》，上海：上海外语教育出版社 2004 年版，第 205 页。

② 束定芳、庄智象：《现代外语教学：理论、实践与方法》，上海：上海外语教育出版社 2008 年版，第 19 页。

③ 束定芳、庄智象：《现代外语教学：理论、实践与方法》，上海：上海外语教育出版社 2008 年版，第 20 页。

无论从量的层面还是从质的层面,课外作业都是非常必要的。换言之,课堂学习是课外学习的前提与准备,课外学习是课堂学习的延伸与补充。翻译课作为一门实践性很强的课程,更需要课外学习,尤其是课外练习,来促进课堂的学习。因此,课下练习便成为翻译教学不可或缺的一部分。

课下自主学习的作业形式并不是单一的。实际上前文所述课下"翻译工作坊"式的翻译讨论也是自主学习的一部分。除小组讨论外,本部分所谓的"课下自主学习"的作业强调的是个体自主学习完成的作业。笔者认为,比较有效的形式之一是个体单独完成一份翻译作业,课堂上用PPT展示出来,其他学习者和教师对译文进行点评,点评的形式和该作业的评价机制可以等同于前文小组讨论后课堂展示的评价机制,当然由于个体展示,其他个体人数较多,所以由其他学习者打分不是非常可行,因此对这种个体完成的作业建议由教师一个人根据其他学习者和自己对译文的评价进行打分。这种个体展示可以轮流进行,因为一般的翻译课程都会开设两学期以上,所以如果班级规模在20—30人之间,一学年完全可以做到让每个学习者都有上台展示的机会。

课下作业的另一非常重要形式就是学习者个体独自完成然后上交给教师的翻译作业,这也是笔译课常用的作业形式。教师对作业进行批改、打分、甚至写出评语,然后就作业中出现的普遍问题进行归纳和反馈。当然,也可以让学习者相互交换译文进行批改、打分,即通常所说的"同伴批改",这种批改方式一方面有助于学习者之间互相学习彼此的优点,比如用词和句式结构等,另一方面还可以使学习者之间防备彼此的缺点,尤其是对容易出错的地方可以互相提醒。在学习者相互批改后,教师可以将作业收上来进行复查,看学习者之间的相互批改是否细致、到位,打分是否科学,然后综合给出反馈。

三、翻译作业的评价标准

关于翻译作业的评价指标，刘宓庆曾经区分了技能指标和技巧指标，技能指标比技巧指标的要求更低一些。刘宓庆所列的指标如下①：

表8.1　刘宓庆所列翻译作业评价指标

理解方面	技能指标	技巧指标
	①达意传情无差错，在深层意念（涵蓄义、意义与意向的整合）剖析上有时有欠缺	①不仅能达意传情，而且在深层意念的剖析上比较准确
表达方面（包括表意、审美和逻辑性）	②整体行文通顺，可读性属中上等。 ③在一般情况下能反映原文文本的文体特征。 ④在一般情况下能掌握增删。 ⑤在一般情况下能运用隐喻和非隐喻等修辞手段。 ⑥无严重的逻辑谬误。	②整体行文比较欣畅，可读性属中上乘。 ③能反映原文文本的文体特征和风格特征。 ④比较善于掌握收放、增删。 ⑤比较善于运用隐喻和非隐喻及其他修辞手段。 ⑥无语言逻辑谬误。
功能方面	⑦尚能根据译语文化特点，作出相应调整。 ⑧在一般情况下达到了译文的预期功能。	⑦能识辨出原文文本的缺陷，并能在译文中作出比较妥善的调整。 ⑧能较好地操控译文，发挥译文的预期功能。

根据以上指标，刘宓庆提出每次作业需要做三遍，要求学习者根据老师第一次反馈的意见进行一次修改，然后再根据老师第二次评价进

---

① 刘宓庆：《翻译教学：实务与理论》，北京：中国对外翻译出版公司2003年版，第241页。

行修改，这就等于一篇翻译练习作了三遍，学习者的作业会一次比一次好。通过这种密集而反复的修改，不仅提升了学习者的翻译质量，还可以给学习者以深刻的印象。但是，笔者认为，对于本科阶段的学习者而言，在理解与表达方面还需要更多地注重两种语言本身和篇章的文体，功能方面实际上是译文给人的整体感觉，即译文是否能够在目的语中发挥应有的作用，起到跨语言交流的作用。

以英汉互译为例，关于翻译作业的评价标准，英译汉和汉译英可以制定各自具体的评价指标，这些指标有些是相同的，有些又因为两种语言内部机制的不同而会出现不同。笔者建议英译汉和汉译英作业的评价指标可分别制定如下：

表8.2 英译汉和汉译英作业的评价指标

	英译汉	汉译英
理解	①对英语单词词义（包括文化涵义）的理解；②对英语短语意义（包括文化涵义）的理解；③对英语句子意义（包括暗含的意义）的理解；④对英语句子内部逻辑关系的理解；⑤对相邻英语句子之间意义衔接的理解；⑥是否理解了英语原文的文体（包括用词、句式结构、修辞等）；⑦对原文的背景知识理解是否正确。	①对汉语词汇意义（包括文化涵义）的理解；②对汉语短语意义（包括文化涵义）的理解；③对汉语句子意义（包括暗含的意义）的理解；④对汉语句子内部逻辑关系的理解（尤其是有些汉语句子表面看并非英语的主谓结构）；⑤对相邻汉语句子之间意义衔接的理解。⑥是否理解了汉语原文的文体（包括用词、句式结构、修辞等）；⑦对原文的背景知识理解是否正确。

(续表)

	英译汉	汉译英
表达	①汉译文选词是否正确（包括含文化意义的词是否能为汉语读者理解），是否会出现错别字； ②汉译文中短语搭配是否得当（包括所选含文化意义的短语是否能为汉语读者理解）； ③整个汉语句子意思是否准确地传达了英语原文句子的意思； ④汉语句子是否是地道的汉语表达，是否通顺（包括是否是地道的汉语句子结构，是否更注重分句的并列，是否更注重名词的重复、是否少用被动、是否更重意合等等）； ⑤对相邻句子之间意义衔接的表达（比如是否有合句现象，是否需要衔接的手段，是否根据汉语的特点选择重复同一名词作为相邻句子的衔接手段，等等）； ⑥汉语句子内部是否平衡，具有节奏感； ⑦是否照顾到汉语相同文体的用词、句式和修辞特点（比如，汉语更注重词语的堆砌、表达的对仗、更多地使用修辞手法等）。	①英译文选词是否正确（包括含文化意义的词是否能为英语读者理解），英语单词是否有拼写错误； ②英译文中短语搭配是否得当（包括所选含文化意义的短语是否能为英语读者理解）； ③整个英语句子意思是否准确地传达了汉语原文句子的意思； ④英语句子是否是地道的英语表达，是否通顺（包括句子总体结构是否为主谓结构、短语或从句是否符合英语规范、时态和语态以及动词的其他形式是否正确、介词和连词等是否使用恰当、名词的单复数以及主语和谓语在人称和数方面是否统一，是否其他语法错误，等等）； ⑤对相邻句子之间意义衔接的理解（是否需要衔接手段，是否根据英语的特点选择替代作为相邻句子的衔接手段，等等）； ⑥英语句子内部会否平衡； ⑦是否照顾到英语相同文体的用词、句式和修辞特点（比如，英语用词相对汉语更为简单，表达并不注重对仗等等）。

(续表)

	英译汉	汉译英
总体评价（功能）	译文是否能让汉语读者正确地理解原作者所要表达的意思，是否像中文作者的写作，是否发挥了该语篇翻译的真正交际功能。	译文是否能让英语语读者正确地理解原作者所要表达的意思，是否像英文作者的写作，是否发挥了该语篇翻译的真正交际功能。

从上表可以看出，英译汉和汉译英作业的评价标准大部分相同，尤其体现在理解方面；也存在一定的差异，尤其体现在语法和文体方面。具体说来，英译汉更注重评价整个译文的通顺与否，更注重文体到位与否，汉译英更注重句式结构、语法和文体的简练。当然，很多时候，理解和表达是密不可分的，因为理解不恰当往往就会导致表达出现问题。下面举例说明（作业完成者为某重点高校的大三学生）：

英译汉作业
原文：

Manfred, Prince of Otranto, had one son and one daughter: the latter, a most beautiful virgin, aged eighteen, was called Matilda. Conrad, the son, was three years younger, a homely youth, sickly, and of no promising disposition; yet he was the darling of his father, who never showed any symptoms of affection to Matilda. Manfred had contracted a marriage for his son with the Marquis of Vicenza's daughter, Isabella; and she had already been delivered by her guardians into the hands of Manfred, that he might celebrate the wedding as soon as Conrad's infirm state of health would permit. Manfred's impatience for this ceremonial was remarked by his family and neighbours. The former, indeed, apprehending the severity of their prince's disposition, did not dare to utter their surmises on this precipitation. Hippolita, his wife, an amiable lady, did sometimes venture to represent the danger of marrying their only son so early, considering his great youth, and greater infirmities; but she never received any other answer than reflections on her own sterility, who had given him but one heir. (H. Walpole: *The Castle of Otranto*)

作业译文：

曼弗雷德是奥特兰托的王子，育有一子一女。后者名唤玛蒂尔达，年方十八，是一位最美丽的处子。儿子康拉德比姐姐小三岁，是一个不好看的小孩，体弱多病，性情多变。可他却是父亲所爱。这位父亲从未对女儿玛蒂尔达有些许热情。曼弗雷德为他的儿子指定了一门亲事，对方是一位维琴察侯爵的女儿，伊莎贝拉。她已经被其监护人送到曼弗雷德这里了。康德拉的健康一经允许，曼弗雷德马上准备为二人庆婚。曼弗雷德对于这一仪式的偏执遭到了其家族和邻居的议论。前者对于他们王子的脾气深深忧虑，不敢对其鲁莽决定妄自进言。他的妻子希波吕忒是一位和蔼可亲的妇人，考虑到儿子年幼和身体状况不佳，有时敢于冒险对于儿子过早结婚一事表达不满，但往往被以其自身不育推脱，因为她除了育有一子之外再无所出。

评价：

从翻译的理解和表达角度还存在一定的不足：

理解方面：

1) 对原文语境中词的意思理解不到位导致中译文选词不当：包括 prince（不应译为"王子"，这里是统治一城堡的首领，所以应该译为"公爵"或"领主"）、virgin（直译成"处子"有些别扭）、youth（不应译为"小孩"）、impatience（是"不耐烦"之意，而非"偏执"）、family（应该是"家人"，而非"家族"）。

2) 对原文语境中短语或句段理解不正确导致译文不正确：包括 of no promising disposition（表示"性格没有前途"，并非"性情多变"）、celebrate the wedding（过于拘泥原文地译成"庆婚"，有些奇怪）、apprehending the severity of their prince's disposition（是指"惧怕公爵严肃的性情"，而不是"对于他们王子的脾气深深忧虑"）、but she never received any other answer than reflections on her own sterility（意思是"夫人得到的唯一答复就是对其生育能力的斥责"，而非"被以其自身不育推脱"）、who had given him but one heir（指夫人只为公爵生了一位继承人，"有一子之外再无所出"与原文有所出入，因为他们还有一个女儿）

表达方面：

3) 没有考虑到英汉两种语言的区别，比如英文重替代，汉语重重复名词，所以导致一些代词直译而造成指代不清，如"她已经被其监护人送到曼弗雷德这里了"中的"她"在译文中读来去让人感觉指代不清；"他的妻子希波吕忒"中"他的"也是指代不清。再比如英语重形合，汉语重意合，所以有些英文代词本来可以省译，中文译出感觉多余，如"曼弗雷德为他的儿子指定了一门亲事"的"他的"。中英文的标点符号也有所不同，实际上中译文中的"性情多变。可他却是父亲所爱"中间的句号改为逗号，读起来会更加通顺，"对方是一位维琴察侯爵的女儿，伊莎贝拉"中的逗号是多余的。

4) 信息冗余，包括"对方是一位维琴察侯爵的女儿"中的"一位"和"曼弗雷德马上准备为二人庆婚"中的"准备"。

5) 本篇为小说的节选，译文读起来并不是十分吸引读者，所以从文体方面看也需要改进，如"前者"、"后者"感觉读起来像议论文。

6) 译者对汉语中"对"和"对于"等词区别不够。

总体评价：

译文能基本传达原文的意思，部分句子读起来比较通顺，但是部分句子因为理解不当或表达不当错误地传达了原文的意思或读起来不够通顺。如果满分为5分，该份作业的得分为4-。建议学生根据教师的评价进行修改和完善。如果修改完善后得到以下译文，则可得满分：

> 曼弗雷德是奥特兰托的公爵，有一子一女。女儿玛蒂尔达，年方十八，美丽纯洁。儿子康拉德15岁，相貌平平，体弱多病，从性格上看也难成大器，可他却是曼弗雷德的掌上明珠。这位父亲从未对女儿玛蒂尔达表现出一丝喜爱之情。曼弗雷德为儿子定下了一门亲事，对方是维琴察侯爵的女儿伊莎贝拉。伊莎贝拉已由监护人送到曼弗雷德这里。只要康德拉的健康允许，曼弗雷德马上就为二人举行婚礼。曼弗雷德对这一仪式的迫不及待遭到了其家人和邻居的议论。实际上，家人惧怕公爵的严肃性情，不敢对其鲁莽决定妄自进言。公爵夫人希波吕忒倒是和蔼可亲，平易近人，考虑到儿子尚且年幼和身体状况欠佳，有时敢于冒险对儿子过早结婚一事表达自己的不满，但得到的答复只是对其生育能力的斥责，毕竟她只为公爵生了一位继承人。

上述译文理解正确，表达准确、通顺，无论从语言还是文体方面，都堪称一流的译文。

汉译英作业：

原文：

> 一位台湾作家从台北坐飞机到高雄去。飞机起飞后，他从窗口瞄到有座山很漂亮，开满了各种颜色的花，红橙黄绿青蓝紫……

这位作家感到奇怪。他在台北住了那么久，怎么就没看过这座美丽的山呢？于是，他便很小声地问旁边的乘客："对不起，可不可以帮我看看外面是什么山？"对方看了一眼，说："那是内湖的垃圾山啊！"他不敢相信，内湖的垃圾山怎么会那么美？旋即他恍然大悟，是因为高度！是因为他保持了一个很高的视点来看这座"垃圾山"的缘故。（代薇：《超越美丽》）

作业译文：

　　A Taiwan author flies from Taipei to Kaohsiung. After the plane takes off, he caught a beautiful mountain outside the window, with flowers with different colors in blossom. Red, orange, yellow, green, cyan, blue, violet...

　　The author feels strange. Why didn't he ever notice such a beautiful mountain after living in Taipei for so long? So he whispers to the passenger nearby, "Excuse me. Could you please have a look at the mountain outside? What is it?" The passenger glances at the mountain, "That's the mountain of trash in the internal lake." He couldn't believe it. How possibly that the trash mountain be so pretty? But soon it dawms on him that it is because of the height, that he takes a high position to look at the "trash mountain".

评价：

从翻译的理解和表达角度还存在多处不足：

理解方面：

有几个句子的理解不够到位，导致英文表达错误，包括：

　　1) 这位作家感到奇怪：不应译成 The author feels strange，而应译为 The writer was surprised.

2) 那是内湖的垃圾山：该句中主要是对"内湖"这一背景知识的理解不够准确。内湖实际上是指"内湖区"，即台北市的一个行政区，该区之所以被命名为"内湖"，是因为台北盆地在古代是湖泊，而且该地在湖泊最里面由山挡住，被隔绝起来，成为内湖。如今，内湖区有台北市最大的科技园区——内湖科技园区，许多的电子企业与外资公司将台湾总部设在内。因此，这里的"内湖"应该翻译为 the Neihu District。

3) 是因为他保持了一个很高的视点来看这座"垃圾山"的缘故：这里"保持了一个很高的视点"就是指"（作家）站在较高的位置看到了这座'垃圾山'"，因此"保持……视点"不应译成 takes a high position to look at...，而应该是 look at ...from a higher position。

表达方面：

本篇作业的表达存在很多问题，这在中国翻译学习者中间是普遍现象，因为英语是他们的外语，外语基本功不扎实直接导致了汉译英中出现了很多问题。就本篇而言，表达问题表现在以下几个方面：

1) 时态不一致：中文的动词本没有形式上的时态变化，但在翻译中译者必须根据上下文读出这些动词的时态，从而在英译文中用形式上的变化来显示动作发生的时态。而上述作业中的时态显然是一片混乱，明明是发生在过去的动作却使用了现在时。通篇在记叙一件过去发生的事情，所以要使用过去时，而且第二段的第二句话应该是过去完成时。

2) 有些词语使用不当，如本文中的"山"并不是特别高的山，而且根据下文知道这里的"山"只是一座"垃圾山"，因此译成 mountain (a large natural elevation of the earth's surface rising abruptly from the surrounding level)不太合适，而应译成 hill (a naturally raised area of land, not as high or craggy as a mountain)，甚至可以将"垃圾山"译为"garbage heap"；"瞄到有座山很漂亮"中"瞄"只用了一个 catch，意思不正确。

3) 句子表达不正确：译文中第一段中 Red, orange, yellow, green, cyan, blue, violet...过于拘泥原文，只是一个句子片段，与前句没有衔接，而且最后两个单词之间没有连词连接；第二段中 How possibly that the trash mountain be so pretty 并非英文的疑问句。

4) 介词使用不当：第一段的 with flowers with different colors in blossom 中的第一个 with 应该改为 coveredwith，第二个 with 应该改成 in，后面 in blossom 需要删去。

5) 指代不清：第二段中 He couldn't believe it 中的 he 指代不清，因为不知是指代作家本人，还是另外一名乘客。

总体评价：

译文部分传达了原文的意思，英文表达中部分比较通顺，但有些地方意思传达不当，大部分英文句子表达欠缺，包括用词不当、句式结构不完整、时态错误或不一致、介词使用不当、指代不清等。总体得分为 4⁻，建议根据反馈意见进行修改。

本篇作业的参考译文如下：

A Taiwan writer was flying to Kaohsiung from Taipei. Soon after the plane took off, when he looked out of the window, he noticed a hill below covered with flowers in all colours of a rainbow. He was surprised to find himself not knowing the hill, though he had lived in Taipei for so long a time. He then whispered to the passenger next to him, "Excuse me, could you please tell me the name of the hill right below there?" he passenger glimpsed at it and replied, "That is no more than a garbage heap in the Neihu District." The answer shocked the writer, but soon it dawned upon him that it was the height that offered him a different view to appreciate the beauty of a "garbage heap".

当然，除针对每份上交的作业进行反馈外，教师要归纳总结所有上交和批改的作业中出现的普遍问题，在课堂上进行总体反馈，从而进一步提醒学习者避免这些问题。最后，要让作业优秀的同学朗读自己的译文，一方面激励学习者，另一方面也让其他同学意识到什么样的译文是好的译文。总体说来，作业是巩固和检验学习者学习效果的重要手段之一。本科阶段的翻译作业篇幅不能太长，要紧扣教学大纲的要求，不追求量，而要追求质，应该要求作业质量极差的学习者上交第二次甚至是第三次作业。

第三节 翻译测试

一、翻译测试概说

在教学过程中，教师会运用各种手段或方法对学习者的学习情况进行描述、分析和判断，这些活动就是测评，即测量和评价。其中测量在很大程度上就是测验或测试，即运用一系列问题来鉴别学习者的学习能力和学业成就的工具。测试是任何教学过程中的一个重要环节，因为通过测试可以检验教学的质量，了解学习者对所学知识和技能的掌握情况，以便对以后的教学做出改进，也可以通过测试对学习者的业务能力做出判断，从而也让学习者本人意识到自己是否有能力有资格在毕业后从事相关业务的工作。而且在开课的初期告知学习者该课程在学习过程中和学习结束后会使用测试的方法检验其学习的情况，这对学习者来说也是一种激励和鞭策。有鉴于此，翻译教学中测试是非常重要的环节，是检验翻译学习者翻译技能的重要手段。当然，教学的最终目的并不在于测试，而是让学习者学到真正的东西，在翻译课上要学到真正的翻译技巧，从而让翻译学习者具备独立完成翻译任务的能力。因此，翻译教学中不应过分夸大测试的意义，更不能不断进行测试。正如休斯（Hughes）指出，语言测试会对语言的教与学产生影响，这种影响可能是有益的，也可能是有害的，如果太注重测试，则可能导致所有教与学的环节都只是为测试做准备。①

关于翻译测试的界定，穆雷曾经指出：翻译测试是用来检验被测对象对翻译实践能力掌握情况的一种手段，涉及对答题内容的评判，因此跟翻译批评、翻译评估或评价和语言测试等都有关联。②罗选民等也指出，翻译测试是翻译教学中的一个重要环节，它可以帮助我们评价翻译教学的质量，判断学生是否学到了应掌握的翻译教学内容，是否具有了翻译能力。③总之，翻译测试是检验翻译学习者翻译理论掌握情况以及翻译实践能力的一种重要手段，是翻译教学过程中的一个重要环节，也是检查翻译教学大纲执行情况、评估翻译教学质量、促进翻译教学改革的重要手段之一。

按照霍姆斯的对翻译研究的分类（他将翻译研究分为纯翻译学和应用翻译学两部分。前者包括理论翻译学和描述翻译学，后者包括翻译批评、译员培训和翻译辅助研究），翻译测试涉及翻译批评和译员培训，理应属于应用翻译学研究。④但是，翻译测试的研究在国内外至今是一个比较欠缺的领域。哈蒂姆和梅森(Mason)指出，人们对翻译测试的关注较少，相关研究也缺乏，是应用翻译学的一个薄弱环节，有关翻译测试和评估的出版物也很少。⑤早在1997年，宋志平指出，虽然高校的翻译课教学开始受到重视，有关的教学研究论述也日渐增多，但翻译测试

---

① Hughes, A., *Testing for Language Teachers*, Cambridge: Cambridge University Press, 1989, pp.1-2, pp.44-48，束定芳：《外语教学改革：问题与对策》，上海：上海外语教育出版社 2004 年版，第 269 页。

② 穆雷：《翻译测试的定义与定位——英汉 & 汉英翻译测试研究系列（一）》，载《外语教学》2007 年第 1 期，第 82 页。

③ 罗选民：《大学翻译教学测试改革与翻译能力的培养》，载《外语教学》2008 年第 1 期，第 76 页。

④ Holmes, J., "The Name and Nature of Translation Studies". in Venuti, L.(ed) *The Translation Studies Reader*. London and New York: Routledge, 2000, pp.174-175.

⑤ Hatim, B. & Mason, I., *The Translator as a Communicator*, London: Routledge, 1997, p.197.

的研究却明显薄弱，少人问津。即使在论述英语测试的专著中，也几乎不提翻译测试；从海外引进的各种英语水平考试，也根本没有翻译。上述原因导致现行翻译题型呆板单调，不论是全国英语专业八级统测，还是大学英语四、六级测试新增的翻译题型，以及全国研究生入学英语统考试题，都是清一色的单句或段落翻译。其结果是：学生认为翻译考试容易应付，只要认识几个词，猜得大意，怎么也能得几分；教师则抱怨翻译课牵涉内容多，缺乏重点，测试内容太广，往往费力不少，效果却不明显。另外，由于句、段翻译多为主观测试，成绩评定的人为因素比例大，多数成绩拉不开档次，不能准确反映出考生水平，使测试的可信度大打折扣。[1]黄忠廉也指出："1978年前国内研究外语测试的论文仅15篇，其中无一篇专论翻译测试。1978—1997年间专论翻译测试的文章共14篇，在4万余篇（新中国成立近50年内）外国语言研究论文中，真可谓沧海一粟，这与翻译在各类考试中所占的比例和所发挥的作用极不相称。"[2]按照黄忠廉的观点，早期的翻译测试研究是张锡九、郑玉书(1986)对王宽诚基金留学生试题汉译英部分的分析和金毅、遥途(1986)对该试题英译汉部分的分析，两文均属卷试的具体分析，评而无论。1987年阎德胜、张策对晋升高级职称外译汉考核评卷标准进行了初探，开始涉及评分标准的问题；口译专家胡庚生(1988)初步探讨了口译效果评价的八种方法，即：现场观察法，自我鉴定法，采访征询法，记录检测法，回译对比法，模拟实验法，考核评定法，"信任"模型法。[3] 1992年杨青山对CEPT翻译命题的原则进行了讨论。2000年，穆雷撰文指出："翻译测试至今都极少有人问津，仅有屈指可数的几篇论文发表。这对翻译测试水平的发展和提高无疑是极为不利的。"2004年，王占斌指出："翻译测试的内容和方式缺乏科学性。英语专业翻译测试目

---

[1] 宋志平：《关于翻译测试的理论思考》，载《中国翻译》1997年第4期，第29页。
[2] 黄忠廉：《翻译测试研究：进展与方向》，载《中国俄语教学》1998年第3期，第55页。
[3] Hatim, B. & Mason, I., *The Translator as a Communicator*, London: Routledge, 1997, p.197.

前国内还没有一种统一的考纲,而且有关翻译测试的研究也几乎是空白,老师没有权威性的东西可供参考。"[①] 2006年穆雷的另一篇文章《翻译测试及其评分问题》系统地探讨了翻译测试与外语测试的不同以及翻译测试评分标准问题,尤其是给出了中国内地、中国香港、中国台湾、英国、美国等地具有代表性的评分标准,为翻译测试的评分标准提供了一定的参考价值。穆雷本人也认为,上述各地的翻译评分标准"对正在蓬勃兴起的翻译教学、大众认受性越来越高的翻译职业资格证书考试、以及各种翻译竞赛的组织命题和具体实施等,都有一定的参考作用。"[②]近年来,关于翻译测试的研究论文相对多了起来,在中国期刊网输入关键词"翻译测试",将年份限定在1997—2013年之间,可以看到122条记录。其中发表在北大核心期刊和 CSSCI 期刊的44篇,其中30篇发表在 CSSCI 期刊上。近年来,国内也出现了专门研究翻译测试的专著。翻译测试是检验翻译教学成果、考察受试者翻译能力非常重要的手段,对翻译测试进行研究有利于更好地评估翻译教学,提高翻译教学的质量。但是大多数论文专注于探讨大学英语翻译测试(即非英语专业翻译测试)、专业八级(TEM8)翻译考试、全国翻译证书考试等,对于本科阶段翻译测试的目的、测试内容和形式以及测试评价的标准以及测试结果分析却几乎没有人进行专门探讨。有鉴于此,本节将具体探讨本科阶段翻译测试所涉及的上述问题。

有人指出翻译测试不完全等同于翻译考试,认为"测试是一种标准化的考试,没有标准化的考试不能算作测试。因此,一般的课程考试不能算作测试。"[③]认为"翻译测试是一个关于受测者现在能否完成特定翻译任务,或者现在是否具备完成特定翻译任务所需要的实力,或者将来经过一定培训之后是否能够完成特定翻译任务或具备完成特定翻

---

① 王占斌:《关于英语专业翻译教学的调查与研究》,载《上海翻译》2005年第1期,第33页。
② 穆雷:《翻译测试及其评分问题》,载《外语教学与研究》2006年第6期,第471页。
③ 席仲恩:《翻译测试的外延与内涵》,载《重庆邮电大学学报(社会科学版)》2011年第6期,第101页。

任务所需要的实力的检定过程。这个检定过程由准备、实施和跟踪三个子过程构成"①。但是从这一定义中依然可以看出此处的"翻译测试"的定义与我们平时所说的"翻译考试"具有一定的相似性，即均在考查受试者在一定时间内完成特定翻译任务的能力。本书所说的翻译测试就是翻译考试。

二、翻译测试的目的

如上文所述，翻译测试就是考查受试者在一定时间内完成特定翻译任务的能力，正如穆雷所认为，翻译测试是用来检验被测对象对翻译实践能力掌握情况的一种手段，涉及对答题内容的评判，因此跟翻译批评、翻译评估或评价和语言测试等都有关联。②罗选民等也指出，翻译测试是翻译教学中的一个重要环节，可以帮助我们评价翻译教学的质量，判断学生是否学到了应掌握的翻译教学内容，是否具有了翻译能力。③从宏观的角度看，翻译测试是评价翻译教学效果、提高翻译教学的质量、评估个人的翻译能力的重要手段。正如席仲恩指出：

> 无论是对于翻译教学效果的科学评定、提高翻译教学效果途径的科学探索或不同翻译教学方法的客观对比，还是对于一个人未来能够胜任特定翻译工作的可能性的估计、一个人现在翻译绩效的测定或一个人能否从事特定翻译工作的能力的认定，都涉及翻译测试。④

---

① 席仲恩：《翻译测试的外延与内涵》，载《重庆邮电大学学报（社会科学版）》2011年第6期，第101页。
② 穆雷：《翻译测试的定义与定位——英汉／汉英翻译测试研究系列（一）》，载《外语教学》2007年第1期，第82页。
③ 罗选民等：《大学翻译教学测试改革与翻译能力的培养》，载《外语教学》2008年第1期，第76—77页。
④ 席仲恩：《翻译测试的外延与内涵》，载《重庆邮电大学学报（社会科学版）》2011年第6期，第99页。

如果说语言测试重在考查语言的交际能力（包括口头和书面两种），即对某一种语言的词汇和语法运用能力、构建语篇的能力、语境应用能力以及理解能力等，那么，翻译测试则重在考查受试者的翻译能力，即双语转换能力，包括双语的理解能力和表达力，具体说来就是两种语言的词汇和语法在语境中的运用，用另一种语言构建语篇却又表达原语意思和语气的能力，双语的运用能力，还包括处理两种文化的能力。正如穆雷指出："单用语言测试的内容与方法来进行翻译测试是不够的，翻译测试应有自己独立并超出语言测试之外的内容和方法。"[①]

翻译测试的目的就在于考查翻译学习者用通顺的目的语忠实地传达出原文的意思和语气（风格）的能力。具体说来，就是考查翻译学习者根据两种语言的异同能否做到在具体语境中选词适当、在目的语中句式结构使用合理、用这些句式构建目的语语篇是否既能正确传达原文意思和文化信息又能保证其表达为目的语读者接受。当然，这些内容本身如本书前文所讲属于翻译教学的内容，所以对翻译学习者的这些能力进行测试本身就是检验其课堂所学的重要手段和方式。如果本科翻译教学内容如本书第五章所述还添加了中国翻译简史的内容，那么最后的翻译测试除考查学习者的翻译实践能力外，还应增加一点中国翻译简史的内容，旨在考查学习者对中国翻译史实的掌握情况。

因此，翻译测试是翻译教学过程中的一个重要环节，因为通过测试可以检验教学的质量，了解翻译学习者对所学语言知识和翻译技能的掌握情况，以便对以后的翻译教学做出改进，也可以通过测试对学习者的翻译能力做出判断，从而让学习者本人意识到自己是否有能力有资格在毕业后从事翻译工作。另外，使用翻译测试对学习者的学习来说更是一种激励和鞭策，激发他们在平时的学习中能够做到不放松，不懈怠。当然，教学的最终目的并不在于测试，而是督促学习者学到真正的

---

① 穆雷：《翻译测试及其评分问题》，载《外语教学与研究》2006年第6期，第467页。

东西，包括对翻译历史的简单认识、对两种语言的异同及翻译技巧的掌握以及语篇的构建能力，从而让学习者具备独立完成翻译任务的能力。

三、翻译测试的形式和内容

在中国，有记载的翻译测试始于清代科举考试，测试的形式比较简单。据马祖毅(1984)、付克(1986)等记载，同文馆的翻译考试的初试是把外国照会译成汉文。复试是将某条约中的一个片断译成外文。① 到近年来，我国的翻译测试得到了一定的发展，但是就目前国内的研究看，不少人表示对当前的翻译测试试题设计（包括内容和形式）的现状不是非常满意。徐莉娜于1998年指出，传统的翻译测试一般只包括单纯的句子、段落翻译。这种过于简单的命题方式的缺陷在于测试目的不明确，覆盖面过窄，致使教学重点不突出，所学的知识得不到巩固。而且清一色的句子、段落翻译不利于客观评分。因此，单一的命题方式一般无法系统、明确地考查学生的理论知识水平和技巧运用能力，也难以有效地与相应的教学阶段接轨。而且不把理论和技巧知识揉入测试过程，翻译理论、技巧教学就失去了吸引力。学生会认为不懂理论一样能应付考试，也能应付翻译。这种译而无论的思想会使学生陷入盲目实践活动中，使教学达不到培养学生自觉运用理论、技巧进行翻译的目的。另外，命题方式的简单化是导致试题难易失当的主要原因之一。段落或篇章性翻译很难主、次分明地反映出阶段性教学的内容。试题往往不是过难就是过易。不论哪种情况都会拉近学生得分的差距。这种测试结果不能反映学生的实际水平，因而可信度很低。② 穆雷于2000年指出，上世纪90年代之前，大多数高校的翻译测试基本上都是一两篇短文翻译，虽然到90年代以后，翻译测试开始逐渐"改头换面"，增加了其他题型，但

---

① 付克：《中国外语教育史》，上海：上海外语教育出版社1986年版，第17页。
② 徐莉娜：《关于本科生翻译测试的探讨》，载《中国翻译》1998年第3期，第31—32页。

在调查中发现只有20%的学校仍然保持原状,只有一种题型,50%的学校除句子翻译和短文翻译外,另有回答问题或改错等题型,但一般不超过三种题型,只有一两种题型的学校还是占大多数。①

因此,翻译测试的内容和形式需要改革。在内容上要反应课堂所教和所学;在难易程度上要注重分级,体现低、中、高三种难度,其中低难度的题要占到60%—70%,中难度的题应占10%—20%,高难度的题占10%—20%;在形式上既不要过于单一,也不应为追求多样而将试题变得五花八门。保持适当的试题形式既可以考查翻译学习者的知识深度和技能运用的综合能力,又可以扩大试题的覆盖面和考试重点,更好地发挥翻译测试在翻译教学中的检查、督促和评价作用。

就本科阶段翻译试题的形式,不同学者有不同的看法。比如,徐莉娜认为翻译测试的题型应该包括单项填空、判断题和多项选择题、改错题、译评题、段落填空和段落改错题、条件性翻译测试题、非条件性翻译和划线句子翻译(即传统的段落翻译;划线句子翻译是指在一个完整的段落中划出有一定难度、较典型的句子,让考生根据上下文进行翻译)。②王占斌指出,自己在教学中常采用的测试题型有段落篇章翻译、译文评析、译文对比。王全瑞认为,翻译试题应包括句子翻译、段落翻译、填空题、选择题、改错题、条件翻译题、译文评析题。③这里列举的翻译测试题型具有典型的代表性,虽然具体题型有些不同,但基本观点都是相似的。大家普遍认为,翻译测试实际上旨在考查翻译学习者的翻译实践能力,而翻译能力主要是对原语和目的语的理解与分析能力、应用和转换能力以及跨文化知识和跨文化交际能力,具体则包含词汇、句法、文体知识和文化知识、语篇构建等因素的应用。对于这种学业成就测试,普遍认为应该包括客观题和主观题两种,其中客观题可以是正误判断题、多项选择题、填空题等,主观题包括问答题、句子翻译、段

---

① 穆雷:《翻译测试现状分析》,载《国外外语教学》2000年第1期,第15—16页。
② 徐莉娜:《关于本科生翻译测试的探讨》,载《中国翻译》1998年第3期,第29页。
③ 王全瑞:《关于翻译测试的思考》,载《牡丹江大学学报》2011年第11期,第88页。

落翻译、译文评析等。还有人认为改错、转换、匹配、编译等也都是翻译测试可选的题型。不管何种题型，关键在于这样的试题内容是否真正能够考查学习者的翻译能力和水平，是否真正具有效度和科学性及针对性。测试题型可以多种多样，但应明确翻译的目的、重点、学习者的水平层次等因素。

实际上，笔者认为，客观题和主观题均具有自己的优缺点。客观题在出题方面比较容易，答案比较单一，改卷比较容易，但是过于拘泥于某个空格或匹配项，发挥不出学习者的主观能动性；主观题乍一看去出题容易，因为随意性较大，但是在考生看来答题有一定的难度，如果想与学习者的水平相匹配，在出题时要注意词汇量和文体是否超出课堂所学或学习者的能力范围，没有标准答案，所以改卷并不容易。翻译题型过多也会影响分值的分配，反而不会反映出学习者真正的翻译水平。鉴于翻译测试的目的是考查学习者对翻译课所学知识和技能的掌握情况，而且翻译课实际上是一门实践性很强的课程，重在考察学习者对翻译知识、文体知识、英汉语言对比知识的掌握以及翻译实践能力，而且翻译实践能力又是本科阶段翻译课最重要的目的。因此笔者建议不必采用填空题、选择题、译文评析来考查学习者的翻译实践能力，尤其是判断题和选择题对学习者来说可以不用掌握技巧也可能会判断译文是否正确或选择正确的译文，所以猜测的成分较多，不足以考查学习者的翻译实践能力和分析、归纳、总结的能力，因此笔者并不建议采取这些考试形式。当然填空题和选择题可以用来考查翻译史的知识。综合本书前面论述的翻译课教学内容以及翻译教学的目的，笔者建议翻译测试采用以下题型和内容：

（一）填空题

如本书前面讲过，翻译历史，尤其是中国的翻译史常识，对学习者了解翻译的作用、激发学习者的翻译兴趣有着非常重要的作用。正如肖维青指出："翻译史是译学的一部分，也是人类文学史、文化史、文化交流史乃至整个世界文明史的组成部分。学习修习这方面的内容，对翻译这门学问有很多新的认识。"①因此这部分内容要以简短有趣的方式融入翻译教学（本书在翻译教学内容的相关部分中已经论述）。既然翻译史是本科翻译教学的一项内容，但不是最重要的内容，这部分内容的考试形式就应该采取填空的形式。比如，填写某个翻译观点的提出者是谁、某个翻译家提出的典型的翻译理论是什么、具有划时代意义的翻译代表作是什么等，这样可以加强翻译学习者对历史的印象，通过考试进一步帮助学习者树立对中国翻译史的自豪感，激发他们更好地学习翻译的兴趣。至于翻译实践的填空题，笔者认为并不十分科学，因为实践的填空题一般是给出句子的一部分，然后要求考生完成剩余部分的翻译。这种题型的难度和不科学性就在于句子本身可能就需要更大的上下文，无法真正考查出学习者的翻译水平。考察中国翻译史知识的这部分填空题所占的分数比例可以是10%，即可以是10个空，每题1分。

（二）句子翻译

句子是翻译实践中基本的操作单位，以句子翻译为测试的题型之一，主要是针对课堂讲授的原语和目的语对比和由此总结出的翻译技巧，目的在于测试翻译学习者对这些语言异同及翻译技巧的掌握与运用，与前文提及的徐莉娜所说的"条件性翻译测试题"（即限定翻译方法）相似。徐莉娜指出："这种试题的优势是能够培养学生自觉运用技巧进行翻译的能力。"②另外，也正如王全瑞指出："句子翻译在材料的选择上，教师可以较容易地把握难度和长度。"③句子翻译实际上可以不用规定技巧，而是让学习者自己翻译，甚至可以要求考生说出使用了何种技巧，体现了原语和目的语之间的哪种不同或哪些不同。这样不仅考查了翻译学习者一定的翻译能力，还能督促他们在翻译的过程中温习所学过的语言对比知识和翻译技巧，进一步强化翻译技巧。当然，句子翻译有其局限性，因为往往要依赖句子所在的语篇上下文。因此，教

---

① 肖维青：《本科翻译专业测试研究》，北京：人民出版社2012年版，第69页。
② 徐莉娜：《关于本科生翻译测试的探讨》，载《中国翻译》1998年第3期，第32页。
③ 王全瑞：《关于翻译测试的思考》，载《牡丹江大学学报》2011年第11期，第88页。

师在命题时要尽量选择比较独立的句子，这些句子又能体现特别明显的翻译技巧，如英文的被动句一般要译成汉语的主动句、中文的范畴名词一般需要省译等等。句子翻译试题的数量一般是 10 个（比如 5 个英译汉，5 个汉译英），分值比例最好保持在 30 分（每题 3 分）。

（三） 篇章翻译

篇章翻译是翻译测试最重要也是最普遍的形式。这种题型可以是翻译一个完整的语篇，也可以在完整语篇中划出一部分进行测试（如英语专业八级考试中的翻译题），这部分往往具有一定的典型性和一定的难度，体现出教师测试的目的（比如考察语篇连贯、文体特点以及英汉语言的对比等）。篇章翻译之所以可行，就是因为完整的篇章能够提供翻译所需要的基本语篇要素，从而形成完整的语境或上下文，考生在翻译的过程中不仅可以在翻译其中的每个句子时注意分析、使用所学过的翻译技巧，更重要的是能够注意句子之间的衔接和段落间的过渡，从而能够考查考生是否可以在重视传达原文信息的情况下达到行文流畅的效果。同时考察考生对不同文体的特点是否已经有所把握。总之，这种题型如王占斌指出，能够"考查学生篇章分析能力，逻辑思维能力，语篇构建能力以及表达的连贯性。"[①] 当然，篇章翻译的主观性较强，命题时应考虑到学习者的语言水平和翻译知识结构，尤其是要考虑到课堂所讲的主题和体裁，否则就不利于评价翻译学习者的实际水平，不利于评价翻译教学的效果。比如，某一学期的课堂讲授语篇以文学为主，那么期末测试的语篇就应该是文学语篇，另一学期的课堂教授语篇以应用型为主，那么期末测试的语篇就应该是应用型语篇。翻译测试中的篇章翻译一般为两道题（英语语篇在 150 个单词左右，汉语语篇在 200 个汉字左右），比如一篇英译汉、一篇汉译英，分值总比例最好为 40—45%，每题 20 分，或者英译汉 20 分，汉译英 25 分。另外，篇章中不应出现太多的生词，要照顾到受试者的英文水平，尤其是在不允许使用词

---

① 王占斌：《关于英语专业翻译教学的调查与研究》，载《上海翻译》2005 年第 1 期，第 35 页。

典的情况下，生词更不应太多。如果有生词也建议在篇章的下面附一个单词表（glossary），可以给出英语单词的英文释义，但最好不要给出中文，因为如果给出中文意思，考生往往不考虑上下文就会把中文的意思写上去，对考生来说可能是一种误导。综合起来，关于翻译测试中的语篇翻译这样的主观题，宋志平的一段话值得重视：

> 命题人如不仔细阅读研究考试大纲及试题编写原则，或不熟悉考生水平，就很难保证试题的有效性。首先，选材内容对于考生不能过于陌生。如果原文内容用本族语表达，考生都难以理解，就不可能指望他能译成合格的目的语。其次，选材的生词量也应从受试者的角度加以充分估计。生词过多，又不允许查阅词典或参考资料，则有碍于原文理解，翻译就无从谈起。这里要明确一点，翻译测试不同于阅读测试，那种通过上下文猜测判断词义的方法，除非迫不得已，不提倡在翻译中使用。翻译追求的目标是准确，百分之百的准确。因此，以加大生词量来提高测试难度的做法实不可取。如果整个段落较理想，对于影响准确理解的生词，可采取变通手段将其排除，如用同义词替换，或文内文后加注等，否则全盘放弃，重新选材。……所以在翻译课试题中，命题人选材时应把测试重点放在理解和表达上。原文内容过于简单或表达过于容易，都不利于考查受试者的真正水平。总之，主观试题的选材应切忌随意性、片面性。[①]

（四）论述题

有些学者提出翻译测试中应该包括译文评析或译文对比，即学习者运用自己的所学去评价别人的译文或对照两个译文，该项测试主要是测试翻译学习者的思维过程和鉴赏能力。笔者认为这样的题型主观性更强，而且学习者的评价标准过于分散，所以建议改为论述题，论述

---

① 宋志平：《关于翻译测试的理论思考》，载《中国翻译》1997年第4期，第31页。

题同样可以测试学习者的思维能力、综合归纳能力、翻译课堂所学知识的应用能力以及翻译实践与理论相结合的能力。比如让考生列举两种语言的两到三项异同点并说出这些异同点对翻译的影响，可以举例说明，例子可以来源于同一试卷中的篇章翻译。也可以让考生举例论述文体与翻译的关系，例子也可以是试题上所用的语篇。这样，翻译学习者就可以将课堂所学的两种语言对比知识、文体知识、翻译技巧有机地结合起来，做到理论与实践相结合，而且能够促使学习者在举例的过程中更好地修正前面的译文。总之，论述题就是考查翻译学习者对课堂所学的翻译知识及技巧的掌握以及分析和综合归纳能力，考查学习者的理论与实践相结合的能力。当然，这种论述题的评价也带有一定的主观性，但只要学生说出两三点，举例切合论点，论述清晰，言之有物，言之有据，就可以得高分，甚至是满分。这一题型的分值比例应该是15%—20%。

在以上翻译测试题型中，填空题应该算是低难度题型，论述题应该属于中难度题型，句子翻译和篇章翻译属于高难度题型。这样的试卷比较科学，做到难易程度相结合，又能考查课堂所教和所学，还能考查翻译学习者的思维能力和分析归纳能力。

至于考试时采取开卷还是闭卷考试，王占斌认为应该采取开卷与闭卷相结合的方法。他指出：

> 开卷考试的优点在于学生不必过于紧张，他们既有充分的时间理解原文，进行原语语篇分析，又有足够的时间考究译文，所以能够拿出较高质量的译文。开卷考试还适用于偏重特别文体，或者试题难度大的考试，学生必须借助工具书才能解决某些术语和难题，顺利进行考试。闭卷测试的优点在于能够检查学生对所学知识运用的熟练程度。闭卷考试的试题常常是社会文化和科普知识，不涉及特殊文体，而且题量不大，难度适中，适合中等以上学生的水平。然而，这种考试不可避免的是学生对译文缺乏认真推敲，往往

质量不高,不能准确考查学生的水平和教学效果。[1]

王占斌提及自己在教学实践中有时还使用非课堂测试的方法,即提前将试题给学习者,要求他们按时交卷。这种考试一般题量大,难度大,不经长时间的思索,很难进行双语转换。这种测试学习者一般不会受时间的影响,甚至可以相互讨论,能够充分发挥学习者的能动性,挖掘他们的潜能,提高他们的兴趣。

笔者认为,非课堂考试和翻译作业有很大的相似性,尤其是翻译学习者之间的讨论更像是本书在翻译作业的论述部分所提及的翻译讨论或翻译工作坊,所以这可以不算作测试。另外,既然是考试,就应该测试学习者在有限的时间内、在没有词典和参考书的情况下所表现出的翻译能力。而且由于学习者携带的词典种类不同,也会引起不公平现象,因此不建议使用词典。另外,对平时的作业学习者已经有足够的时间打磨一篇论文,有足够的时间查阅词典和参考资料,有足够的时间进行讨论,因此不建议开卷考试。

四、翻译测试评分标准和效度

翻译测试的评价标准必须依据上述翻译测试的内容和形式进行制定。对于中国翻译简史的填空题,因为选择单一,所以基本上属于客观题,错就是错,对就是对,没有别的标准,但要注意如果写了错别字,也应该算是错的,这样可以督促翻译学习者认真写字。

关于句子翻译和篇章翻译这样的翻译实践能力测试,由于其主观性比较强,所以其评价标准不可避免会受到人为因素的干扰。毫无疑问,每位评分者都有个人的观念和信仰以及个人风格和策略。实际操作中,对这部分试题,教师应该有制定明确而且可行的评分标准,每个分

---

[1] 王占斌:《关于英语专业翻译教学的调查与研究》,载《上海翻译》2005年第1期,第34—35页。

数段要有明确的描述语,这就是我们所说的阅卷信度或测试评价信度的问题,而不应该只凭印象。宋志平指出,翻译实践的评分不能以某一名家的译文作为唯一标准,要充分考虑受试者的实际水平,尤其要参考预测所得中等水平考生的译文质量,如有两种以上可行的译文,则应按其优劣程度尽量列出。评估结果可分为优、良、中、及格与不及格五个等次,或以具体数字分值体现。① 由于前面所讲考试题型的分值是按照百分制计算的,所以这里还是以具体数字分值体现。

对于句子翻译的评分标准,笔者认为可以比较具体,毕竟句子比较短,而且此种题型对翻译技巧具有针对性。以每题满分为3分计算,英译汉和汉译英的具体标准可以分别参考下面两个表格:

表 8.3 英译汉句子评分标准

等级	具体评分描述	得分
1	意思表达准确,文字简练,汉语措辞准确,使用翻译技巧得当。	3
2	意思表达基本准确,汉语措辞基本准确,使用技巧得当。	2.5
3	意思表达大部分准确,有个别词理解错误,汉语措辞比较准确,使用技巧得当。	2
4	意思表达基本有一半是正确的,汉语措辞比较得当,使用技巧比较得当。	1.5
5	意思表达少部分是正确的,汉语措辞不是非常流畅和恰当,使用技巧不是非常得当。	1
6	意思表达只有少部分单词正确,汉语不流畅,技巧不得当。	0.5
7	没有传达原文的意思。	0

---

① 宋志平:《关于翻译测试的理论思考》,载《中国翻译》1997年第4期,第32页。

表 8.4 汉译英句子评分标准

等级	具体评分描述	得分
1	意思表达准确,英语用词和语法得当,使用翻译技巧得当。	3
2	意思表达基本准确,英语用词和语法得当,使用技巧得当,但有个别拼写错误。	2.5
3	意思表达大部分准确,英语用词或语法有个别错误,使用技巧得当。	2
4	意思表达基本有一半是正确的,英语用词和语法有错误,使用技巧比较得当。	1.5
5	意思表达少部分是正确的,英语用词和语法错误较多,使用技巧不是非常得当。	1
6	意思表达只有少部分单词正确,英语不流畅,用词和语法错误很多,技巧不得当。	0.5
7	没有传达原文的意思,英语用词和语法均不正确。	0

对于语篇翻译的评分标准,不能像句子的评分标准那样细致,可以给出等级,每个等级有些上下浮动。以每题满分为20分计算,英译汉和汉译英的具体标准可以分别参考下面两个表格：

表8.5 英译汉篇章评分标准

等级	具体评分描述	得分区间
1	准确传达出原文的意思、风格和语气,中译文用词恰当,表达流畅,文字简练,措辞准确,或可能有1—2处词意传达不当和表达少有欠缺。	18—20
2	译文基本传达出原文的意思、风格和语气,译文总体清晰、通顺、连贯,无重大理解错误,但有3—5处词汇、短语、句子或内容的理解有出入。	16—18
3	译文大部分传达出原文的意思、风格和语气,译文总体还比较清晰、通顺、连贯,但有少部分漏译或误译。	12—16
4	译文只有大约一半能传达出原文的意思、风格和语气,漏译或误译较多,译文大部分可读。	8—12
5	译文大部分未传达出原文的意思、风格和语气,大部分属漏译或误译,译文可读性较差。	8分以下

第八章　翻译作业和翻译测试

表 8.6　汉译英篇章评分标准

等级	具体评分描述	得分区间
1	准确传达出原文的意思、风格和语气，英译文用词和语法恰当，表达流畅，措辞准确，或可能有 1—2 处词意传达不当和表达少有欠缺或拼写错误。	18—20
2	译文基本传达出原文的意思、风格和语气，英译文总体清晰、通顺、连贯，无重大理解错误或英语用词和语法错误，但有 3—5 处词汇、短语、句子或内容的理解有出入。	16—18
3	译文大部分传达出原文的意思、风格和语气，英译文总体还比较清晰、通顺、连贯，但有少部分漏译或误译或者中式英语，或有一些英语用词或语法错误。	12—16
4	译文只有大约一半能传达出原文的意思、风格和语气，漏译或误译较多，中式英语较为严重。	8—12
5	译文大部分未传达出原文的意思、风格和语气，大部分属漏译或误译，英译文可读性较差，中式英语很严重。	8 分以下

本书前面曾讲过翻译中的规定性和描写性，从上述评分标准也可以看出，在评判答题情况的时候，译文如果符合语言、文化和语篇规定性，一般都不会特别扣分，不符合的当然要扣分。从描写性看，如果用词更好、句式结构更好则可以适当加分。当然，正如杨志红指出：量化评估的目的是在需要评估大量译文的时候能相对客观、便捷地评价译文质量，由于这种评估最后常以数字、等级等方式呈现，显得客观性较强，但必须指出，评价涉及价值判断，无法排除人的主观性因素。评估过程涉及评估主体、评估具体情境，受到客户对译文质量的不同要求、教师实行教学计划等多方面的影响，因此译文质量评估实际上始终具有一定的灵活性。[①]但只要是翻译，其评判的标准都会或多或少地掺入评判者的主观标准。在翻译测试中，只要尽量保持客观即可。

---

① 杨志红：《翻译质量量化评估：模式、趋势与启示》，载《外语研究》2012 年第 6 期，第 69 页。

五、翻译测试结果分析和翻译题库建设

测试只是检验教学效果的一种手段，并非翻译教学的一切。测试更是总结成绩和经验、找到差距的重要方法，因此，教师在翻译评分完成后，应该对测试的结果进行详细分析，对每个分数段人数的百分比进行统计，对每道题的得分情况进行统计，看结果是否能够体现和实现了教学大纲的要求，是否真实地反映了翻译学习者的学习情况。更重要的是，通过对试卷答题情况的分析，善于发现学习者掌握了什么，学习者的翻译实践能力处于何种水平，学习者是否具有一定的分析、归纳和总结能力，从而发现教学的成绩和教学的漏洞或失败之处，从而使得自己在以后的教学中更加有的放矢，并改进教学方法。教师本人应该对自己出的测试题进行自我评价，发现哪些题型是可行的、科学的，哪些题型需要改进。这样就可以根据测试结果更好地改进教学。

教师要将翻译测试的总体情况和个人的情况反馈给翻译学习者，这样有助于学习者了解自己的学业成就，激励他们在好的方面继续努力，同时也使其找到自己的差距，进一步改进学习方法，更加认真地对待翻译课堂和翻译作业。也就是说，教师的反馈既要包括一定的肯定评价，从而激发翻译学习者的学习动机和学习兴趣，调动他们参加下一次翻译测试的积极性。另一方面，教师的反馈应该包含一定的批评和点拨，从而让学习者认识到自己的差距，刺激他们更加努力地学习翻译。

任何测试对学习者和教师都有强有力的影响，这就是测试的反拨作用，即测试对教学的影响。一说来，测试的试题包含教学的主要内容，因此测试会对教师和学习者以及整个的教学策略和过程会产生一定的作用，尤其是可以通过测试及时发现教学中的问题。教师可以通过测试了解学习者的实际能力和教学目标的差距，从而有根据地调整教学计划和授课方法，提高教学的有效性，另一方面，学习者也可以通过备考、参加考试和获取成绩这个过程了解测试的标准以及自身的强势和薄弱环节所在，从而相应地调节自己的学习计划和学习策略。就翻译测试而

言,翻译教师可通过翻译测试了解学习者对英汉对比知识、翻译技巧以及语篇知识掌握的情况,了解学习者的薄弱环节所在,据此进一步改进翻译教学;翻译学习者也通过自己的备考和考试过程了解自身的翻译能力,对教师讲授的内容掌握情况,尤其是找到自己的差距,从而优化自己的学习方法,进一步提高翻译的能力。

同时,翻译教师还应该充分利用反拨效应指导学习者以专业译者的态度从事翻译活动,使学习者认识到,翻译既要重视文字转换,"还要关注文化交流、文化推介,从而培养其成为文化调解者、文化阐释者和文化对话者,从而实现市场需求与人文精神的完美结合"①。总之,在翻译教学过程中,要将教、学、考三个环节紧密融合在一起,更好地推动和改进翻译教学和翻译教学研究。

当然,本科翻译教学还应该考虑翻译题库的建设问题。翻译题库可根据本科阶段的教学内容进行建设。笔者认为,要促使翻译测试向着更为科学、更为规范、更为系统的方向发展,要实现翻译教学以老带新的目标,要真正建立本科翻译测试的信度和统一标准,翻译题库的建设势在必行。翻译题库的建设不是简单的句子和篇章拼凑和组合,而是应该根据翻译教学的内容、翻译试题本身的难易程度和各种题型的比例有组织地进行编写。另外,在编写翻译题库时要考虑不同文体的比例以及所选篇章的实效性和适用性。同时还要为所建设的题库中所有的句子原文和篇章提供参考译文。因此,翻译题库建设是一项系统的、科学的、长期的工程。

---

① 李家春:《翻译测试中的能力界定与信度效度评估》,载《西安外国语大学学报》2013年第2期,第120页。

第九章 翻译教学的微观透视
——语言、文化及语篇与翻译教学

翻译，顾名思义，就是语言之间的转换。翻译行为之所以出现就是因为不同语言群体或个人之间需要相互交流，正如中国唐朝的贾公彦在《义疏》中所说："译即易，谓换易言语使相解也。"因此，从翻译本体看，翻译就是语言之间的相互转换。这也可以从中西方不少学者对翻译的定义看出。宋朝僧人法云在谈及佛经翻译时曾说："夫翻译者，谓翻梵天之语转成汉地之言。音虽似别，义则大同。"[①] 何匡认为："翻译的任务就是要把原语言形式中表现出来的内容重新表现在译文的语言形式中。"[②] 许渊冲认为，"翻译是用一种语言形式表达另一种语言形式已经表达的内容的艺术，主要解决原文的内容和译文的形式之间的矛盾。"[③] 在西方，卡特福德（Catford）认为翻译是用一种语言中的对等文本材料去替代另一种语言中的文本材料。[④] 奈达（Nida）和泰伯（Taber）将翻译定义为原语中的信息在译入语中找到最贴切的自然对等，首先是意思对等，其次是风格对等。就像赫曼斯（Hermans）指

---

① 法云：《翻译名义集自序》，见罗新璋、陈应年（编）：《翻译论集》（修订本），北京：商务印书馆2009年版，第94页。

② 何匡：《论翻译标准》，见罗新璋、陈应年（编）：《翻译论集》（修订本），北京：商务印书馆2009年版，第679页。

③ 许渊冲：《译诗研究》，见罗新璋、陈应年（编）：《翻译论集》（修订本），北京：商务印书馆2009年版，第932页。

④ Catford, J.C., *A Linguistic Theory of Translation*, London: Oxford University Press, 1965, p.20.（原文：Translating is the replacement of textual material in one language by equivalent textual in another language.）

第九章　翻译教学的微观透视——语言、文化及语篇与翻译教学

出:"我们对该学科的一种直觉想法:翻译一定是用另一种语言表达原文所表达的,换言之或呆板地说,翻译意味着用另一种语言中的形式、意义或语用方面的对等表达替代原文。"① 苏联翻译理论家巴尔胡达罗夫(1985)认为:"翻译是把一种语言的言语产物在保持内容也就是意义不变的情况下改变为另一种语言的言语产物的过程。"② 德国的翻译理论家威尔斯(Wilss)认为:"翻译乃是与语言行为和抉择密切相关的一种语际信息传递的特殊方式。"③ 关于翻译活动的本质,我国学者吕俊认为:"翻译是一种跨文化的信息交流与交换的活动,其本质是传播,无论口译、笔译、机器翻译,也无论是文学作品的翻译,抑或是科技文体的翻译,它们所要完成的任务都可以归结为信息的传播。"④ "都是一个系统(信源)通过操纵可选择的符号在影响另一个系统(信宿)而得到传播的过程。"⑤ 中外有关翻译的定义还有很多,这里就不一一列举。通过这些定义可以看出,翻译无疑首先是一种语言的转换行为,是语言转换的具体操作,是"以语言和文字作为媒介与对象的翻译活动。"⑥

翻译首先是传达原作的意思,原作的意思通过词、句和篇章表达出来,因此可以说,在"传达原作的意思"这一层面,翻译和语义、语用以及句法有着密切的关系,因为几乎在所有的情况下,翻译并不是依靠传达单个词的意思就能传达原文整体的意思的,而是将词放在一定的句法结构中、一定的语用场合中来进行解读和传达其意思,即平常所说的"语境"。无论是语言学家还是哲学家都非常注重语境中的意义,如

---

① Hermans, T., *Translation in Systems: Descriptive and System-oriented Approaches Explained*. Shanghai: Shanghai Foreign Language Education Press, 2004, p.47.
② 巴尔胡达罗夫:《语言与翻译》,蔡毅等编译,北京:中国对外翻译出版公司1985年版,第4页。
③ Wilss, W., *The Science of Translation: Problems and Methods, Shanghai*: Shanghai Foreign Language Education Press, 2001.
④ 吕俊:《翻译学——传播学的一个特殊领域》,载《外国语》1997年第2期,第39—40页。
⑤ 吕俊、侯向群:《元翻译学的思考与翻译的多元性研究》,载《外国语》1999年第5期,第59页。
⑥ 辜正坤:《中西诗比较鉴赏与翻译理论》,北京:清华大学出版社2003年版,第305页。

英国语言学家弗斯（Firth）曾经指出，在基本言语环境中，'意义'既是说话人发出的'声音'的特性，也是情景语境中的人物、物体、事件的特性。两者一样重要。"①这里的语境可以是语言内部的搭配、句子、段落，也可以是文体语境，还可以是文化语境。因此，语言、文化、语篇文体与翻译有着密切的联系，这些方面在翻译教学中也应该有所体现。

第一节 语言和认知模式与翻译教学②

著名语言学家沃尔夫（Whorf）认为语言和人们对世界的看法之间有着密切的联系。③他的观点是：世界以万象纷呈的印象流形式呈现在我们面前，主要经过我们大脑中的语言系统加以组织。我们切分自然，将其概念化，并赋予不同的意义，因为我们已就此达成了协议，此协议支配着整个语言群体，并以语言的模式形成了规则。④那么，不同民族由于对世界的认知模式不尽相同，所使用的语言表达模式也就不尽相同。翻译作为两种语言之间转换的具体形式，势必与不同民族的认知模式有涉。一方面，由于不同民族认知的是同一个世界，所以翻译是可行的。雅可布逊（Jakobson）就曾说过："一切认知经验及其分类可以在任何现存的语言中进行传达。……语言的认知水平不仅认可作为重新编码过程的翻译，而且直接需要这种翻译。"(All cognitive experience and its classification is conveyable in any existing language...the cognitive level of language not only admits but diretly require recoding interpretation, i.e. translation.) ⑤另一方面，不同民族对同一个世界的认知模式不尽相

---

① Firth, J. R., *Speech*, London: Ernest Benn Limited, 1930, p.43.
② 本节内容已发表在《教育学术月刊》2012年第9期，第107—109页，题目为"语言表达与认知模式及其对翻译教学的启示"。此处略有改动。
③ Duranti, A., *Linguistic Anthropology*, Beijing: Peking University Press & Cambridge University Press, 2002, p.58.
④ 辜正坤：《互构语言文化学原理》，北京：清华大学出版社2004年版，第194页。
⑤ Jakobson, R., On Linguistic Aspects of Translation, Venuti, L. (ed.), *The Translation Studies Reader*, London and New York: Routledge, 2000, pp.115-116.

第九章 翻译教学的微观透视——语言、文化及语篇与翻译教学

同,所以在表达语义和语法方面也就不尽相同,势必会对翻译造成很大的障碍。中英文这两种语言由于承载了两个不同民族的认知模式,所以在对这两种语言进行互译的过程中,译者必然会进行更多的变通,在保持原文语义信息不变的情况下,在传达语义信息的语言形式以及整个句法结构上做到照顾译入语读者的认知模式,这一点在翻译教学中应该引起重视。

一、语言、认知模式与翻译之间的关系简析

由于两种语言背后的认知模式不同,所以不同的语言在词义和句法结构上往往会存在差异,对翻译产生不同的影响。

不同民族对事物的反映首先表现在用词方面,不同民族对事物或事情的词汇表达必须放在对世界的认知语境下进行考察,根据邦维利安(Bonvillain)的观点,"在某些词汇范畴内,进行跨文化比较可以发现人们对宇宙认知上的基本差异。"[1]不同的民族在语言上有着不同的"背景设置"或"文化预设"。所谓"文化预设",即语言互动的参与者遇到了其文化的系列知识和理解(模式),这些知识和理解(模式)通过语言表达和传播。而且,文化预设是人们通过经验进行学习,也就是通过文化适应的过程积累起来的。有些文化预设是很复杂的,由此决定了语义认知模式的复杂性,所以翻译时就会产生障碍。[2]邦维利安还指出:

> 由于语言具有暗含象征的一面,一种文化中的说话人表达的全面含义无法得到另一种语言中说话人的理解。要了解一个民族的世界观或价值体系,有必要理解这个民族使用的语言中的文化

---

[1] Bonvillain, N., *Language, Culture, and Communication: the meaning of messages*, New Jersey: Prentice-Hall, Inc., 1997, p. 55.

[2] Bonvillain, N., *Language, Culture, and Communication: the meaning of messages*, New Jersey: Prentice-Hall, Inc., 1997, pp. 64-65.

象征符号。这就说明为什么从一种语言到另一种语言的翻译总是无法做到完全精确。单个词是可以翻译的,但这些单词在上下文中的全部意义不容易或不清楚传达出来。①

其次,认知模式也会决定语言的语序、句法结构和表达的视角。沃尔夫认为,任何语言的结构都包含对世界结构的认识。②邦维利安指出:"语言组成部分的排列顺序通常具有认知意义。"③但是,不同的语言背后,由于不同民族对世界的认知模式不一样,所以在一个民族中看来是重要的,应该放在句子首位的东西,在另一个民族看来,却不一定放在首位。譬如,汉语的地名和时间排列一般从大到小,英语的排列一般从小到大;汉语中头衔和职位一般放在人名前面,而英语中头衔和职位往往放在人名的后面;汉语多用前置定语,英语多用后置定语;英语多用严格的主谓句,汉语除主谓句以外,还有一些无主句和主题——评述句等等,这和语言背后的认知思维有很大的关系。正如辜正坤认为,印欧语与汉语句法结构鲜明地表现了不同民族的思维-心理结构模式。他认为印欧语的民族思维模式为:由内向外、由小到大、由近到远、由微观到宏观、由个别到整体、由具体到抽象,而中国人的思维模式为:有外向内、由大到小、由远到近、由宏观到微观、由整体到个别、由抽象到具体。④所以,翻译时应该照顾到译文读者对语序和句法结构的心理认知模式。

如果语言表达模式是相同的,譬如所使用的语义意象或句法结构是相同的,翻译就非常简单。但更多的时候,正是因为不同语言的使用

---

① Bonvillain, N., *Language, Culture, and Communication: the meaning of messages*, New Jersey: Prentice-Hall, Inc., 1997, pp. 64-65.

② Duranti, A., *Linguistic Anthropology*, Beijing: Peking University Press &Cambridge University Press, 2002, p.56.

③ Bonvillain, N., *Language, Culture, and Communication: the meaning of messages*, New Jersey: Prentice-Hall, Inc., 1997, p.185.

④ 辜正坤:《中西诗比较鉴赏与翻译理论》,北京:清华大学出版社2003年版,第358页。

第九章 翻译教学的微观透视——语言、文化及语篇与翻译教学

者对世界的认知模式不同,从而造成了语言中所使用的语义意象或句法结构不尽相同,使翻译面临障碍,但翻译总是要进行的,所以奈达曾经说,翻译就是翻译意思。一般说来,只要意思表达清楚了也就达到了翻译作为交流手段之一的目的。关于不同语言之间的翻译之所以可行,弗劳利(Frawley)总结出三种观点:第一种观点认为不同语言群体在使用意义时参照物是一样的,这个参照物就是宇宙本身;第二种观点认为,人类对世界的认知方式相同;第三种观点是语言本身有共通之处。①实际上,笔者认为,第三种观点只能说明翻译的具体操作中可以在译入语中找到对应的表达方式,也就是说,如果原语中有一种表达方式 X,那么因为语言的相通性,所以可以在译入语中找到与 X 相对应的表达方式 Y。譬如,英文 table 可以在汉语中找到对应词"桌子",但这并不能说明翻译是否可行,也就是说第三种观点并不能解释英文的 table 为什么能在汉语中找到对应词"桌子"这个问题。而前两种观点实际上都是关于人类对世界的认知问题,只不过是一个问题的两个方面,即认知内容和认知方式。我们完全可以这样解释:使用不同语言的两个民族都把这个世界作为参照物,而且他们对这个参照物的认知方式反应在语言上,有时候是相同的,有时又是不同的。笔者认为,并不是说只有在两个民族认知方式相同的情况下翻译才是可行的。有时候,认知的方式不同,但只要两个民族都熟悉某一概念,翻译也是可行的。比如,在翻译英文的 cheese 一词时,汉语读者只要熟悉"奶酪"这一词的概念,译者就能进行翻译。也就是说,从认知角度讲,翻译就是用相同或不同的语言表达模式传达出对同一事物相同或不同的认知模式。

只要认知的内容相同,我们完全可以用反映另外一种认知模式的语言来进行翻译,只不过需要进行调整以照顾到译入语的读者。格特(Gutt)就从认知的角度(关联理论)研究翻译,认为翻译作为一种交际行为,取决于话语的心理"语境"或"认知环境",而这种"语境"或

---

① Frawley, W., Prolegomenon to a Theory of Translation. Venuti, L. (ed.), *The Translation Studies Reader*, London and New York: Routledge, 2000, pp.253-255.

"认知环境"可以宽泛地解释为个人的知识、价值和信仰。重要的是，翻译对原文的忠实程度和译文的表达方式取决于其与译入语读者的关联。这一研究从关联的角度探讨了读者认知与翻译的联系。因为，凡是翻译，一定会有很多的读者。按照奈达（Nida）提出的"动态对等（dynamic equivalence）"，翻译必须为读者服务，所以译者要对译文进行相应调整以满足读者的需要，从而使译文读者对译文的感受等同于原文读者对原文的感受。可以说，只有与译入语读者的文化认知模式相吻合的译本对这个读者群来说才是一个好的译本。

二、认知模式对翻译教学的启示

通过上文对语言、认知模式与翻译之间关系的简析，可以看出对翻译教学的重要启示，那就是：翻译教学中要重视语言对比。关于翻译中要重视双语对比这一论断，学界基本达成共识，本书前面的有关章节已有论述，此不赘。但近年来，随着翻译研究中的"文化转向"，语言对比在翻译教学中有所忽视，实际上，作为语言转换行为的翻译，在其教学中依然应该提倡语言对比，尤其是基于认知模式的语言对比，具体说来，表现在以下几个方面：

第一，翻译教学要重视语义对比并启发翻译学习者词汇应用与认知模式的联系。如果两种语言中对同一事物或问题的认知模式基本相同，所使用的词汇表达模式也就基本相同，这时在两种语言互译时就比较容易找到对应的表达方式，否则，只好照顾到译入语读者的认知模式，变通地处理原文词汇，以达到翻译的交际效果。这一点说明，在英汉互译教学中，应该教会翻译学习者认识到两种语言背后文化认知模式的异同，根据这一异同并联系相关文本语境和文化语境来选择某一词语在目的语中的对等语，而不能简单地认为原语中的词语 X 在目的语中一定而且只对应 Y。尤其是对中国翻译学习者来说，由于在英语学习过程中习惯于将英文单词按照某一中文意思记忆，所以在大学高年

第九章　翻译教学的微观透视——语言、文化及语篇与翻译教学

级学习翻译时，一看到某个英文单词马上就想到原来曾经记住的中文意思，孰不知在所翻译的语境中也许这个中文对应词并不合适。反过来也是如此。不能一看到某一中文词语马上望文生"译"，想到自己背过的某一英文单词，尤其是近义词中最先进入记忆的那个单词。翻译教学中要告诉学习者洞察英汉两种语言背后的认知模式，认识到英汉词义由于认知模式的异同可以分为：对应关系（如 manly－有男子气的）、涵盖关系（如 brother－哥哥／弟弟）、交叠关系（如 food、cereal、grain 都有"粮食"的意思）、替代关系（如妻舅－brother-in-law）、冲突关系（如汉语中的"功夫"、"风水"等在英语中没有对应词）①，根据这些关系采取相应的对策，比如针对涵盖关系和交叠关系可以采取对应翻译，而对于替代关系可以寻找挖掘其真正含义，寻找真正的对应词，对于冲突关系则可以寻求音译或音义结合。②总之，在翻译的词义教学方面，应鼓励学习者多积累，多查阅英英词典，多分析词义和背后的认知模式，联系上下文，才不至于在翻译选词时出现令目的语读者感到"陌生"的译文，才不至于闹出笑话。

第二，翻译教学要重视语序和句法结构的对比。不同民族认知模式的不同使得他们在语言的语序和句法结构的安排上出现差异。在翻译教学中要让学习者意识到英汉认知模式不同导致了句式结构和语序的不同。所以，翻译教师应该对英汉对比有一定的研究，尤其是对语序和句法结构的对比有一定的研究，并善于归纳总结英汉语在主要句子结构、定语位置、同位语位置、形容词顺序等方面的各种差异，教会学习者在翻译过程根据目的语的认知模式调整语序，从而获得地道的译文。正如王东风和章于炎指出：

> 同一概念意义的若干句子会因为各自语序的不同而产生不同

---

① 刘宓庆：《翻译教学：实务与理论》，北京：中国对外翻译出版公司 2003 年版，第 99—100 页。

② 刘宓庆：《翻译教学：实务与理论》，北京：中国对外翻译出版公司 2003 年版，第 99—100 页。

的主题意义，具有不同的交际价值。翻译既然要重视原意，就不能置这种意义以及传达这种意义的语序于不顾。我们相信，揭示语序的表意功能和英汉语序的异同规律，将有利于提高翻译的质量和效率……①

可见，认知模式的不同说明翻译过程中语序和句法结构的调整决定着翻译的质量和效率。

第三，翻译教学要重视表达视角的对比。中国的文字是直观型的象形文字，极具艺术性；而西方的文字是由字母任意组合而成的，所以抽象性较强。事实上，由于汉字的直观性，也造成了中国人认知的直观性，使得汉语表达中的视角也比较直接，而英文句子的逻辑关系是非常严谨的，语法结构总是主谓关系。在翻译的过程中要根据译入语读者的认知模式对叙述的视角进行转换，这样才能真正获得通顺的译文。将英汉两种语言表达视角或重心的不同引入翻译教学，使学习者意识到英汉句子的视角原来和认知模式有关，这种对语言表象背后认知模式的挖掘首先可以提高学习者对语言的兴趣，从而会调动学习者对翻译的兴趣，对分析两种语言表达视角的兴趣，不知不觉中提高了翻译教学的效果。正如刘宓庆指出，在翻译实务教学中要"让学生认识到这一点，对翻译实践中的句式分析和译句的主谓定位具有无可置疑的重大意义。"②

总之，不同民族对世界的认知模式不尽相同，所以其语言表达方式也就不尽相同。本部分从语言背后的认知模式入手，分析了英汉两种语言在语义表达和句法结构上的典型差别，进而讨论由此引起的翻译中对词汇和句式的处理问题。很多时候，翻译中应该根据译入语的认知模式对原语的认知模式进行变通处理，在保持原文信息不变的前提下，合

---

① 王东风、章于炎：《英汉语序的比较与翻译》，见李瑞华（主编）：《英汉语言文化对比研究》，上海：上海外语教育出版社1992年版，第402—419页。

② 刘宓庆：《翻译教学：实务与理论》，北京：中国对外翻译出版公司2003年版，第111页。

理选词，适当调整句式和视角，从而使译文更符合译入语的认知模式，更好地为译入语读者接受，以达到良好的翻译效果。将认知模式的对比引入翻译教学，可以提高学习者对语言的兴趣，从而可以调动他们对翻译的兴趣和对词以及句子分析的兴趣，这样可以提高学习者的翻译水平，不知不觉中也就提高翻译教学的效果。

第二节 翻译中语言与文化的语际负迁移及其教学对策[①]

笔者对英语专业三年级学生的一次汉译英作业进行了分析，发现程度不同的学生在翻译中出现的错误问题存在差异。程度好的同学语法错误较少，问题出现在词义和文化符号的传译上。程度较差的同学不仅在选词和文化传达方面出现错误，在语法上也会出现问题。不难看出，虽然英语专业三年级学生的英语水平较一般外语学习者要高出很多，他们在英语的听说读写方面已经有很强的基本功，但翻译毕竟是一种双语的转换，原语的语法、词语的表面意义和文化符号的含义总是或多或少对译者的心理机制产生干预，这些干预就是语际迁移。

行为主义者认为，学习者在学习一种新的东西时，会受到学习者原有经验的干预。这种干预表现在外语学习上，很明显的一点就是母语对外语学习的干预，这种干预称为语际迁移。也就是说，"个人会把自己母语的形式、含义以及文化迁移到外语当中去。"[②]语际迁移分为正迁移和负迁移。正迁移就是母语对外语学习的正面影响，使学习者能按照母语的规则对外语进行正确的把握；负迁移就是负面影响，使学习者按照母语的规则对外语进行了错误的把握。由于语言之间的差异，语际负

[①] 本节内容已发表在《北京外国语大学2006年教学研究论文集》，北京：外语教学与研究出版社2007年版，第144—157页，题目为"从语际负迁移看高年级汉英翻译教学的重点——以一篇汉英翻译作业中的典型错误为例"。此处略有改动。

[②] Lado, R., *Linguistics across Cultures-Applied Linguistics for Language Teachers*, USA: The University of Michigan, 1963, p.2.

迁移在外语学习的初期表现得尤为明显。但笔者从高年级学习者的汉译英作业中发现，语际负迁移在汉英翻译的过程中依然是一个非常严重的现象，不能忽视。下面以一篇汉译英作业为例，对典型语言与文化的语际负迁移进行分析，并提出相应的教学对策，这些对策也是英语专业高年级翻译教学的重点所在，特别是汉英翻译教学的重点所在。

所选汉译英作业取自著名作家贾平凹的《进山东》，原文如下：

> 在曲阜，我已经无法寻觅到孔子当年真正生活过的环境，如今以孔庙孔府孔林组合的这个城市，看到的是历朝历代皇帝营造起来的孔家的赫然大势。一个文人，身后能达到如此的豪华气派，在整个地球上怕再也没有第二个了。这是文人的骄傲。但看看孔子的身世，他的生前凄凄惶惶的形状，又让我们文人感到了一份心酸。司马迁是这样的，曹雪芹也是这样的，文人都是与富贵无缘，都是生前得不到公正的。在济宁，意外地得知，李白竟也是在济宁住过了二十余年啊！遥想在四川参观杜甫草堂，听那里人在说，流离失所的杜甫到成都去拜会他的一位已经做了大官的昔日朋友，门子却怎么也不传票，好不容易见着了朋友，朋友正宴请上司，只是冷冷地让他先去客栈里住下好了。杜甫蒙受羞辱，就出城到郊外，仰躺在田埂上对天浩叹。尊诗圣的是因为需要诗圣，做诗圣的只能贫困潦倒。我是多么崇拜英雄豪杰呀，但英雄豪杰辈出的时代斯文是扫地的。孔庙里，我并不感兴趣那些大大小小的皇帝为孔子竖立的石碑，独对那面藏书墙钟情……①

笔者之所以选取该段文章，是因为该段出自大家之手，句式有长有短，比较恰当地代表了汉语作者的表达方式。同时，这一段写曲阜，写孔子，后又写李白和杜甫，所以和中国的文化密切相关。通过这篇作业

---

① 贾平凹：《进山东》，载《中国文学》2000年第1期，第68—72页。

第九章 翻译教学的微观透视——语言、文化及语篇与翻译教学

可以让翻译学习者更好地理解汉语，掌握汉语各种句式结构转译为英语的分析过程以及汉语长句在英语中的断句和表达，同时能用地道的英语正确地传达地道汉语词汇的意思和文化词语的含义。

一、翻译中的句法语际负迁移及其教学对策

（一）语法负迁移举例及分析

笔者在翻译教学中发现，在大学英语专业高年级学习者的翻译实践中，句法语际负迁移现象依然存在。这种语际负迁移主要表现在对句法和句式的处理上。举例如下：

1) 一个文人，身后能达到如此的豪华气派，在整个地球上怕再也没有第二个了。
2) 但看看孔子的身世，他的生前凄凄惶惶的形状，又让我们文人感到了一份心酸。
3) 遥想在四川参观杜甫草堂，听那里人在说，流离失所的杜甫到成都去拜会他的一位已经做了大官的昔日朋友，门子却怎么也不传禀……
4) 尊诗圣的是因为需要诗圣，做诗圣的只能贫困潦倒。

句子 1) 是主题—评述句（topic-comment sentence），这是汉语一种常见的句式，但英语的句子一般都是主谓句（subject-verb sentence），由于受到汉语句式的影响，学习者不自觉地将这句话译成了：

A scholar can achieve such luxuries after death is afraid to find a match in the world. 或 A scholar can achieve such luxuries after death. There is no second one in the world.

不难看出，无论上述哪种翻译，都存在明显的语际负迁移现象，都是拘泥于汉语的结构而翻译的。第一种翻译完全错误，不符合英语的主谓句特点，另外，还把"怕再也没有"译成了"is afraid to find"，显然也是错误的，因为 be afraid to do sth. 在英语中是"不敢做……"的意思。第二种翻译虽然从英文看是把汉语主题—评述句变为了英文的主谓句，但由于受汉语结构的影响，英文将原文意思连贯的句子变成了两句，意思并不连贯。笔者认为，可以将错译修改为：On this planet there has been no other scholar who has enjoyed such luxurious posthumous respect。

对于句子2），有的学习者也是受到了汉语句子的影响，将其直接译成了 Seeing/Looking at Confucius's life and his miserable situation makes us scholars sad. 这个英文句子中主语是"seeing/looking at..."这一动名词短语，可以理解为这个动作让我们心酸，意思显然是错误的，因为从原文看，让人心酸的是"孔子的身世"和"凄凄惶惶的形状"，这两者实际上又是一个意思，所以笔者认为可以将错译改为：Confucius's miserable/deplorable experience makes us scholars sad。当然也可以用"我们"作主语，翻译为：When we look back, we cannot help feeling sad about Confucius's miserable/deplorable experience/life。

句3）是一个长句，而且是无主句，实际上，"遥想"和"听"的动作发出者都应该是"我"，可有的学习者把汉语的结构直接移植到英译文当中，其译文是：Recalling my visit to Du Fu's Hut in Sichuan, people there told me that when Du Fu, homeless and destitute, went to Chengdu to visit one of his old friends who had become a high-ranking official, the doorkeeper refused to report his arrival。这里，"recalling"的逻辑主语变成了"people"，存在明显的句法错误。还有的学习者将之译为：Recalling my visit to Du Fu's Hut in Sichuan, I heard people there say that when Du Fu, homeless and destitute, went to Chengdu to visit one of his old friends who had become a high-ranking official, the doorkeeper refused to report his

第九章 翻译教学的微观透视——语言、文化及语篇与翻译教学

arrival。我们知道,英语中的现在分词和整个句子的谓语动词一般都应该是同步的,这样的话,上文中"recall"和"hear"就成为同步进行的动作,显然是不合句法逻辑的。笔者认为,可以将错译改为:I recall a story told by the local people during my visit to Du Fu's Thatched Cottage in Sichuan. When Du Fu, homeless and destitute, went to Chengdu to visit one of his old friends who had become a high-ranking official, the gatekeeper refused to report his arrival。(注:此句中把doorkeeper改成了gatekeeper,原因见下文。)

对于句4),有些学习者是这样译的:Those who worship a sage poet because they need one; those who are sage poets can only be poor. 译文的前半部分很明显是把汉语的句式结构直接迁移到英文中来,译文并不是一个完整的英语句子结构,所以在句法上是错误的,后半部分的错误在于对"诗圣"单复数的理解。众所周知,中国历史上只有杜甫一个人被称作"诗圣",虽然汉语没有形式上的单复数之分,但在英文里应该用单数表示,而且最好加定冠词,还要大写首字母。另外,这里说的情况应该属于过去,所以时态要改为过去式。综合起来,可以将错译改为:People honored him as the Poetry Sage out of their need, but he himself only lived in poverty。

从上述几个例子中可以看出,翻译学习者汉译英的句法语际负迁移主要表现在把汉语的句式机构(非主谓结构)和语法(时态、单复数、冠词、分词短语的逻辑主语等)直接移植到英译文当中去,从而形成了句法的"中式英语"现象,这主要是由于两种语言的句式结构和语法存在差异造成的,所以为避免出现这种现象,必须在教学中采取一定的措施。

(二)教学对策——语言对比

以上出现的问题主要是因为汉英两种语言语法和句式上的不同造成。由于已经根深蒂固的汉语思维模式,翻译学习者汉译英出现这些问题在所难免。但是,翻译课的重要任务之一就是要引导学习者注重两种

语言的差别，从而避免上述严重的语法和句法错误。针对这些问题，在翻译课中进行汉英对比教学就显得极为重要，因为"只有对外语和学生的母语进行比较的教师才会更好地了解真正的问题所在，才会更好地教学。"①刘宓庆指出，翻译实务课堂教学的基本思路之一就是"应着眼于双语对比，特别是双语差异，使学生深明'知己知彼，百战不殆'之理，实际上这也正是传播学的基本原理之一。"②刘宓庆进而认为："翻译的语言对比研究是双语学的课题。TTPS（作为专业技能训练的翻译教学——笔者按）应该有比较语言学这门必修课。比较语言学其所以是必修课，因为翻译实际上无时无刻不需要比较双语之异同。"③只有重视了两种语言的对比才能保证翻译教学的质量和水平。但是，由于本科阶段英语专业的翻译课课时有限，不像翻译专业研究生阶段可以开始英汉对比的课程，所以笔者建议在在翻译教学中加入汉英语言对比的内容，让学习者在翻译实践中把握汉英两种语言的差异，势必会促进其翻译技能的提高，优化其译文的表达质量。笔者本人也是如此实践的，特别是语法对比这一环节，主要通过讲授汉英两种语言在句法结构上的差异，让学生在翻译过程中有意识地避免出现语法负迁移现象。具体内容包括一系列专题，譬如，形合和意合、被动与主动、主谓句与主题句／无主句、后置与前置等。通过这些专题，让翻译学习者了解，英语是形合语言，汉语是意合语言，所以汉译英时需要添加连接词；英语被动语态使用得比汉语频繁，所以汉译英时要注意是否应该把主动变为被动；英语是句式结构严格，除祈使句可省略主语外，一般都是主谓句，而汉语的主谓结构可以不那么严格，有很多主题句和无主句，所以汉译英时要注意是否需要添加主语，并保持主谓一致；英语的修饰成分

---

① Lado, R., *Linguistics across Cultures-Applied Linguistics for Language Teachers*, USA: The University of Michigan, 1963, p.2.

② 刘宓庆：《翻译教学：实务与理论》，北京：中国对外翻译出版公司 2003 年版，第 94 页。

③ 刘宓庆：《翻译教学：实务与理论》，北京：中国对外翻译出版公司 2003 年版，第 235 页。

第九章 翻译教学的微观透视——语言、文化及语篇与翻译教学

除单词外,短语或句子一般后置,修饰成分可以向右无限延伸,而汉语的修饰成分一般前置,所以汉译英时应注意合理安排修饰语的位置,注意从属关系,尤其是定语从句。至于英汉对比的其他内容本书前面在探讨翻译教学内容时已经提及,此不赘。

二、翻译中的语义负迁移及其教学对策

(一) 语义负迁移举例及分析

如果说语言是一座大楼,语法就是这座大楼的设计框架,而词汇便是这座大楼的建筑材料,可见词汇在语言中的重要性,正如英国语言学家威尔金斯(Wilkins)所说,即使没有语音和语法,也还可以传达出一些信息,但如果没有了词汇,就不能传达任何信息。英汉两种语言形成的环境不同,所表达的思维不同,使用词汇就会存在差异。同时,词汇的意义随着社会实践的深入不断发展而变化,所以词义传达正确也是取得良好翻译效果的重要一环。汉英两种语言的词汇,有的意义是一一对应,有的是意义交叉,还有的意义完全相反。在汉译英实践中,学习者往往"望词生义",把汉语词汇的表面意义迁移到英语当中,从而出现了选词不当的现象。举例如下:

5) 这是文人的骄傲。
6) 文人都是与富贵无缘,都是生前得不到公正的。
7) 杜甫蒙受羞辱,就出城到郊外,仰躺在田埂上对天浩叹。
8) 朋友正宴请上司,只是冷冷地让他先去客栈里住下好了。

上述翻译作业的原文中很多地方出现"文人"一词,有的学习者生望文生义,认为"文人"就是搞文学的人,更何况原文的作者恰恰是一位作家,所以学生就把这样的理解迁移到英文当中,把"文人"(例5)译成了"bookman/men"、"literati"或"men/man of letters"。事实上,这

几个英文单词的意思都与"literature"有关,词义的范围相对于汉语的"文人"一词要窄,bookman还有"书商"之意。而且我们知道,孔子一般被看作是学者、思想家、教育家,而非文学家,所以这里的"文人"应该译为"scholar"。"生前"(例6)按照字面意思当然是"去世之前",但事实上该词涵盖的时间要比"去世之前"长的多,并不只是临终前的那段时间,但有的学习者直接把该词的字面意思迁移到英译文中,译成了"before death",这样的理解和翻译显然是错误的,笔者认为应该译称"in their life"或"during their lifetime"。有的学习者把"浩叹"(例7)一词直接译成了"cry"或"sigh",仍然是把字面意思迁移过来,实际上该词有抒发感情的意思,所以不妨译为"pour out his feelings"或"pour out his sentiments"。另外,笔者还发现,大多数学习者都认为汉语的"住"和英语中的"live"意义是完全相等的,实际上这是一个误解。"live"表示"住"的时候,英文意思是"to have one's home",所以是"居住"的意思,而例8中的"住"显然表示"做短暂停留"之意,所以应该译为"stay",而非"live"。

上述关于词义的理解和汉译英的选词错误明显来自学生把汉语的字面意义移植到英文当中,造成意思不当。这就需要一定的教学对策进行纠正。

(二) 教学对策——根据语境选词;善于使用工具书

任何语言都有一词多义的现象,之所以会产生这样的现象就是因为不同语境的存在,即同一个词在不同语境中其具体含义会有所不同,甚至是很大不同,因此语境一直是词义研究的重要因素。平时在使用语言时,每个语言使用者都应该重视语境,就如语言学家莱昂斯(Lyons)所说:(1)每个参与者必须知道自己在整个语言活动中所起的作用和所处的地位;(2)每个参与者必须知道语言活动的时间和空间;(3)每个参与者必须能够辨别语言活动情景的正式程度;(4)每个参与者必须知道对于这一情景来说,什么是合适的交际媒介;(5)每个参与者必须知道如何使自己的话语与语言活动的主题相适应,以及主题对选择方言

第九章 翻译教学的微观透视——语言、文化及语篇与翻译教学

或语言（在多语社团中）的重要性；(6) 每个参与者必须知道如何使自己的话语与语言活动的情景所属的领域和范围相适合。① "在翻译学看来，意义无时无刻不受到语境的制约，孤立的词是没有固定的意义的。"②所以，翻译过程中，词的选择依赖于词所处的上下文，即语境。巴尔胡达罗夫（1985）将上下文分为狭义上下文和广义上下文。所谓狭义上下文是指句子的上下文，即在一个句子的范围内该单位周围的一些语言单位。所谓广义上下文是指该单位的超出句子的范围的语言环境。后者可以是句群、断落、章节，甚至可以是整个作品。巴尔胡达罗夫还认为，上下文对解决语言的多义性问题起着非常重要的作用。③也就是说，上下文可以使某个多义词只有一个意义，从而使得译者在译语中的几个可能的对应词中选定最恰当的一个。笔者认为，因为词的内涵意义、外延意义、词义的广狭和感性色彩都受到语境的制约，所以通过语境理解词的意义，可以在目的语中找到内涵意义和外延意义、感情色彩相对应的词。另外，根据语境，有时可以找到固定搭配，通过固定搭配理解词义便容易多了。所以，在翻译教学中，不应忽视语境问题的探讨，不依赖语境的翻译很多时候必定是荒唐可笑的。所以，在翻译教学中要培养学生的"语境意识"，摒弃"望词生译"的习惯。刘宓庆指出："对翻译而言，重要的问题不仅是对语境的功能的认识，而且还必须培养自己对语境的判断能力。问题很简单，只有自己具备判断语境的能力，才能在操作中做到适境；如果连对自己笔下的文章处于什么语境都浑然不知，当然谈不上符合'言必适境'（译必适境）的要求。"④

通过语境理解了词义，还要在目的语中找到意义对等的表达方式。

---

① 转引自刘宓庆：《翻译教学：实务与理论》，北京：中国对外翻译出版公司2003年版，第372—373页。
② 刘宓庆：《翻译教学：实务与理论》，北京：中国对外翻译出版公司2003年版，第165页。
③ 巴尔胡达罗夫：《语言与翻译》，蔡毅等编译，北京：中国对外翻译出版公司1985年版，第140页。
④ 刘宓庆：《翻译教学：实务与理论》，北京：中国对外翻译出版公司2003年版，第372页。

一般说来，翻译学习者可以从自己积累的词汇中搜寻到相应的表达方式。但是，汉译英作业中出现选词不当往往是因为学习者在这方面失败了，没能在自己积累的词汇中找到恰当的表达方式。这时，工具书的作用就凸现了出来。高等学校英语专业的教学大纲对于八级要求也有明确的规定：能独立使用各类工具书和参考书，并有效地通过计算机网络查阅资料，获取知识。笔者认为，在翻译教学中，教师应指导学生善于利用工具书。在汉译英的选词方面，应该指导学生不仅使用较为权威和收词全面的汉英词典，还应通过英英词典对比近义词的内涵意义、外延意义、词义的广狭和感情色彩等，从而为某个汉语词找到恰当的英文表达法，而非把对汉语的理解直接迁移到英译文当中。

三、翻译中的文化负迁移及其教学对策

（一）文化负迁移举例及分析

众所周知，语言是文化的载体和重要组成部分，文化是语言肥沃的土壤。语言和文化相互关联，密不可分。语言不仅记录和反映了人类文明发展的历史和社会文明的进步，还是文化得以传播、交流和延续的发展工具。正如萨丕尔所说（1921），语言究其本质是文化的。[①]这是因为：第一，语言是人类文明发展的产儿，是人类最基本的文化成果；第二，语言不具有生物遗传性，它是人类后天习得的本领，而且主要是为了自我生存的发展而习得的本领；第三，符号性是语言的文化性质的主要标志。语言符号的代码功能的本质是以符号承载、传送意义，代码是语言交际功能的全部奥秘和魅力之所在；第四，语言的文化性质还表现在它对人类文化和文明发展的反映作用：语言的发展与人类文化和文明的发展几乎是同步的，人类社会的每一步进展都可以在语言中找到注脚；最后，语言的文化性充分表现在它对文化的凝聚功能中：几乎找

---

① 转引自刘宓庆：《翻译教学：实务与理论》，北京：中国对外翻译出版公司2003年版，第156页。

第九章 翻译教学的微观透视——语言、文化及语篇与翻译教学

不到任何一种人类文化的行为、活动、经验、劳作或创造是不可以用语言文字来加以叙述、描写或记录的。① 由于语言是用来交流的，而人们交流的正是他们的知识、情感和文化，所以语言真正承载的就是使用这种语言的人在长期的实践过程中积累的文化信息。但是，由于不同民族所处的地理环境不同，历史沿革不同，思维习惯不同，也就形成了不同的心理认知系统和不同的文化价值体系，从而在其语言中形成了彼此不同的表达方式，这就为两种语言的翻译者提出了挑战，即怎样在目的语中找到恰当的语言来表达语言所承载的文化信息。对于三年级的英语本科阶段的学习者来说，这更是一个挑战。值得注意的是，有的学习者在平时的学习中往往只重视英语习语的收集，却忽略了很多汉语符号的真正文化背景和文化内涵，从而在翻译中把自己的错误理解迁移到英文当中；还有的学习者不太注意与文化有关的语言形式的积累，在翻译的时候，往往根据汉语的表面意思进行直译，这种直译过来的文化符号往往使英语读者莫名其妙。下面列举一下本篇作业中最典型的文化传达不当现象。

9) 孔林
10) 门子
11) 诗圣

"孔林"作为文化遗产，实际上指的是"孔子及其后裔的墓地"，虽然里面也栽植了很多的树，但并不是"孔家的树林"，而大多数学生将之译成了"Confucian Forest"或"Confucian Woods"，这样的翻译并没有把"孔林"的真正文化意义传达出来，笔者认为应该译称"Confucian Cemetery"。"门子"是一个富有文化意义的语言符号，实际上是指"旧

---

① Sapir, E., *Language: An Introduction to Study of Speech*, New York: Harhcount, Brance & Company, pp.40-41；刘宓庆：《文化翻译论纲》，武汉：湖北教育出版社1999年版，第31—32页；刘宓庆：《翻译教学：实务与理论》，北京：中国对外翻译出版公司2003年版，第156—157页。

时在官府或有钱人家看门通报的人",而有的同学将之译为"messenger"或"guard",显然具有现代色彩或异语色彩,所以笔者认为应该译为"gatekeeper"。有的同学把"诗圣"一词译成了"sainpoet",我们知道,"saint"一般具有宗教色彩,所以这种译法显然有失偏颇,笔者认为应该译称"poetry sage",而且如前文讲过,该词应该属于专有名词,在行文中应该大写首字母,成为"the Poetry Sage"。

(二) 教学对策——汉英文化对比；增强对汉语文化的理解

文化问题是翻译过程中必然遇到的问题。针对这一问题,翻译教师可以在教学的过程中穿插中英文化对比。如前文所述,只有对比,才能让学习者更加深刻地认识到两种语言背后的文化差异以及由此产生的语言形式的差异。由于学时有限,所以笔者认为可以在有限的教学内将汉英文化对比浓缩为以下几个专题：汉英称谓的不同及其翻译、汉英问候语的不同及其翻译、汉英动植物的不同比喻意义及其翻译、汉英成语及习语的不同与翻译,以及汉语历史词汇和当代流行词汇的翻译等等。

同时,还要鼓励翻译学习者课下多积累,多了解。不仅要积累英语中文化语言符号的意义,还要多了解中国的传统文化以及与文化有关的表达方式。通过积累和理解,翻译中就会少犯错误,避免发生文化传达错误的现象。另外,在具体翻译过程中,仍然要多参考工具书和词典。比如,上面提到的作业,在遇到上述文化内涵丰富的字眼时,光凭印象是无法准确传达出原语的意思的,因为很多时候,从字面看,某种英文表达与汉语某种表达意思相近,实际上其中的文化内涵并不相同,就像"同舟共济"与"in the same boat"的意思实际上并不一样,所以必须领会其中的内涵,这时可以参考汉语字典或词典、汉语文化词典等,查出汉语的意思,还可查阅汉英文化词典等；否则,如果只是望文生义,不求甚解,势必会扭曲原文文化的意思。

以上所列出的汉英翻译中的语际负迁移现象只是以一篇汉译英作业为例,而事实上,笔者在长期的教学实践中发现上述问题是整个翻译教学中都存在的问题。翻译学习者在句法、词义、文化的语言符号等方

第九章 翻译教学的微观透视——语言、文化及语篇与翻译教学

面的语际负迁移是中国翻译学习者翻译实践中一个重要错误来源，使得他们在翻译中出现了句法错误、选词不当和文化传达失误等典型错误问题，也是造成"英式中文"或"中式英语"现象的重要原因。翻译教师应该根据中国翻译学习者的特点，寻找正确的教学方法，使学生翻译中的错误降低，甚至杜绝这些现象。上文针对汉译英教学中发现的典型错误现象，提出了一些教学对策，即汉英语法和句法对比、词义与语境、文化对比、工具书的使用等。既然本部分讨论的汉译英作业中的错误是典型的，那么，这些对策也应该是英语专业高年级汉英翻译教学的重点之一，而且这些教学重点同样适用于英汉翻译。当然，在翻译教学过程中，可根据不同学生群体的不同错误现象进行适当调节教学对策。下面特附本节所用翻译作业的参考译文：

In Qufu I could no longer find the environment in which Confucius had lived. Now in the city composed of the Confucian Temple, Confucian Mansions and Confucian Cemetery, I could only find the imposing magnificence built up by emperors in past dynasties. I'm afraid that there has been no other scholar on this planet like Confucius who has received such luxurious posthumous respect. This is what scholars are proud of. However, when looking back, we cannot help feeling sad about Confucius's miserable/deplorable life experience. Scholars, including Sima Qian and Cao Xueqin, were all denied wealth and justice. I recall a story told by the local people during my visit to Du Fu's Thatched Cottage in Sichuan. When Du Fu, homeless and destitute, went to Chengdu to visit one of his old friends who had become a high-ranking official, the gatekeeper refused to report his arrival. After some difficulties, Du managed to see his friend, but the latter was holding a banquet in honor of his superior and only coldly told the poet to stay in a hotel. Feeling humiliated, Du left for the outskirts. Lying on the ridges of the field, he poured out his sentiments towards Heaven. People honored him as the Poetry Sage out of their need while he himself only lived in poverty. How much I admire those imposing war heroes but in the times full of such heroes, learning was regarded as nothing. In the Confucian Temple, I was only interested in the Book Security Wall rather those stone steles set up by emperors, famous and obscure.

第三节 语内翻译在语际翻译中的重要性及对翻译教学的启示①

雅可布逊（R.Jakobson）在《论翻译的语言学问题》（On Linguistic Aspects of Translation）中指出，翻译分为语内翻译（intralingual translation）、语际翻译（interlingual translation）和符际翻译（intersemiotic translation）。所谓语内翻译指"在同一语言中用一些语言符号解释另一些语言符号"，语际翻译则指两种不同语言之间的翻译，即"用一种语言的符号去解释另一种语言的符号"，而符际翻译就是"通过非语言符号系统解释语言符号"。②其中，语内翻译也称作"改变说法"（rewording）。笔者认为，这三种翻译类型并不是彼此孤立存在的，而是互相依存、相互联系的。从某种意义上说，语内翻译是语际翻译的第一步。原语和目的语之间词义的不完全对等、句式结构的差异以及两种语言背后的文化差异势必会给译者的语际翻译带来一定的困难，这时，译者可根据对原文的理解首先用原文其他语言手段对要翻译的词、句子

---

① 本节内容已发表在《回顾与展望——纪念改革开放三十周年北外教学改革研究论文集（特刊）》，北京：外语教学与研究出版社2009年版，第277—286页，题目为"从汉译英看语内翻译在语际翻译中的重要性及对翻译教学的启示"。此处略有改动。

② Jakobson, R., On Linguistic Aspects of Translation, Venuti, L. (ed.) .The Translation Studies Reader, London: Routledge, 2000, pp. 113-118；谭载喜：《西方翻译简史》，北京：商务印书馆1991年版，第242—243页。

第九章 翻译教学的微观透视——语言、文化及语篇与翻译教学

等进行解释,然后再在目的语中找到相对应的表达,这样就使翻译过程变得容易,使译文更加贴切,比不经过语内翻译而生搬硬套地进行语际翻译的效果要好得多。这一技巧可以用到翻译教学当中,使翻译学习者明白语际翻译之前先进行语内翻译,用这样的方法翻译出来的译文会让翻译学习者更有信心。下面以汉译英为例,拟从三个方面探讨语内翻译在语际翻译中的重要性及其对翻译教学的启示。

一、从词和短语的层面看语内翻译在语际翻译中的重要性及对翻译教学的启示

可以说,词是语言中最小的能够独立运用的意义单位。词的意义非常丰富,不仅局限于其本身的意义,还有其不同的指称意义、语用意义等。一方面,"人类生活在共同的、大体一致的生态环境和历史环境中。人类的感官功能、基本心理过程和思维结构是大致相同的。"①从这个意义上说,不同语言的使用者在词义方面必定存在相符的关系,即两种语言中有些词义基本上是对等的,如汉语的"房间"和英文的room,英文中的vegetable和汉语中的"蔬菜"。但值得注意的是,由于不同民族的具体生活环境不同,思维模式不同,所以更多的情况下,词的意义是不对等的。有人甚至指出:

> 严格地说,在两种对译的语言中,意义完全相同的词是不存在的。英语和汉语的读音、词形和词源不同,自不待言;所体现的语法结构和语用规则有差别,也显而易见。但是最主要的是因民族文化的差异使它们的指称意义的层次和范围不能全部覆盖或吻合。即使覆盖面基本相同,它的感情意义、联想意义和语用价值也可能有很大差别。②

---

① 邵志洪:《汉英对比研究导论》,上海:华东理工大学出版社2005年版,第39页。
② 熊文华:《汉英应用对比概论》,北京:北京语言文化大学出版社1997年版,第159页。

笔者认为,在词义无法对等的情况下,尤其是意义受语境制约程度高的情况下,译者无法从双语词典中获得合适的对应词,应根据上下文先解释词在原语中的意义,然后根据这个意义在目的语中选择意义相近的词。譬如,"拳头产品"这一中文词不能马上译成 fist product,因为 fist 只表示身体部位,而中文"拳头产品"用来描述优异的、有市场竞争力的产品,译者因根据这一语内解释便可将其译为 competitive product。再比如,"手忙脚乱"在汉语中属于四字成语,如果直译为 with one's hands and feet in confusion,显得比较生硬,所以这时可对该汉语词进行语内解释,"手忙脚乱"实际上就是"忙碌"意思,然后可以根据这一语内翻译将其译为通俗易懂的英文 busy。不妨再来看下面的例子:太湖奇峰环抱,烟水迷蒙,自然天成的湖光山色美不胜收。这个中文句子中,"湖光山色"在很多人看来是个四字成语,可以毫不夸张地说,大多数译者在翻译这个词的时候都会禁不住去查阅汉英词典。笔者认为比较权威的词典《新时代汉英大词典》中给出的英文有两个,分别为 landscape of lakes and mountains 和 natural beauty,由于本句里已经出现"自然天成"这样的字眼,所以译者一般不会再选择后一个对应词,而直接选取前面的对应词,结果有人将整个句子译为:The mist-covered surface of the water and surrounding hills make Taihu a splendid natural landscape of mountains and lakes。而实际上,这句话是描写太湖的,所以这里的 lake 就不应该使用复数,因为只有"太湖"这一个湖。因此,"湖光山色"一词在该语境中的翻译是错误的。其实,译者在看到这个句子时,不应马上翻阅词典寻找"湖光山色"的英文对应表达方式,而应该根据词所在的语境进行一个语内解释,不妨将之解释为"很美的景色",这样再译为英文,就非常简单,语内解释完成之后甚至可以词对词进行翻译,变成 splendid/marvelous/fantastic scenery。 整句话可以译为:Surrounded by hills and veiled in mist, the Taihu Lake boasts marvelous natural scenery。

再看一例:在计划体制下,国营企业单位人浮于事。这句话中的

第九章 翻译教学的微观透视——语言、文化及语篇与翻译教学

"人浮于事"是汉语常用的一个词,很多译者一看到这个词,第一反应一般都是查阅汉英词典,而实际上,如果译者先从语内的角度对该词进行一个解释,即"人员的数量超过实际需要",就没有必要再去查阅汉英词典,可根据上述语内翻译将其译为英文,即 more employees than needed,整个句子即可译为:In the system of planned economy, there were more employees than needed in State-owned enterprises。这样一来,翻译就简单了很多,而且译文的意思会更贴近原文的语境,也更能为英语读者接受。

  以上是从词的层面看语内翻译在语际翻译中的重要性,实际上,我们将词的意思扩展到短语或短句意思的层面,仍然可以看到语内翻译的重要性。请看下面的例子:在旧的医疗制度下,享有公费医疗的人"一人看病全家吃药"的现象很多。这里,"一人看病全家吃药"是一个极具有中国特色的短语,这个短语无法在词典中查到其英文意思,所以需要译者自己处理,但前提是译者要对这一短语的背景有一定的了解,对短语的中文意思有一个确切的理解,这样就可以先对其进行语内翻译,然后再将其译为英语。根据"一人看病全家吃药"这一短语的背景和所反映的现实,可以理解其中的"一人"即"享受公费医疗的那个人","看病"指的是"病历上都是这一个人的名字","全家吃药"指的是"为家里其他任何成员开药"。综合起来,可以将该短语进行以下语内翻译:享受免费医疗的人会以自己的名义为家中任何一个成员开药,接下来根据这个语内翻译得出的语际翻译则为:A person who was entitled to free medical care would have medicine prescribed in his or her name for any of his or her family members。有了这一部分的翻译,整个句子的翻译也就迎刃而解:In the old medical system, it was common that a person who was entitled to free medical care would have medicine prescribed in his or her name for any of his or her family members。

  从上述例子可以看出,由于汉英两种语言的词义不对等以及语境对词义的制约,在翻译过程中,先对原文的词汇或短语进行语内翻译,

然后再基于语内翻译进行语际翻译,便可使翻译变得更加容易,收到很好的翻译效果。由此可见,从词和短语的层面看,语内翻译对语际翻译是非常重要的。

以上分析给翻译教学以很大的启示。实际上,正如美国语言学家兼翻译家奈达(E. A. Nida)指出,翻译即翻译意思(Translation means translatingmeaning),也正如早在17世纪英国著名诗人、作家德莱顿(J. Dryden,1631—1700)就说过"翻译即释义"(Translation is paraphrasing)。因此,在翻译教学中,应该告诉学习者学会用自己的语言进行解词。可能会有人认为,解词似乎是小学生和中学生的事情,但是前文的分析说明,要取得良好的翻译效果,语际翻译之前的语内解词非常重要。由于词不仅具有所指意义,还有其联想意义,不仅有其字面意义,还有其比喻意义等。而词的联想意义和比喻意义等跟词所处的语言内环境和语言外环境以及语域等有着密切的关系,所以很多时候,在词典中查到的目的语对应词可能不符合词所在的语境或语域,或者有些词或短语在词典中根本找不到对应的表达方式,所以在翻译教学中,首先应该教会翻译学习者如何根据词和短语所在的语境先用简单的原语进行解释,即先对词进行语内翻译,然后根据这一语内翻译的"译文"进行语际转换,这样获得的译文反而会更符合词所在语境。所以,"语境中的文本"这一概念在翻译教学中越来越受到青睐。[1]这样,翻译学习者就不必急于查词典或上网搜索有可能不符合语境的对应词汇。正如刘宓庆指出,在翻译课上,"宜要求学生自己进行紧扣语境的意义辨析,然后在堂上讲评他们的辨析正误。这样着眼于能力培养,学生印象也比较深刻,也便于训练他们进行理论方面的思考、探讨。"[2]笔者认为,这种语义辨析,不仅包括语际间的语义辨析,更应该包括用原语进行语义辨析,然后进行翻译。

---

[1] Hatim, B., Teaching and Researching Translation, England: Pearson Education Limited, 2001, p.163.

[2] 刘宓庆:《翻译教学:实务与理论》,北京:中国对外翻译出版公司2003年版,第239页。

第九章 翻译教学的微观透视——语言、文化及语篇与翻译教学

二、从句式结构层面看语内翻译在语际翻译中的重要性及对翻译教学的启示

学过英文的人都知道,英文属于主语优先型语言,即英文的句式结构一般都可归纳为 S+V 结构(主谓结构),这种主谓结构是"高度语法化的结构"①。其中主语是很重要的句子成分,是谓语动作的发出者或承受者。如本书前面谈及,而汉语句子并不都是和英文主谓结构相同的结构。很多情况下,我们可以说汉语句子是"话题+评述"(Topic+Comment/Theme+Rheme,简称 TC/TR)的句式。正如刘宓庆指出:"英语句子基本上围绕主语与动词谓语的 SV 搭配形成形式主轴。这个主轴在汉语中是没有的,汉语中取而代之的是意念主轴,就是汉语中所谓'意定于思,而成于笔。'但在汉语中,主语并不起决定性作用,它只是一个被陈述的'话题',缺乏英语主语那种'不可或缺'的职能。"②当然,汉语有些句式结构和英文主谓结构基本是一致的,如"我们盖了一栋房子"和 We have built a house,分析起来,都是 S+V+O(主+谓+宾)的结构,"他给了我那本书"和 He gave me the book,都是 S+V+O+OC(主+谓+宾+宾补)的结构。但是,汉语的很多 TC/TR 结构与上述 SV 结构是不一样的,如"这些材料我们只能盖一栋房子",很显然,这个句子中,"这些材料"只是一个"话题",从英文句式结构看,其真正的主语应该是"我们"。那么,在将这类句子译成英文时,就需要将 TC/TR 结构转换为 SV 结构。翻译的过程中有很多时候,如果上来就进行语际间的转换,往往会有些难度,特别是较长的汉语句子翻译的难度会更大,所以,笔者建议译者在进行语际转换之前,先将原句的 TC/TR 结构转换为语内的 SV 结构,然后再进行翻译,就会简单很多。比如,我们可以把上面的话"这些材料我们只能盖一栋房子"先在语内

---

① 邵志洪:《汉英对比研究导论》,上海:华东理工大学出版社 2005 年版,第 88 页。
② 刘宓庆:《翻译教学:实务与理论》,北京:中国对外翻译出版公司 2003 年版,第 111 页。

解释为以下 SV 结构：我们用这些材料只能盖一栋房子，然后再根据这样的主谓结构将之译为英文：We can only build one house with these materials。

不妨再来看下面的一个例子：成百万原来享受免费医疗的城市居民，今后的医疗费用将自己承担一部分。这个句子中，前半部分（即"成百万原来享受免费医疗的城市居民"）是"话题"（Topic/Theme），后半部分（即"今后的医疗费用将自己承担一部分"）是"评述"（Comment/Rheme）。对这个句子可先进行以下语内翻译，变成 SV 结构，然后按照这个 SV 结构译成英文就显得简单多了：成百万原来享受免费医疗的城市居民今后要自己承担一部分医疗费用。这个语内翻译和英文的 SV 结构基本一致，所以译成英文时便成为：Millions of urban residents who were entitled to free medical care will have to pay part of their medical expenses。

可以再举两例。第一例：当前的中国教育，可以说成就巨大，问题成堆。很显然，这个句子是"话题+评述"句，其中"当前的中国教育"是"话题"，"可以说成就巨大，问题成堆"是"评述"，将之译为英语前，可进行语内翻译，将之变成主谓结构，即：很多的问题和当前的中国教育成就同时存在（主结构即"问题存在"这一 SV 结构），然后根据这一主谓结构将之进行语际转换，成为：Along with the achievements in contemporary Chinese education, there co-exist a lot of problems. 第二例：这一地区资源丰富，市场潜力巨大，开发的规模不亚于当年美国开发西部。这一中文句子中，"这一地区"可以说是整个句子的"话题"，而后面全部都是对这一话题的"评述"（即"资源丰富，市场潜力巨大，开发的规模不亚于当年美国开发西部"）。实际上，要将这句话变成主谓结构，应该是：这一地区有着资源的丰富，巨大的市场潜力，以及不亚于当年美国开发西部的开发规模。然后根据这一主谓结构将之译为英文：This region boasts/enjoys abundant resources, great market potential and a development scale comparable to that of the American West。

第九章 翻译教学的微观透视——语言、文化及语篇与翻译教学

以上分析说明，由于中英文句式结构的差异，在将中文译成英文时，可先根据英文的句式结构特点，将汉语 TC/TR 句子转换为汉语内部的 SV 结构，这就是语内翻译，然后再根据转换来的汉语 SV 结构译成英文。这样的翻译方法简单可行，而且有助于避免中式英语句式结构的出现。

因此，语内翻译还涉及句式的语内转换。这一点告诉我们，由于一般翻译中均以句子为翻译单位，所以在翻译课初期要将英汉句式对比作为专题进行讲解，主要讲解英语句式结构和汉语句式结构的差异。在这个专题中，可以如刘宓庆所说，"引导学生进行语法结构分析。"[①]在谈到翻译中句法教学时，刘宓庆还指出要让学生认识到汉语的"话题"，"在实务教学中让学生认识到这一点，对翻译实践中的句式分析和译句的主谓定位具有无可置疑的重大意义。正是基于这个基本的句法差异，汉英翻译实务操作中才有'主谓定位'这项首当其冲的任务。"[②]英语结构主要为 S+V，一种被动，一种主动；而汉语句式则分为三种，一种与英文基本一致，一种是话题＋评述（Topic+Comment），还有一种是无主句。然后主要讲解汉语后两种句式如何转换为英文的 S+V 结构。教会翻译学习者如何先在汉语内部将句子转化为主谓结构，然后再如何转换为英文。这样，学习者在进行翻译时，就会有效地避免"中式英语结构"的现象，如在翻译"这种国际产业转移扩大了中国的贸易顺差"时，就会避免 This international industrial transfer has expanded China's trade surplus，因为通过句式结构对比可以知道这句话中的"国际产业转移"不能发出 "扩大贸易顺差"这一动作，"国际产业转移"只是一种原因。因此这句话的语内解释应该是"因为这种国际产业转移，中国的贸易顺差提高了"，然后再将这句话译为 Because of this kind of international industrial transfer, China's trade surplus has increased。由此

[①] 刘宓庆：《翻译教学：实务与理论》，北京：中国对外翻译出版公司 2003 年版，第 240 页。

[②] 刘宓庆：《翻译教学：实务与理论》，北京：中国对外翻译出版公司 2003 年版，第 111 页。

可见，从句式结构看语内翻译也是语际翻译的第一步。

三、从文化层面看语内翻译在语际翻译中的重要性及对翻译教学的启示

众所周知，语言是文化的载体，语言反映了一个民族的生态环境、风俗习惯、宗教信仰等诸多文化因素，而不同民族在这些文化方面存在相似之处，但更多的则是相异之处。如果两种语言存在表达相似文化现象的语言符号，那么翻译就显得简单容易，但由于文化相异，一种文化现象在原语中通过某一语言形式表现出来，在目的语中却往往找不到相对应的表达方式，这势必会给翻译带来很大的困难。英汉两种语言更是如此，因为英语民族的生态环境、风俗习惯和宗教信仰与汉民族的生态环境、风俗习惯和宗教信仰都存在很大的差别，这些差别反映在语言当中，给译者带来很大的障碍。如果反映某种文化现象的语言形式在目的语中找不到对应的表达方式，译者不妨先在头脑中进行一次语内翻译，即用原语中普通的表达方式将这一文化语言符号解释出来，然后根据这一解释将之翻译成目的语，完成语际翻译。

比如：高松年神色不动，准是成算在胸，自己冒失寻衅，万一下不来台，反给他笑，闹了出去，人家总说姓方的饭碗打破，老羞成怒。（钱钟书：《围城》）这个例子中，"饭碗打破"如果直译为英文，则为 break the bowl，但这对英文读者看来似乎并不容易懂，另外，英文中也没有对应的其他文化语言符号。那么，译者在翻译之前，可以对这一短语进行语内解释，然后再进行语际转换。中文经常使用"饭碗"来表示"工作"，而"饭碗打破"可以通俗地解释为"丢了工作"，根据这一语内翻译，语际翻译便迎刃而解，即 lose the job。当然，本例中另外一个俗语"下不来台"此处是"孤立无助"之意，"孤立无助"这样的意思在英文中有相对应的俗语表达，即 out on a limb。 整句话的译文为：Since Kao Sung-nien never changed his expression, Kao must have a plan already

第九章 翻译教学的微观透视——语言、文化及语篇与翻译教学

worked out. If he risked going in to start a quarrel and found himself out on a limb, he'd just be laughed. If the story got out, people would say that when Fang lost his job, his shame turned into resentment。(Kelly & Mao 译)

谚语可以说是具有浓厚文化色彩的语言形式,在翻译中国谚语时,如果在英文中无法找到意义相对应的谚语,一般就只能翻译其意思。遇到这种情况,译者不必急着查阅词典或上网搜索,而是可以根据语内翻译来确定语际翻译。譬如:不到黄河心不死。这一谚语不能直译为One's heart will never die until he reaches the Huanghe River,因为这种拘泥于原文字面意思的翻译会让英文读者感到难以理解。实际上,我们不妨先对这一谚语进行语内翻译,即:不到完全没有希望,一个人的雄心是不会死的。根据这一语内翻译,就可以进行以下语际翻译:Ambition will never die until all hope is gone。这样的译文不仅读起来琅琅上口,而且意思非常明确,能够达到翻译的目的。

由此可见,从文化角度看,语内翻译也应该成为语际翻译之前一个非常重要的环节,否则可能会造成翻译上的隔膜。因此,为准确地传达原文的文化信息,译者必须具备敏锐的感受力,把自己所体味到的文化意义用原语先解释和表达出来,然后再进行语际转换,这个过程是"两个文化世界的精神尽可能对等的一个过程,这一过程的实现,也就是翻译中最高境界的实现过程。"[①]

翻译教学中,文化本身就是一个很重要也是很困难的课题。笔者曾经指出:

> 值得注意的是,有的学生在平时的学习中往往只重视英语习语的收集,却忽略了很多汉语符号的真正文化背景和文化内涵,从而在翻译中把自己的错误理解迁移到英文当中;有的学生不太注

---

① 邱俏宏:《论英汉语翻译中语内翻译向语际翻译的转换》,载《浙江海洋学院学报(人文科学版)》2002年第3期,第72页。

意与文化有关的语言形式的积累,在翻译的时候,往往根据汉语的表面意思进行直译,这种直译过来的文化符号往往使英语读者莫名其妙。①

所以,在翻译中,"引导学生进行文化分析,析出文化信息,并要求学生提出翻译对策。文化信息渗透语言的各个层面,宜经常提醒学生注意。"②鉴于此,应该注重提高学生原语文化的底蕴,引导学生深入了解原语的文化内涵,然后在目的语中尽力找到相对应的文化语言符号,如果找不到,就应该引导翻译学习者先对原语的文化语言符号进行语内解读,用普通的语言形式解释其意思,然后将解释出来的意思译为目的语,这样就比直译其字面意思准确得多,易懂得多。关于文化符号的语内和语际转换,正如邱俏宏指出:"这两个过程的'视野交融'为翻译的文本提供了一个更宽阔的'地平线',从而使译者带动读者在自己熟悉的思想世界和和陌生的思想世界里自由驰骋。"③由此可见翻译教学中文化教学的重要地位。

通过以上的分析,我们不得不承认,在进行语际翻译之前先进行语内翻译,可以使翻译过程变得简单,同时能使译文在更好地传达原文信息的同时,在表达上更贴近目的语的习惯。所以,我们不妨将翻译过程图示如下:

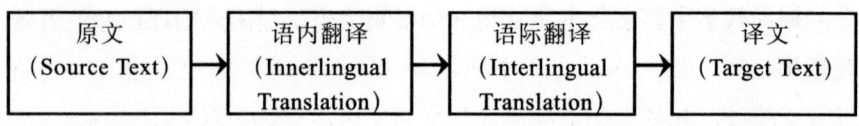

这一点对语际翻译教学提供了启示。我们知道,翻译作为高年级的

---

① 彭萍:《从语际负迁移看高年级汉英翻译教学的重点——以一篇汉英翻译作业中的典型错误为例》,载《北京外国语大学2006年教学研究论文集》,北京:外语教学与研究出版社2007年版,第153页。

② 刘宓庆:《翻译教学:实务与理论》,北京:中国对外翻译出版公司2003年版,第240页。

③ 邱俏宏:《论英汉语翻译中语内翻译向语际翻译的转换》,载《浙江海洋学院学报(人文科学版)》2002年第3期,第72页。

第九章 翻译教学的微观透视——语言、文化及语篇与翻译教学

外语专业高级技能课,主要在于培养翻译学习者的双语转换能力。这种双语转换能力主要包括两种语言之间词汇、句法和文化的转换能力。但是,在教学过程中,笔者发现翻译学习者在翻译中经常出现用词不当、句式结构呆板、文化现象传达不切意等现象,这些现象在翻译教学的初期表现得更为明显,所以笔者认为,不妨将语内翻译也引进翻译教学,使翻译学习者对原语的理解更加深刻,从而用目的语中更准确的词汇、句法和文化符号去再现原文的信息。

第四节 语篇语境认知与翻译教学[①]

根据关联理论,话语交际首先是一个"语码模式",即信息编码和解码的模式。[②]而话语的语境是"解释话语使用的一系列前提"[③]。翻译是在译者对原文解码的基础上,用目的语进行二次编码、传达,然后由译文读者解码的过程。在这一过程中,译者要根据动态的语境进行推理,根据对语境的理解来选择语码。因此,翻译是一个认知推理的交际过程,译者最重要的任务是力求在分析语境的过程中找到最佳关联,创造足够的关联效果,忠实地传达出原文作者的意图,使译语读者对译文的解码效果与原文读者对原文的解码效果达到"最佳吻合",也就达到了翻译上的"功能对等"。笔者在翻译教学中发现,学习者在翻译过程中的错误不少都是因为这样或那样的语篇语境认知缺失造成的,所以有意识地对一次英译汉作业中学习者的语篇语境认知缺失造成的错误进行了统计,并将这些错误进行归类和分析,在此基础上提出翻译教学对策,希望对翻译教学有所帮助。

---

① 本节内容已发表在《北京外国语大学 2007 年教学研究论文集》,北京:外语教学与研究出版社 2008 年版,第 22—33 页,题目为"翻译中语篇语境认知缺失的实证研究及其教学对策探讨"。此处略有改动。

② Sperber & Wilson, *Relevance: Communication and Cognition*, Beijing: Foreign Language Teaching and Research Press, 2001, p.2.

③ Gutt, E.A., *Translation and Relevance: Cognition and Context*, Shanghai: Shanghai Foreign Language Education Press, 2004, p.26.

一、翻译中语篇语境认知的重要性

关联理论认为,语境效果的概念是描述理解的关键,理解话语不仅仅要理解已清楚表明的假设,还要将此假设同前面出现过的假设联系起来。①从语言角度讲,语境就是词或句子前后的语言材料或者是理解话语的一系列背景假设。②语篇语境是人们用语言系统进行交际的意义单位③,是符号分析的基本单位④。随着认知语言学的发展,语篇认知成为一个重要的研究领域。认知语篇分析认为,对语篇的理解不是建立在单个的语言表达基础之上的,而是建立在文本内部各种所指的实体之间的概念联系及文本元素所描述的各种事件之间的联系之上。⑤读者在阅读语篇时,一般都会进行自下而上的信息加工(比如由词汇到语篇),又会进行自上而下的信息加工(譬如根据上下文进行预测和推理)。但有时可能又缺少这种加工的过程,从而导致对语篇的误解。

在翻译实践中,第一步当然就是要理解原文本的意义,而与理解关系最密切的莫过于语境了。刘宓庆提出了语境作用于意义的四项功能,即:(1) 语境是意义(意向)的"限定者 (definer)"或"固定者 (fixer)",这是语境最基本的功能;(2) 语境是新义(和包括转义)的"发源地";(3) 语境也是新词的"诞生地";(4) 语境是表现式的终端调节者。⑥刘宓庆进一步认为翻译中的综合分析调节过程就是"语境调节机制",即"语境化",他将这一过程图示如下⑦:

---

① Sperber & Wilson, *Relevance: Communication and Cognition*, Beijing: Foreign Language Teaching and Research Press, 2001, p.118.
② Ungerer & Schmid, *An Introduction to Cognitive Linguistics*, Beijing: Foreign Language Teaching and Research Press, 2001, p.45.
③ 卢植:《认知与语言》,上海:上海外语教育出版社 2006 年版,第 317 页。
④ Hatim & Mason, *Discourse and the Translator*, Shanghai: Shanghai Foreign Language Education Press, 2001, p.75.
⑤ 卢植:《认知与语言》,上海:上海外语教育出版社 2006 年版,第 319 页。
⑥ 刘宓庆:《翻译教学:实务与理论》,北京:中国对外翻译出版公司 2003 年版,第 368—373 页。
⑦ 刘宓庆:《翻译教学:实务与理论》,北京:中国对外翻译出版公司 2003 年版,第 371 页。

第九章 翻译教学的微观透视——语言、文化及语篇与翻译教学

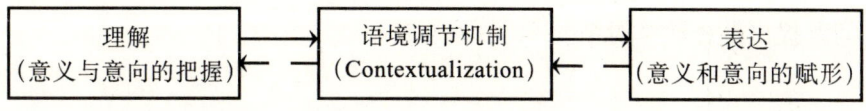

当然，语境包括了短语搭配、分句、句子、语段、整个文本、乃至整个社会文化等。这里要强调的是，无论是何种文体的翻译，都是在一定的语篇背景下进行的，所以翻译应该以整个语篇为依托，"应该强调在语篇层面上各类意义的映射性转述"①。解构主义哲学家德里达（Derrida）认为，翻译要在目的语中找到有关原语的最关联对等，即找到最正确最贴切、最恰当、最充分、最适宜、最直接、最明确、最常用……的语言。②鲍格兰德（Beaugrande）认为："翻译的基本单位不是单词，也不是单个句子，而是语篇。"③在翻译过程中，语篇定会对译者产生一定的限制，语篇表征是译者做出判断的基础。④正如迈克卡西（McCarthy）所强调，在解读过程中须建立语篇在认知上的链接。⑤从这个意义上讲，在语篇翻译中，从词、短语、句子的翻译，乃至语气与风格的传达，实际上都离不开整个语篇语境。因此，译者作为读者和两种语言的转换者，更应该建立语篇上的认知链接，才能保证语篇翻译的效果。

笔者在翻译教学过程中发现学习者在进行语篇翻译时，仍然没有意识到整个语篇当中的关联性，没有意识到语篇中的内涵结构，从而产生了与整个语篇不相符合的选词、动词形态、句式结构和语气传达等问题。本部分以一篇英语短文翻译作业为例，对学习者翻译中语篇语境认知缺失问题进行了一次实证研究的尝试，并针对不同的语境认知缺失

---

① 王寅：《认知语言学的翻译观》，载《中国翻译》2005 年第 5 期，第 18 页。

② Davis, *Deconstruction and Translation*, Shanghai: Shanghai Foreign Language Education Press, 2004, p.99.

③ Beaugrande, *Factors in a Theory of Poetic Translating*, Assen: Van Gorcam, 1978, p.13.

④ Hatim & Mason, *Discourse and the Translator*, Shanghai: Shanghai Foreign Language Education Press, 2001. p.75.

⑤ McCarthy, M., *Discourse Analysis for Language Teachers*, UK: Cambridge University Press, 1991, p.27.

问题提出翻译教学对策。

二、语篇语境认知与翻译教学

本次翻译作业选自英国短篇小说家凯瑟琳·曼斯费尔德（Katherine Mansfield）的短篇小说《布里尔小姐》（*Miss Brill*）。《布里尔小姐》收集在作者1922年出版的《园会》（The Garden Party）。本次作业选取该小说中的第一段。该段首先描述了一个星期天的天气，接下来描写了布里尔小姐对自己又一次带上毛皮围脖的愉快感觉，重点在于展现布里尔小姐孤独的内心世界。布里尔小姐对毛皮围脖的独白充满了嗔怪和欢喜，给人一种布里尔小姐与毛皮围脖相依为命的感觉。整段刻画细微，语言简洁流畅。《布里尔小姐》的故事梗概和作业原文如下：

故事梗概：

  布里尔小姐是一位三十多岁的老姑娘，独自生活在法国，靠给几个孩子教英文和给一位病重在床的老人读报为生。星期天布里尔小姐到公园（Jardins Publiques）去，看到了形形色色的人，忽然意识到世界就是一个舞台，自己也是戏剧中的一个角色，于是本来孤独、敏感的她感到了一丝愉快与喜悦。可是，就在这时，布里尔小姐听到了坐在一旁的一对年轻恋人对她的蔑视和嫌弃，于是，布里尔小姐感到一种莫大的羞辱与伤害。她怀着一颗受伤的心回到了自己阴暗的小屋，此时，她似乎听到有什么东西在哭。

作业原文：

  Although it was so brilliantly fine — the blue sky powdered with gold and the great spots of light like white wine splashed over the Jardins Publiques — Miss Brill was glad that she had decided on her fur. The air was motionless, but when you opened your mouth there was just a faint chill, like a chill from a glass of iced water before you sip, and

第九章　翻译教学的微观透视——语言、文化及语篇与翻译教学

now and again a leaf came drifting — from nowhere, from the sky. Miss Brill put up her hand and touched her fur. Dear little thing! It was nice to feel it again. She had taken it out of its box that afternoon, shaken out the moth-powder, given it a good brush, and rubbed the life back into the dim little eyes. "What has been happening to me??said the sad little eyes. Oh, how sweet it was to see them snap at her again from the red eiderdown! ...But the nose, which was of some black composition, wasn't at all firm. It must have had a knock, somehow. Never mind — a little dab of black sealing-wax when the time came — when it was absolutely necessary... Little rogue! Yes, she really felt like that about it. Little rogue biting its tail just by her left ear. She could have taken it off and laid it on her lap and stroked it. She felt a tingling in her hands and arms, but that came from walking, she supposed. And when she breathed, something light and sad — no, not sad, exactly — something gentle seemed to move in her bosom.(Katherine Mansfield: *Miss Brill*)

笔者以上述作业为实验材料对英语专业本科三年级学生在翻译中对语篇语境认知的缺失情况进行了统计，包括词汇意义、动词形态、句式和语篇的连贯以及文体色彩，并试图对涉及的这些项目进行分析，从而分析在翻译教学中引入语境、特别是语篇语境教学的重要性，以便在教学过程中更好地引导翻译学习者在翻译过程中将语境认知考虑在内。本次翻译作业共批改90份，笔者对这90份作业中的语篇语境认知不到位问题进行了归纳统计，结果图示如下：

表 9.1 语篇语境认知不到位问题统计

项目	涉及作业份数*	占批改作业总数的百分比	涉及语言点（处）、涉及作业份数及在批改作业总数（90）中所占的百分比			
			语言点数量	语言点	涉及作业数	占批改作业总数（90）的百分比
词汇意义	90	100%	5	fur（1）	80	88.89%
				brush（2）	49	54.44%
				snap（3）	52	57.78%
				composition（4）	29	32.22%
				knock（5）	27	30%
动词形态	55	61.11%	2	动词形态(1)	40	44.44%
				动词形态(2)	22	24.44%
句式连贯	90	100%	5	句式与语篇连贯（1）	14	15.56%
				句式与语篇连贯（2）	85	94.44%
				句式与语篇连贯（3）	67	74.44%
				句式与语篇连贯（4）	75	83.33%
				句式与语篇连贯（5）	82	91.11%
语气	72	80%	3	语气（1）	58	64.44%
				语气（2）	43	47.78%
				语气（3）	22	24.44%

＊注：只要作业中出现因语篇语境认知不到位而产生的错误，该份作业即被视为涉及该项目的一份作业。

上述作业中，翻译学习者的错误项目主要集中在词汇意义、动词形态、句式连贯和语气上，而这些错误大都源于对整个语篇语境的把握存在欠缺。下面详细分析上述错误，并提出相应的教学对策：

（一）词汇意义语境认知缺失问题及翻译教学对策

笔者发现，此次批改的 90 份作业全部均涉及这样或那样的词汇意

第九章 翻译教学的微观透视——语言、文化及语篇与翻译教学

义语境认知缺失问题,占作业总数的100%,主要涉及5处语言点,现分析如下:

(1) fur

fur的本意有"毛皮、毛皮衣服、毛皮围脖"等。通过上下文可以看出,本篇中的"fur"不应该是"毛皮"或"毛皮大衣"之意,因为布里尔小姐是那天去公园之前把这个东西从盒子里拿出的,而且原文有一句这样的话:Little rogue biting its tail just by her left ear,下文写到了"眼睛",显然是动物的形状,一般都是用仿狐皮或貂皮做成的。而且,She could have taken it off and laid it on her lap and stroked it.(布里尔小姐本可以将它取下来放在腿上好好抚摸一下。)所以根据语篇语境推测,fur不应该是"毛皮大衣",而应是仿貂皮或狐狸皮做的"围脖",因此应该译为"毛皮围脖",而大多数学习者将fur译成了"毛皮大衣",这说明这些学习者显然没有联系语篇语境进行翻译。

(2) brush

从整个语篇来看,布里尔小姐就是在那当天下午把毛皮围脖拿出来的,所以不可能会"刷洗"这个毛皮围脖。如果洗过,就不可能马上戴上。因此,该词在语境中的意思应该是"梳理"。一半以上的翻译学习者将brush译成"刷洗",显然缺少对整个语篇语境的认知把握。

(3) snap

从上下文来看,snap这一动作的发出者是前面提到的them,即eyes(眼睛),应该取"sparkle, flash(闪烁)"之意(参见Merriam-Webster's Collegiate Dictionary),所以snap at her就应该译成"冲着她闪烁",刻画出布里尔小姐对围脖的钟爱之情,沉郁的心情短时间内变得轻松快乐。而超过一半的学习者只是根据词典选译作"严厉地说"或"咬向她",显然不符合语篇的语境。

(4) composition

30%多的学习者显然不太理解这里的composition,于是把black composition译成了"黑色组合",而事实上,根据整个语篇推断,布里

尔小姐想到必要的时候涂点"封蜡（sealing-wax）"就可以了，说明鼻子是人工做成的，所以composition应该译成"合成物"或干脆译成"物质"，而不应译成"组合"。

(5) knock

有30%的学习者似乎不假思索地将knock译成了"敲击"，可是根据语境判断，这里的knock应该译成"碰撞"，而不应该译成"敲击"。It must have had a knock, somehow应该译为"一定不知怎么碰了一下"，而不是"被敲了一下"。

不难看出，上述五个英文单词的意思与它们所处的语篇语境有着很大的关联，如果撇开整个语篇而只是随意追求英文与汉语在词典意义上的对等，势必会造成译文的不妥。而翻译学习者在进行翻译时，一般只参照词典中的义项或干脆凭记忆中单词的中文意思，想当然地选出自己认为正确的"对等词"，而没有考虑词所在的语境。在语言使用中，词可以说是非常重要的部分，甚至可以说居于核心地位。不管是句子层次还是语篇层次，都离不开词的运用[①]，但是，词应该放在"语境"中对待，与该词的"功能"有关[②]。这里的"功能"实际上就是词在上下文中的"功能"。所以，翻译中，词的选择要放在语篇语境下进行，这样才能获得上下通顺一致、合乎逻辑的译文。"在翻译学看来，意义无时无刻不受到语境的制约，孤立的词是没有固定的意义的。"[③]所以只能从译入语中几个可能的等值词中间选择一个与原文语境中的意义、感情色彩、词义范围等相等值的一个。有鉴于此，在翻译教学中，要教会学习者不仅通过词所在的短语、分句、句子判断词的涵义，同时还要通过整个篇章判断词的涵义、词的感情色彩和词义的范围等，从而根据这一判断在目的语中找到对应的表达方式。因此，单凭词典所给的释义

---

① 卢植：《认知与语言》，上海：上海外语教育出版社2006年版，第161页。

② Hatim & Mason. *Discourse and the Translator*, Shanghai: Shanghai Foreign Language Education Press, 2001, p.37.

③ 刘宓庆：《翻译教学：实务与理论》，北京：中国对外翻译出版公司2003年版，第165页。

第九章　翻译教学的微观透视——语言、文化及语篇与翻译教学

无法真正做好翻译，翻译学习者在翻译实践中应该将释义和语篇语境结合起来，这样才能正确传达原词的意思。

(二) 动词形态的语境认知缺失问题及翻译教学对策

一般说来，三年级英语专业本科生在英语的基本语法方面不会存在太多的问题，动词形态不应该成为翻译中的主要问题。但是，笔者仍然发现，在批改的90份作业中，有55份作业涉及动词形态的语境认知缺失问题，占作业总数的61.11%。主要涉及2处语言点：

(1) Miss Brill was glad that she had decided on her fur.

关于这句话的翻译，有两种语境认知缺失现象，一种是把这句话译成了"布里尔小姐很高兴决定买这条围巾"，一种是"布里尔小姐很高兴决定要戴上她的毛围巾"。而实际上，如果联系下文，就能明白，布里尔小姐已经戴上了自己的毛皮围脖。所以，这句话的意思既不是布里尔小姐要去买毛皮围脖，也不是决定要戴上毛皮围脖，而是"布里尔小姐很高兴自己决定戴上了毛皮围脖"，这里一个"了"字就把动作发生与否表现得非常清楚，说明动作已经完成，而前面两种语境认知缺失实际上都把动词形态理解错了，给人一种"动作还未发生"的感觉。而且前一种错误译法不仅在于动词形态问题，还在于没有联系上下文掌握原意，实际上，根据语篇语境，这条毛皮围脖已经买了多年，因为连鼻子都"不牢固"了。

(2) She could have taken it off and laid it on her lap and stroked it.

有的学习者将这句话译成"她本来把毛皮围脖拿了下来，放在腿上抚摸"。而从下文来看，布里尔小姐感到双手和双臂又麻又痛（tingling），所以显然没有把毛皮围脖拿下来，因此应该译为"布里尔小姐本可以把毛皮围脖取下来，放在膝上抚摸。"一个"本"字就把原文的动词形态体现了出来。

由此可见，翻译学习者对动词形态的把握也会受到对语篇整体把握不足的影响。出现这种问题的原因在于英汉两种语言动词变化的区别。英语动词在时态、语态、语气上都有屈折变化，而汉语的动词本身

没有太多的形态变化,但要根据语篇或通过一些副词将动词所表现出的时态、语态和语气等表达完整和清晰。所以,在翻译教学中还要强调英汉两种语言在动词形态上的不同,将动词形态对比纳入翻译教学范围,教会翻译学习者利用语境把握动词形态。

(三) 句式和语篇连贯的语境认知缺失问题及翻译教学对策

笔者发现,在批改的 90 份作业中,有 14 份作业涉及句式和语篇连贯性的语境认知缺失,占作业总数的 15.56%,问题主要集中在下面一点:

(1)...from nowhere, from the sky

有的学习者把该句译成了"从无处来,从天上来",中文译文显然缺乏句式连贯性。根据整个语篇,不难发现英文作者在用叶子的飘落来刻画布里尔小姐心中的孤独之感,所以,为了取得连贯的效果,应该将之译为"不知从哪里来,或许来自天上",或者"不知飘自何方,或许飘自天上",既符合对语篇的认知,又带有文学语言的味道,达到了语篇认知的效果。

根据认知语言学理论,"语篇连贯不仅取决于衔接手段,主要还是依靠心智上的连贯性取得的。"[①]原文虽然没有连接手段,但是译者可以根据自己对语篇的认知,建立一种关联,然后在翻译中将这种关联表达出来。所以,不仅像词这样较小的语言单位的翻译依赖于语境,整个句式结构也和语篇语境密不可分。因此,在翻译教学中,要教会学习者根据语篇把握句式的连贯。同时,还应该督促学习者课下多阅读(包括中英文,尤其是不能忽略了中文的阅读),在阅读中建立更强的语感,而且翻译之后,第一遍检查要对照原文,看是否正确传达了原文的意思。第二遍检查要抛开原文只阅读译文,看通篇是否连贯、通顺。第二遍检查和第一遍检查的间隔应长一些,以避免思维还停留在原语文本中。如果说第一遍检查为的是保证"忠实"原文,第二遍检查则是保证译文的

---

① 何自然、冉永平等:《认知语用学——言语交际的认知研究》,上海:上海外语教育出版社 2006 年版,第 124 页。

第九章　翻译教学的微观透视——语言、文化及语篇与翻译教学

"通顺"。总之，要告诉翻译学习者，抛开原文通读译文这一环节是翻译完成过程中不可或缺的。

另外，英语倾向形合，汉语倾向意合，表现在篇章上则是英语的语篇中句号用得多，汉语语篇逗号用得多。也就是说，英语一般一个完整的结构结束后面就跟句号，而汉语一般需要意思表达完整才能结束一句话。这一区别告诉我们做翻译时要注意目的语语篇的连贯与原语语篇连贯的差异。也就是说，英译汉时要看一句话译完后其意思是否完整，是否与下面一句话在语义上是连贯的，如果是，则需要将英文中原来的句号改为中文的逗号，汉译英时如果汉语句子较长，可以分为几个意群，则应该在英语中拆分成若干独立的句子。本篇英译汉作业就体现了这一特点，但是翻译学习者一般的思维定式就是"拘泥原文"，连标点符号也不放过，所以汉语译文中句号较多，给人一种不连贯的感觉。统计发现，几乎每份作业的译文中都发现了这样的语篇不连贯的现象。主要表现在以下几个地方：

(2) Miss Brill put up her hand and touched her fur. Dear little thing! It was nice to feel it again.

该部分的原文是三句话，实际上从语义上来说是相互联系的，但是由于缺乏对语篇关联的认知，90 份作业中有 85 份是这样翻译的：布里尔小姐抬起（她的）手摸摸（她的）毛皮围脖。可爱／亲爱的小东西！再次触摸到它感觉很好／真好。这一译文忠实地再现了原文"形合"的特征，但是读起来在中文读者看来就有些支离破碎，三句话应该是连贯的，因此建议改为：布里尔小姐抬起手摸摸毛皮围脖，可爱小东西，再次触摸到它感觉真好！这样的译文才符合汉语语篇连贯的特点，符合目的语读者的表达习惯。

(3) But the nose, which was of some black composition, wasn't at all firm. It must have had a knock, somehow.

原文的两句话都是关于毛皮围脖的鼻子的，后一句中的主语 it 指的就是前一句中的主语 the nose，因此从原文意思上看两句是连贯的，但

是英文使用了两句话表达，符合英语的形合特点，如果在翻译中不考虑汉语的语篇衔接就会译成：某种黑色合成物做成的鼻子一点都不结实／牢固了。它一定不知怎么被撞了一下。这样的译文给中文读者的感觉是前后不搭界，而且第二句的"它"字不符合汉语的表达，但是恰恰就有67份作业（占总份数90的74.44%）就是拘泥原文的形式这样翻译的。考虑到语篇连贯问题，该部分应改为：黑色物质做成的鼻子一点都不结实／牢固了，一定不知怎么撞了一下。或：那鼻子，那黑色物质做成的鼻子，一点都不结实了，一定不知怎么撞到了。这样的连贯省去了第二句的主语it，改中间的句号为逗号，读起来才符合中文的语篇连贯。

(4) Yes, she really felt like that about it. Little rogue biting its tail just by her left ear.

这两句中的后一句实际上是一个非完整句，与前面一句在意义上关系非常密切，但是83.33%的学习者过于拘泥原文将两句割裂进行翻译：是的，布里尔小姐对它真的是这样感觉的。这个小淘气在她的左耳边咬住了它的尾巴。可是，这样的译文让不懂英文的中文读者读起来会感觉有些别扭，实际上 felt like that about it 是指布里尔小姐真的感觉毛皮围脖是个小淘气，后面又接着说这个小淘气如何如何，因此要引导翻译学习者考虑到目的语中的语篇关联性，将其改译为：是的，布里尔小姐真的感觉毛皮围脖是个小淘气，这个小淘气就在她的左耳边咬住了自己的尾巴。

(5) She could have taken it off and laid it on her lap and stroked it. She felt a tingling in her hands and arms, but that came from walking, she supposed.

这两句在原文语篇中形式上是相互独立的，都是完整的句子，但从意义上看，前一句说的是"布里尔小姐本来可以将毛皮围脖取下放在膝上抚摸一番"，后一句的意思是"她（布里尔小姐）感到手和胳膊一阵刺痛，一定是走路的缘故，她想"。因此从语篇语境中不难看出，两句话在语义上应该是连贯的，后一句实际上暗指前一句的原因，即说明布

第九章 翻译教学的微观透视——语言、文化及语篇与翻译教学

里尔小姐本来可以做却没有做动作其原因就在于疼痛，因此考虑到汉语语篇使用的一般是语义连贯，因此在翻译中应该将两句进行合句处理，译为：布里尔小姐本可以将毛皮围脖取下放在膝上抚摸一番，这时感到手和胳膊一阵刺痛，一定是走路的缘故，她想。除将原文两句之间的句号改为逗号外，还根据语义的连贯添加了"这时"，使得两句话在语义上"无缝对接"，读起来非常顺口自然。但是让人遗憾的是，90份作业中有82份都完全按照原文的语篇衔接进行翻译，成为：布里尔小姐本可以将毛皮围脖取下放在膝上抚摸一番。她感到手和胳膊一阵刺痛，但一定是走路的缘故，她想。这样的译文读来显然不够通顺自然，仿佛前后很不相干，缺乏对语篇语境的认知。

由此可见，大多数翻译学习者在进行语篇翻译时一般只关注原文语篇连贯的形式，而不考虑译文语篇连贯的不同方式。有鉴于此，教师在讲解语篇翻译时一定要向学习者说明两种语言在语篇连贯方面的异同。以中英两种语言为例。中文的语篇注重意合，所以多用逗号，意思表达完整之后才会用句号；英文的语篇注重形式的完整，只要句式完整了就会结束一句话，不考虑语义的衔接。另外，中文既然使用逗号分开，后面的小分句主语如果与前一小分句的主语一致，后一小分句的主语就可以省略，但是由于英文单独成句，即使后一句的主语与前一句的主语一致，还是需要用代词或其他替代方式写出来，因为每个句子都应该是一个完整的主谓结构。中英文这些语篇连贯的差异就需要在翻译中根据目的语进行调整，从而使得译文的语篇读起来更符合译文读者的表达习惯，而不至于让读者读起来有拗口或晦涩之处。关于中英文的语篇差异要经常在教学中提醒翻译学习者，教学中每一语篇中只要出现这种现象就需要提醒他们，久而久之，翻译学习者一定会改掉拘泥原文语篇连贯形式的习惯，从而提到自己的译文质量。

（四）语气的语境认知缺失问题及翻译教学对策

笔者发现，翻译学习者在翻译作业中对一些句子语气的认知缺乏语篇关联，只是根据句子本身的意义进行翻译，使得译文与整个语篇的

语气格格不入。在本次批改的 90 份作业中,有 72 份作业涉及因语气语境认知缺失而产生的问题,占作业总数的 80%。主要涉及 3 处语言点:

(1) "What has been happening to me?"

这句话使用拟人的手法来刻画毛皮围脖,相当口语化,而不少学习者没有联系语境,直接将之译成了"我发生了什么事",这样的汉语显得生硬。因此为了传达出原语篇的语气,应该译成"我这是怎么了?"

(2) Oh, how sweet it was to see them snap at her again from the red eiderdown!

原文使用了感叹句,以刻画布里尔小姐对毛皮围脖的欢喜之心,与上下文中布里尔小姐对毛皮围脖的"用心良苦"之情和嗔怪之意极为吻合,可有的学习者直接将这句话译成了"再一次看到两只眼睛从绒毛里向她闪烁让人感到很舒服",虽然意思传达对了,但是显然没有准确传达上下文的语气,所以笔者建议将之译为:"啊,再一次看到这两只小眼睛躲在绒毛里冲她闪烁是多么甜美呀!"

(3) Little rogue!

如上文所述,本篇作业是对布里尔小姐的一段心理描写,刻画出布里尔小姐的孤独感。所以她对毛皮围脖所说的话就如同对相依为命的宠物所言,带着欢喜而嗔怪的语气,而有的学习者将 Littlerouge 按词典意义直接译成了"小流氓"或"小无赖",显然不合乎原文的语气。正确的译法应该传达出布里尔小姐的心理状态,所以不妨根据语境改译成"小调皮"或"小淘气",这样才能传达出原文的语气。

每一种文体都有自己的表达语气,每一篇文章也有自己所表达的语气,小到每一个句子也会表现出一定的语气,句子的语气又依赖于整个故事情节和整个语篇。王佐良先生就特别强调全文语气在翻译中的重要性,他说:

> 通常人们太多注意细节,不够注意整体。然而一首诗或一个故事有它自己的统一性。如果译者掌握了整个作品的意境、气氛或效

第九章　翻译教学的微观透视——语言、文化及语篇与翻译教学

果,他有时会发现某些细节并不能促成总的效果,他就可以根据译文语言的特点作些变通。①

上述三句话的翻译中,如果根据整个语篇的语气进行把握,根据汉语语言特点进行变通,就可以传达出原文的语气,从而传达出原文的文学色彩。因此,在翻译教学中,应该教会学习者如何根据语篇语境体会原文的语气,同时告诉这些学习者,翻译不仅在于忠实地传达原文的意思,还应传达原文的风格和语气,要认真思考原文的某种语气跟整个语篇的关联,思考这种语气在译文里应该如何体现。

综上所述,可以看出,对语篇的语境认知程度对翻译的好与坏产生重要的影响。无论是选词,还是动词形态、句式和语篇的连贯以及语气的传达,都依赖于译者对整个语篇的认知和把握。虽然语篇是由句子组成的,而且句子内部会形成一定的语义关系,但语义关系"会'映射'到语篇中去,形成内涵结构。②因此,在翻译语篇时,应该考虑到语篇内部的关联性,认识到语篇之中包含的各种功能关系③,从而正确地把语篇转化为另一种语言。本部分以一篇短文的翻译作业为例,从关联理论的角度对翻译教学中语篇语境认知进行了实证研究与分析,并提出相应的教学策略,希望对提高翻译教学有所帮助。另外,本部分所涉及作业的参考译文如下:

湛蓝的天空抹上了金色,阳光斑斑驳驳,犹如白葡萄酒洒满公园。尽管阳光如此明媚,天气如此晴好,布里尔小姐还是很庆幸自己决定戴上了毛皮围脖。一丝风都没有,但张开嘴会感到一丝淡淡的寒意,如同抿一口冰水前杯子里升起的凉气。不时有一片叶子飘落,不知来自何方,或许来自天上。布里尔小姐抬手摸摸毛皮围脖,

---

① 王佐良:《翻译:思考与试笔》,北京:外语教学与研究出版社1989年版,第74页。
② 熊学亮:《认知语用学概论》,上海:上海外语教育出版社1999年版,第152页。
③ 熊学亮:《认知语用学概论》,上海:上海外语教育出版社1999年版,第152—153页。

可爱的小东西,再次触摸它感觉真好!她那天下午将毛皮围脖从盒子里取出,抖掉了防蛀粉,好好地梳理了一番,将那双暗淡的小眼睛擦得又恢复了生气。"我这是怎么了?"忧伤的小眼睛仿佛在问。啊,再次看到这双眼睛冲自己闪着是多么甜美啊!不过,那鼻子,那黑色物质做成的鼻子,却一点都不结实了,一定不知怎么撞了一下。没关系,到时候涂点黑蜂蜡,到万不得已的时候。小淘气!是啊,布里尔小姐真的感觉毛皮围脖就是一个小淘气,这个小淘气就在她左耳边咬住了自己的尾巴。布里尔小姐本可以将毛皮围脖取下放在膝上抚摸一番,这时感到手和胳膊一阵刺痛,一定是走路的缘故,她想。布里尔小姐一呼吸,一种淡淡的忧伤——不,确切地说,不是忧伤——而是一种柔情在胸中涌动。

第十章 专门用途英语（ESP）翻译教学[①]

专门用途英语（English for Specific Purposes，简称 ESP）出现于 20 世纪 60 年代末。当时，随着经济、科技的发展，对英语学习的需求日益多样化，语言学领域和教学心理学也迅速发展，专门用途英语便应运而生。所谓专门用途英语，是指与某种职业、某种学科、某种目的相关的英语，与学习者的兴趣和学习目的密切相关。随着我国经济的迅猛发展和国际地位的日益提升，社会上对英语人才的需求日益增多，而且对英语毕业生应用语言能力的需求也日益多样化，这也促使大学英语教学不再仅局限于基础语言技能的培养，而是在基础技能培养的基础上加大了各种专业知识的渗透，也就是说，专门用途英语教学已经成为大学英语教育不可忽视的一个方面，法律英语、商务英语、旅游英语等专门用途英语课程已成为很多大学英语课程表上不可或缺的一部分。

作为一种重要的语言应用技能，翻译一直是大学英语专业高年级学生必修的一门课程，翻译实践也是英语专业学生毕业走上工作岗位后经常运用的语言技能。由于这些毕业生选择的职业和工作领域不尽相同，所以对他们进行各种内容和文体的翻译训练也应该成为翻译课的主要教学内容之一。另外，其他专业的学生走上工作岗位后难免也会从事一些有关其专业领域的翻译，所以针对这些专业的学生开设专业

[①] 本章内容已发表在《中国 ESP 研究》2010 年第 1 期，第 161—166 页，题目为"对 ESP 翻译教学几个重要问题的思考"。此处略有改动。

对口的翻译课也是必需的,是时代发展的迫切要求。这样的翻译教学理应属于 ESP 翻译教学。不少学校已经开设或正要开设 ESP 翻译课程(比如,北京外国语大学国际商学院学生在三年级的第一学期学习普通翻译,第二学期则学习商务翻译),市场上也出现了很多有关法律翻译、商务翻译、旅游翻译的教材和著作,但有关 ESP 翻译教学的研究尚处于初始阶段。本章拟从 ESP 翻译教学与普通翻译教学的关系、ESP 翻译的教学原则、教学内容、教师素质等几个重要方面对 ESP 翻译教学做一些初步探讨,以期对 ESP 翻译教学实践提供一定的指导意义,对 ESP 翻译教学的进一步研究发挥抛砖引玉之作用。

一、 ESP 翻译教学与普通翻译教学的关系

教育部高等院校英语专业教学大纲(1999)对翻译这门课程八级水平的要求是:能运用翻译的理论和技巧,将英美报刊上的文章以及文学原著译成汉语,或将我国报刊、杂志上的文章和一般文学作品译成英语,速度为每小时 250—300 个英文单词。译文要求忠实原意,语言流畅。当然,达到这一程度的前提是"了解翻译基础理论和英、汉两种语言的异同,并掌握常用的翻译技巧。"这可以说是英语专业普通翻译的教学要求。也就是说,普通翻译教学要求学习者在掌握一定的翻译理论和英汉对比知识的基础上,掌握常用的翻译技巧,利用这些技巧翻译报纸或杂志上的文章和一般文学作品。教学大纲同时还指出,随着社会主义市场经济的发展,我国除了需要外国语言文学学科领域的研究人员和教学人员外,还需要大量的外语与其他有关学科(如外交、经贸、新闻、法律)结合的复合型外语人才。由此可见,翻译课的教学不应该只停留在上述报纸、杂志文章和一般文学作品的翻译,还应该将其他学科的知识和文体纳入翻译教学,即在翻译教学中针对不同学习者的需求分别加入商务、法律、科技、新闻、外交等文体知识和文体翻译,这便是 ESP 翻译教学的内容。

第十章 专门用途英语（ESP）翻译教学

当然，正如基础英语教学是 ESP 教学的必备条件[①]一样，普通翻译是 ESP 翻译教学的基础阶段，是 ESP 翻译教学的必备条件，而 ESP 翻译又是普通翻译的深入和拓展，是社会和时代发展的需要。如果没有普通翻译教学中英汉对比和翻译技巧做基础，学习者在 ESP 翻译阶段势必会感到语言操作上比较吃力。试想如果没有掌握对等词的选择、增译、省译、词性转化、长句的处理等翻译技巧，学习者在处理具体篇章时该如何保证译文的忠实与通顺？所以，ESP 翻译教学必须在普通翻译教学的基础上进行，即进行 ESP 翻译教学前必须进行普通翻译教学。比如笔者在给北京外国语大学国际商学院三年级（经济管理学和英语语言文学双学位学生）讲授笔译时既考虑到普通翻译的教学又根据学习者的专业需要融入商务翻译教学。在一年的教学任务分配上，笔者将第一学期定为普通翻译教学，主要讲授中国翻译简史、英汉语言与文化对比和翻译技巧以及各种文体的翻译，其目的在于使学习者的翻译水平达到全国教学大纲的要求，同时为进一步翻译打下良好的语言基础；第二学期的教学内容与学习者的专业相联系，所以定为商务文体翻译教学，主要讲授各种商务文体的有关知识（包括文体功能、文体特点）及相应的翻译策略和翻译原则，其目的在于使翻译教学与学习者本身所学的商务课程相关联，考虑到学习者未来工作的需求，为学习者毕业后从事商务翻译打下坚实的基础，这正如哈金森（Hutchinson）和沃特斯（Waters）所言："所有的课程都应该以某种设想的需求为基础。"[②]而商务翻译教学阶段又离不开普通翻译教学阶段，因为学习者只有在掌握了英汉差别的知识和基于这些英汉差别的技巧以后才能从事商务文体翻译。

总而言之，普通翻译教学是 ESP 翻译的基础和必经阶段，是对英语专业学生的必然要求，ESP 翻译教学又是普通翻译教学的必然发展趋

[①] 刘法公：《论基础英语与专门用途英语的教学关系》，载《外语与外语教学》2003 年第 1 期，第 31 页。

[②] Hutchinson & Waters, *English for Specific Purposes*, Shanghai: Shanghai Foreign Language Education Press, 2002, p.53.

势,是普通翻译教学的延伸,是经济发展和时代进步的必然结果和必然要求。同时,在 ESP 翻译教学中还能有效地巩固普通翻译教学阶段教授的翻译技巧。

二、翻译教学的原则

任何教学离不开一定的教学原则作指导,否则教学实践就显得无章可循。关于 ESP 翻译教学的原则,可以归纳为以下几个方面:

首先是在教学中做到专业需求分析和学习者的需求分析相结合。所谓专业需求就是不同行业对翻译的需求,譬如法律行业、商务行业、管理行业等对翻译的需求如何,需要何种翻译人才,对翻译人才能力的预期是什么等。所谓学习者的需求则是不同专业的学习者对翻译的需求,譬如法律专业、外交专业、国际政治专业、商务专业、管理专业的学习者等对翻译的需求如何,这些学习者以后想从事何种工作,需要哪一领域的翻译技能等等。对于需求分析(needs analysis),哈金森和沃特斯认为,既要弄清形势要求所决定的必要性,还需要弄清学习者已经学到了什么,没有学到什么,同时还要搞清楚学习者本身需要什么。[①] 因此,需求分析是一个综合的分析。作为 ESP 课程中的高级应用技能课,翻译课更要注重这些需求分析,关注社会上各专业领域最需要何种翻译人才,关注学习者已经学会了专业领域的哪些知识,没有掌握哪些知识,他们最需要的 ESP 翻译技能是什么。这样才能将社会需求、学习者学过的专业知识和翻译课要教授的重点有机地结合起来。比如,法律英语翻译课在开课之前,就要搞清楚法律界最缺乏哪种翻译人才,学习者是否还需要在翻译课上进一步掌握一些法律术语和文体知识,然后教师就可以有的放矢地进行课程设计和教学实践,使得翻译技巧与专业知识和专业文体知识有机地结合起来,提高学习者的法律翻译水平。

---

① Hutchinson & Waters, *English for Specific Purposes*, Shanghai: Shanghai Foreign Language Education Press, 2002, pp.55-56.

其次是重视学习者的自主学习，以学习者为中心。联合国教科文组织1998年的世界高等教育大会宣言指出：在当今日新月异的世界，高等教育显然需要以学生为中心的新视角和新模式。众所周知，任何学习都是一个动态过程，是学习者在教师的指导下综合运用各种学习方法掌握所学知识和技能的过程。翻译本身就是一门实践性很强的课程，更需要学生的积极参与。由于ESP翻译的目的就在于使学习者走向工作岗位后能熟练地翻译有关的实用文体，所以翻译教学以学习者为中心是极为重要的原则。具体说来，可以让学习者查阅有关的文体常识、熟记相关专业的常用术语、完成相应的篇章翻译实践、讨论译文的好坏等。通过以学习者为中心，可以调动他们自主学习、创新学习的积极性，同时巩固学习者的ESP翻译能力，真正实现ESP翻译教学的目的。

最后则是教学内容具有针对性和时效性。"真实性(authenticity)是ESP教学的灵魂。"[①]由于ESP翻译是针对某一专业或某一目的而开设的，是为经济社会的发展培养翻译人才，所以ESP翻译教学的内容必须具有一定的针对性和实效性，针对性即针对某一专业或某一目的的需要，实效性即紧跟时代特点，保持教学材料和内容的与时俱进。具体说来，针对法律英语专业学习者的翻译教学内容应更多地涉及法律内容和法律题材，针对商务英语专业学习者的翻译教学内容应更多地涉及商务文体，针对科技英语专业学习者的翻译教学内容应更多地涉及科技题材。同时由于这些材料随着专业的发展和时代的发展而变化，所以要选取紧跟时代的一些文本作为练习的材料，还要注意各种文体是否随着时间的推移而发生了变化。因此，教师在选择教学材料时应该注意以上两点，所以大多数情况下需要教师自己收集很多的当时当下有针对性的材料，比如教师的翻译实践材料、最新期刊文章等，而不是拘泥于一本教材，以保证教学的针对性和时效性。

---

① 王友良：《专门用途英语(ESP)研究综述》，载《中南林业科技大学学报（社会科学版）》2008年第11期，第110页。

三、ESP 翻译教学的内容

ESP 翻译教学首先是翻译教学，所以 ESP 翻译教学应该包括上述普通翻译教学的内容，同时由于 ESP 是专业方向比较明确的教学，所以应该具备自己独特的内容。具体说来，ESP 翻译教学的内容可包括以下内容：

一般翻译技巧。一般翻译技巧是任何翻译课必须涵盖的内容，主要是根据英汉对比总结归纳出翻译技巧，譬如选词、增译和省译、词性转译、语态转译、长句翻译、正反转化等，从而使学习者在自己的翻译实践中更好地运用这些技巧。关于这一内容，在讲授过程中，教师可以适当选取相关领域（如法律、商务、科技等）的句子，将翻译技巧融入专门领域当中，既可以帮助学习者掌握一般的翻译技巧，又可以增加学习者的专业知识，可谓一举两得。比如在讲解词性转化这一技巧时，如果相联系商务文体，可以加入商务语篇的例子：

1) The *arrival* of non-French companies in France and the *loss* of considerable market share to foreign companies that do provide superior service is the major reason for this turnaround in opinion.（一些外国公司进入法国，相当一部分市场份额流失到一些确实能提供优质服务的外国公司，成为这种观念转变的主要原因。）

2) *Reliability, security* and customer *proximity* is included in the philosophy of PostBus Switzerland.（瑞士邮政巴士旅游局的经营理念是安全可靠、亲近顾客。）

3) It is a body for the *representation and promotion* of the sector's interest in the economic, commercial and technological field.（公司代表并促进该部门在经济、商业和技术等领域的利益。）

4) Any failure or delay in the performance by either party hereto of its obligations under this Agreement shall not constitute a breach hereof or give

rise to any claims for damages if and to the extent that it is caused by occurrence beyond the control of the party affected.(若因不可抗力使得本协议任何一方不能履行本协议规定的义务或需要延期履行本协议规定的义务,则不构成违约,亦不引起任何损失索赔。)

5)多年来,美国对华采取歧视性出口管制政策,限制了美国对华出口,使美国公司失去进入中国市场的许多机会。(For years, *the discriminatory export control* by the United States has limited its export to China and thus some American companies have lost many opportunities to access to the Chinese market.)

6)合营企业如发生严重亏损、一方不履行合同和章程规定的义务、不可抗力等,经合营各方协商同意,报请审查批准机关批准,并向国家工商管理部门登记,可终止合同。(In the event of *heavy losses* of the joint venture, *failure* of a party to perform its obligations under the contract and the articles of association, or force majeure, the contract can be terminated upon the *agreement* between the parties, the *approval* by the examining and approving authorities and the *registration* with the competent industrial and commercial authorities.)

相应的文体知识和翻译策略。由于ESP翻译的专业性较强,而且学习者走出校门一般都要从事与其专业相关的篇章翻译,所以相关领域的文体知识显得非常重要。所谓文体知识,就是指相关文体的不同功能、写作格式、用词特点、句式特点、语法特点等。譬如,商务合同的功能主要在于提供信息,其写作格式比较正式,用词严谨、庄重、规范,句式比较复杂,多使用情态动词shall表示义务等。只有把握了这些文体特点,尤其是比较中英两种语言在这些文体知识方面存在的一些差别,才能够根据这些差别总结出一定的翻译策略,从而使这些翻译策略成为规律性的东西,在以后的翻译实践中加以应用。而且,掌握了相关的文体知识和文体特点还有助于学习者以后在工作中能够独立用英语或汉语起草相应的篇章。所以,文体知识对提高翻译学习者的综合技能有着非常重要的作用。

相应文体的翻译原则归纳。除一般翻译技巧和相关文体特点以及翻译策略外，ESP 翻译教学还应总结相关文体的翻译原则。翻译原则相对翻译策略来说更为宏观，也就是要让学习者认识到，除通用的"忠实、通顺"这一翻译标准外，由于不同领域的文体具有不同的特点和功能，所以翻译的原则应该根据其相应的文体特点和功能具体化，从而更好地指导自己的翻译实践，而且翻译完成后还要根据这些原则对译文进行检查和修正，以取得良好的翻译效果。譬如，商务广告语的翻译要遵循"简洁而富创意、通俗中透着美感、受众文化认同"等原则[1]，商务信函的翻译则要做到"把握格式、用词恰当、句法规范、注意细节、语气贴切。"[2]

简言之，一般翻译技巧是做好 ESP 翻译的基础，相关的文体知识和翻译策略是 ESP 翻译的内核，而相应文体的翻译原则则是 ESP 翻译的指导纲领，这三者缺一不可，可以视为 ESP 翻译教学的主要内容。

四、ESP 翻译教师的素质

我国目前的一些 ESP 教师主要由两类组成，一类是在英语语言文学专业毕业的、在外语系从事普通英语（General English）教学的英语教师，一类是英语专业以外其他专业毕业的、具有较高英语水平的教师。前一类一类教师具有扎实的语言基础知识和丰富的语言教学经验，但往往对所教授对象的专业领域缺乏足够的了解，在教学中往往偏重语言分析；后一类可谓某一专业的行家，又缺乏语言的系统训练，在教学中往往侧重于专业术语和专业知识。那么 ESP 教师应该集这两类教师之所长，既能帮助学习者掌握语言知识，提高其语言技能，又能准确地教授专业知识和专业内容。那么，ESP 翻译教师到底应该是什么样的教

---

[1] 彭萍：《实用商务文体翻译（英汉双向）》，北京：中央编译出版社 2008 年版，第 155—159 页。

[2] 彭萍：《实用商务文体翻译（英汉双向）》，北京：中央编译出版社 2008 年版，第 204—210 页。

师？针对这个问题，高战荣指出：

> ESP 教师首先是语言教师，应该具备外语教师的语言教学素质；其次是专业教师，应该具备专业课教师的专业知识素质，两者相结合才会造就出 ESP 教师，才能胜任 ESP 的教学任务。因此作为 ESP 教师，最基本的要求就是具有良好的英语语言能力，较强的教学能力和必要的相关专业知识。①

那么，ESP 翻译教学作为 ESP 翻教学的一个分支，其教师的素质也非常重要。具体说来，笔者认为 ESP 翻译教师应该具备以下素质：

首先是扎实的语言基本功和翻译基本功。ESP 翻译教师应该首先定位为语言教师，因为翻译毕竟是两种语言之间的转换，对两种语言的熟练程度要求很高，尤其是对外语的要求很高。这一点和 ESP 内容课不同，因为内容课更注重专业知识的传授而非技能的传授。除语言基本功外，ESP 翻译教师要求有很强的翻译基本功，对翻译策略、英汉两种语言之间的差别等了熟于心，这样才能引导学习者掌握英汉互译技巧从而正确地进行翻译操作。

其次是了解相关领域的知识、发展动态以及不同应用文体的特点。由于 ESP 翻译会涉及一定的专业领域，所以，ESP 翻译教师应该是一个善于读书、了解各方面动态的人，这样在引导学习者进行翻译实践时不至于误导学习者在相关专业方面的用词和表述方法。比如，从事商务文体翻译教学的教师应该熟悉有关的商务领域知识，如国际贸易、金融、会计、管理、人力资源、经济学等方面的知识和常用表达手段，同时要勤于看报了解各种商务领域的发展动态；从事法律翻译教学的教师应该对各种法律文书和法律常用语以及相关法律程序有一定的了解。当然，不论是商务文体翻译教师还是法律翻译教师还应该熟悉各种商务

---

① 高战荣：《ESP 教师：大学英语教师的必然转向》，载《中国科教创新导刊》总第 472 期，第 4—5 页。

文体或法律文体本身的写作特点，包括用词、句法、风格等，从而在教学过程中能引导翻译学习者用正确的表述方法再现原文的内容、风格等。

拥有一定的专门领域翻译实践经验。翻译教师一般都需要拥有一定的翻译实践经验，因为翻译是一门实践性很强的课程，如果教师没有一定的"实战"经验，那么他／她的教学就会流于纸上谈兵，遇到实质性问题也会束手无策。ESP 翻译教师更是如此，因为无论是科技领域、商务领域还是法律领域，其内容都随着社会的发展而发展，其文体也随着时间的推移而发生变化，所以如果教师不从事一定的翻译实践，势必就会跟不上时代，那么在翻译教学中的选词、文体风格方面就会产生一定的"落伍"问题。同时，进行翻译实践也可以促使教师对翻译规律进行总结归纳，更好地将这些规律用于教学实践，而且教师还可以将自己的实践材料用于课程教学，从而保证课堂教学与社会实践之间的有效"接轨"。比如，教师如果从事过商务合同的翻译，就可以将原作为教学材料，这还有助于保证材料的时效性。

具备独立的 ESP 翻译研究能力。翻译虽然是一门实践性很强的课程，但是离不开理论指导，更离不开理论研究。正如哈蒂姆（Hatim）指出，理论和实践最终是互补的，尤其是在像翻译这样的领域。[①] 关于翻译教师的理论素质，吴启金指出，从事翻译教学的人一方面要做好教学工作，另一方面要做些研究工作，要注意用新思维、新方法、新观点潜移默化地熏陶学生，使他们既打好基础，又拓宽思路，增进理解，今后走上工作岗位时具有创新能力和独到见解。[②] 这里论述的虽然是一般翻译教师应该具备的素质之一，实际上同样适用于 ESP 翻译教师。ESP 翻译教师必须善于从事翻译研究、翻译教学研究，既要熟悉国内外的翻译理论，又要掌握国内外的教学法和 ESP 的研究动向，并根据自己的翻

---

① Hatim, B., *Teaching and Researching Translation*, England: Pearson Education Limited, 2001, p.3.

② 吴启金，《翻译教学与研究前瞻》，载《中国科技翻译》1999 年第 1 期，第 27 页。

译实践和翻译教学经验总结一定的翻译规律，考察普通翻译和 ESP 翻译的联系和区别，然后将这些理论研究应用于自己的翻译实践和教学实践，更好地指导翻译教学，同时又可以在翻译教学中升华前面所述的理论。正如余光中指出，翻译专业的教师要兼有"眼高"和"手高"，前者包括学问、见解、理论，也就是说翻译教师应具有"学者之长"，后者则指能自己出手翻译，甚至拿出译绩。因此，ESP 翻译教师应该做到将 ESP 翻译理论和教学理论与翻译实践和教学实践相结合。

综上所述，作为一种高级技能课，ESP 翻译教学与普通翻译教学关系密切，后者是前者的基础，前者是后者的发展和拓展。但是在教学原则、教学内容以及师资素质上，ESP 翻译教学又有着自己的特别之处，可以说在普通翻译的基础上有了更高的要求，添加了专业内容的成分。由于篇幅有限，本部分只对以上比较宏观的几个重要问题进行了初步探讨和梳理。ESP 翻译教学研究是一个较新的领域，还有很多问题值得探讨，相信会有越来越多的同仁加入到 ESP 翻译教学研究这一行列中来。

第十一章 思考与展望
——以翻译教学的生态哲学视角为例

翻译教学研究应该成为翻译研究非常重要的组成部分，因为翻译教学是培养翻译实践人才和翻译研究人才的重要手段和阶段。翻译教学研究不能仅局限在翻译教学本身，而应该开阔视野，应该将翻译教学同其他人文学科有机地结合进行研究，从而更好地总结出翻译教学的理论，为翻译教学实践提供更为价值的理论依据和指导作用。譬如，翻译教学可以同语言学、文化学、伦理学、心理学进一步有机结合。近年来，生态哲学成为人文学科一个非常重要的视角，因此本章拟以翻译教学的生态哲学视角为例对翻译教学研究提出思考与展望。

第一节 生态哲学和生态教育学概述

生态（Eco-）一词源于古希腊词Öikos，本意指家（house）或者我们的环境，后来指一切生物的生存状态以及这些生物之间和生物与环境之间相互作用、相互联系的关系。由此诞生了生态学（Ecology），即"探讨生命体与环境之间关系的科学"[①]。但"生态学"概念的提出则是1866年，由德国生物学家海克尔（E.Haeckel）最早提出。海克尔把生态学定义为"动物对有机和无机环境的全部关系的科学"[②]。但后来

[①] 马尔腾：《人类生态学：可持续发展的基本概念》，顾朝林等译校，北京：商务印书馆2012年版，第1页。

[②] 霍凤元：《生态学知识》，上海：上海教育出版社1989年版，第3页。

第十一章 思考与展望——以翻译教学的生态哲学视角为例

这一定义得到了修订，大多数生态学家公认的生态学定义为"研究生物与其环境之间相互关系的科学。"①

生态学的历史可以说始于史前时期，其后经历了萌芽期、形成期、深化和发展期。如果说传统的生态学研究的是有机体与其生存环境的相互关系，那么进入 20 世纪 70 年代，人类对生态系统的研究又进入了一个新的阶段，出现了"人类生态学"的研究，即"人类与环境之间关系的科学"②。这是因为，20 世纪 60 年代以来，随着人类文明的发展和科学技术的进步，人类征服自然的手段日益先进，对自然的掠夺日渐严重，人类的行为乃至生活和生产导致生态出现严重失衡，最终使人类遭到了自然的惩罚，这些惩罚有的极为严酷，有的甚至是毁灭性的。而且在掠夺自然、追逐物质利益的过程中，人类的社会环境也发生了变化，导致人与人之间的关系、人与社会的关系不像以前那么和谐，社会伦理面临空前的危机。而且，人类本身的精神状态也出现了问题，因为随着工业化的发展，人俨然成为现代性大生产线中的一个环节，毫不夸张地说，人的形象被异化和扭曲，西方现当代艺术作品就表现出了这一点，例如，立体派画的人是三只眼睛；野兽派绘画在变形夸张中表现出对战争的恐惧和对未来的恐惧，仿佛一切都是丑陋的。人类越来越清楚地认识到日益恶化的生态危机和生存危机，甚至有人预言，人类所面临的最严重、最为紧迫的问题是生态危机和生存危机问题。这种生态危机和生存危机以及由此引起的社会危机唤起了不同学科的研究者对自然和社会的使命感，激发了他们关注人与自然、人与社会、人与他人、人与自身的关系，生态思考（ecologicalthinking）和生态理解（ecological understanding）成为很多学科领域普遍采纳的一种思维方式。这些生态思维方式促成了"生态哲学"的诞生。"生态哲学"是"以生态学的研究成果为基础，借助哲学概念体系和思维方法，经理性的抽象和概括而

---

① 霍凤元：《生态学知识》，上海：上海教育出版社 1989 年版，第 3 页。
② 马尔腾：《人类生态学：可持续发展的基本概念》，顾朝林等译校，北京：商务印书馆 2012 年版，第 1 页。

建构的理论体系。"①

正如黄远振、陈维振指出："生态学研究几乎涉及人类生活的方方面面，在生态保护、生态管理和生态建设的实践中发挥了重大作用，使人类社会实践符合自然生态规律，使人与自然和谐相处、协调发展，为人类谋求更大的利益。"②生态学已经渗透到各个领域，"生态"一词涉及的范畴也越来越广，人们常常用"生态"来定义许多美好的事物，如健康的、美的、和谐的等事物均可冠以"生态"修饰。"生态学"更多地注重人类与自然的研究，后来也逐渐与社会科学交叉，向社会科学渗透，生态学视角成为研究领域（尤其是人文社会科学领域）的重要视角。可以毫不夸张地说，以文学为代表的人文社会科学几乎所有的学科都出现了与生态相关联的交叉学科，如语言生态学、生态文学、媒介生态学、生态学马克思主义研究、文化生态学、生态美学、传媒生态学、生态与民族、生态心理学、生态经济学、哲学生态学、人口生态学、社会生态学等等，不一而足。这种生态哲学的研究方法与各个学科的结合与渗透为各个学科的研究提供了一种全新的思维方式和研究视角，"为人们提供了观察分析复杂多变的社会、政治、经济、教育等想象的工具，帮助人们在更广泛的范围内进行科学的思考、判断和决策，在更大程度上推动科学的发展。"③

随着生态学与各学科的相互交叉，生态视角也被引入了教育领域，出现了"教育生态学"（educational ecology）这一学科。早在1966年，英国学者阿什比（E.Ashby）就提出了"高等教育生态学"的概念，提倡运用生态学的原理和方法研究高等教育。"教育生态学概念的提出则是20世纪70年代中期。当时，美国哥伦比亚师范学院院长、著名教育

---

① 黄远振、陈维振：《中国外语教育：理解与对话——生态哲学视域》，福州：福建教育出版社2012年版，第5页。

② 黄远振、陈维振：《中国外语教育：理解与对话——生态哲学视域》，福州：福建教育出版社2012年版，第4页。

③ 黄远振、陈维振：《中国外语教育：理解与对话——生态哲学视域》，福州：福建教育出版社2012年版，第7页。

家克雷明（L. Cremin）在1976年出版的《公共教育》(*Public Education*)一书中提出，该书辟专章"面向教育生态"(Toward an Ecology of Education) 论述了教育生态学，对发展跨学科研究、开拓教育科学新领域作出了重要贡献。1977年，英国学者埃格尔斯顿（J.Eggleston）出版了《学校生态学》(*The Ecology of The School*)，提出教育生态学应该研究教育资源的分布以及个体对教育资源分布的反应，为教育生态学研究提供了新思路。1987年，美国古德莱德（J.I.Goodlad）在《学校变革的生态学》(*The Ecology of School Renewal*)一书中则首次提出"文化生态系统"的概念，"强调学校建设要从管理的角度入手，统筹各种生态因子，建立健康的生态系统，提高办学效益。"①

我国的教育生态学研究以台湾地区为早。② 1975年，方炳林在《生态环境与教育》一书中提出生态环境与教育的研究就是"教育生态的研究"，该书以社会生态、文化生态、家庭生态和学校生态为主，分别研究了各种环境因素与教育的关系。1988年，贾锐进一步具体研究了校园生态环境与教育的关系，1989年，李聪明在《教育生态学导论——教育问题的生态学思考》一书中运用生态学原理和生态系统的观点考察了教育制度、幼儿教育、国民教育、科技教育、职业教育和特殊教育等问题。我国大陆地区的教育生态学研究始于20世纪80年代初期，当时有学者开始介绍国外的教育生态学研究概况，但到80年代末之前，教育生态学一直未能引起大陆学者的广泛关注。到1988年，陈敏豪在《人类生态学——一种面向未来世界的文化》一书中专门辟出"教育与人类生态"一章，试图从人类生态学的角度来思索、探讨现代教育问题，可谓中国大陆教育生态学研究之先河。同年，吴鼎福发表了《教育生态学刍议》一文，对教育的生态环境、个体生态和群体生态、生态系统和生

---

① 邓小泉、杜成宪：《教育生态学研究二十年》，载《教育理论与实践》2009年第5期，第12页。

② 本段关于中国教育生态学研究的概况参见邓小泉、杜成宪：《教育生态学研究二十年》，载《教育理论与实践》2009年第5期，第12—13页。

态平衡等问题进行了初步探讨。1990 年,吴鼎福、诸文蔚合作出版了大陆第一部教育生态学专著《教育生态学》,标志着我国大陆的教育生态学研究正式起步,该书较为系统地探讨了教育的生态环境、生态结构、生态功能、生态基本原理、生态基本规律、行为生态、生态演替和演化、生态的检测与评估等问题。同年出版的《教育社会学》(鲁洁主编)也列出专章"生态环境与教育"。1992 年,任凯和白燕合作出版了《教育生态学》,将教育生态学的研究对象界定为教育生态系统,从而表现出与吴鼎福等人迥然不同的研究思路。1998 年,方然主编了《教育生态论纲》,主张建立"符合自然生态综合发展科学原则的教育生态系统"和"符合人类生存与发展现代模式的教育生态科学",并从区域教育、基础教育、社区教育和学前教育、师范教育、教学等角度对建立、培育和完善教育生态系统进行了分析和探讨。

21 世纪以来,教育生态学研究渐呈兴起之势,不仅有学者从宏观上论述教育与生态的关系,教育生态学的诸多观点已经被广泛运用于具体教育阶段、各种学科的教学、教学的不同环节等各个方面。概括说来,教育生态学是教育学和生态学相互渗透的结果,主要运用生态学的方法来研究教育现象及其成因,考察教育系统内部诸结构与周围环境的相互关系和相互作用及相互影响与相互适应的规律,从而不断提高教育质量。吴鼎福指出,该学科

> 依据生态学原理,特别是生态系统、自然平衡、协调进化等原理,研究各种教育现象与成因,进而掌握并指导教育发展的趋势和方向,从宏观上探究教育在整个生态系统中的地位,以及各种生态因素对教育目标的确定、教育制度的建立的作用和影响;从微观上阐明德育、智育、体育、美育和劳动技术教育发展的环境因素,学校的生态性质,以及生态教育在教育中的作用等,并从生态环境对教育的制约上,确定教育应有的对策。一句话,教育生态学是研究教育与整体的生态环境(社会的、精神的、自然的)之间相互关系

第十一章 思考与展望——以翻译教学的生态哲学视角为例

的科学。①

由此可见，教育生态学可以分为宏观和微观两个角度。任凯、白燕进一步指出，宏观生态主要指教育生态的总体结构，包括层次结构（即学前、初等、中等、高等教育）、管理结构（即中央到地方的各级教育行政部门）、类型结构（即普通和成人教育等）、专业结构（即中、高等教育中的专业设置）和地区分布结构（即学校的分布）。②微观生态则指学校内部的组织结构、师资结构、资金结构、课程结构、专业设置、教学结构、目标结构等等，重点研究学校的内部管理，分析外部环境因素与校园生态的关系及其对教育的影响，探讨学生的学习动机、培养品德的途径，研究领导与教师、教师与学生的关系，从而提高教育的质量。③但不可否认的是，在整个教育生态系统中，上述宏观方面和微观方面一定是相互渗透、相互影响的。

顺应教育生态学的研究潮流出现了外语教育研究的生态哲学视角，比如黄远振、陈维振撰写的《中国外语教育：理解与对话——生态哲学视域》。该书认为外语教育史教育系统的子系统，同样道理从生态哲学视域研究外语教育也是教育生态学的子系统，但是该书将研究定位在了中小学外语教育，作者表示之所以定位在中小学外有教育，主要有以下四个原因：(1) 符合教育科学概念规范和语言教学研究的通例；(2) 基础教育是整个教育过程中的"重中之重"，抓好这一层教育对外语教育具有战略性意义；(3) 中小学外语教育是外语"一条龙"整体发展的瓶颈，这个关节理顺了，大学与中小学之间自然就能衔接好；(4) 尤其在新课改的过程中，出现了与课改初衷相悖的问题，解决好这些问

---

① 吴鼎福：《教育生态学刍议》，载《南京师大学报（社会科学版）》1983年第3期，第33页。
② 任凯、白燕：《教育生态学》，沈阳：辽宁教育出版社1992年版，第41页。
③ 黄远振、陈维振：《中国外语教育：理解与对话——生态哲学视域》，福州：福建教育出版社2012年版，第9页。

题,有助于外语课程改革的进程。①全书从生态哲学视域探讨了外语教育的宏观生态、外语课程的中观生态和外语课堂的微观生态以及外语教育的理解与对话、外语教师的问题与对策、外语生态的和谐与趋时。内容涉及外语教育的外部影响因素、外语教学的课程、外语教师的素质、外语课堂、外语教学评价、外语教学内容等诸多方面,涉及外部环境、教师、小学生等诸多因素,对中小学外语教学质量的提高具有重要的指导意义,同时对之后的高校外语教育也有一定的参考价值。

更值得一提的是,生态哲学理论也被运用于翻译研究和教学研究研究。如许建中的《翻译生态学》(2009)围绕翻译生态这一主题,从翻译与其生态环境之关系入手,以翻译系统为主线,以生态体系为横断面,建立起全书纵横交织的整体结构和框架,科学、客观地阐释了翻译生态学的内涵以及翻译存在的生态环境、生态结构和生态功能,全面、深入地揭示出翻译生态的基本原理和规律,阐述了翻译生态的演进、翻译行为生态及其评估标准,并提出实现翻译可持续发展应遵循的原则。早在2004年,胡庚申的《翻译适应选择论》是我国翻译生态学研究的雏形,该书认为翻译就是适应与选择;最佳翻译是译者对翻译生态环境多维度适应和适应性选择的累计结果,而译者则适者生存、发展,译文适者生存、生效。胡庚申的近作《生态翻译学:建构与诠释》可以视为《翻译适应选择论》一书的延伸,立足于翻译生态与自然生态的同构隐喻,是一种从生态视角综观翻译的研究范式。该生态翻译研究范式以生态整体主义为理念,以东方生态智慧为依归,以"适应/选择"理论为基石,系统探究翻译生态、文本生态和"翻译群落"生态及其相互作用。

以上关于生态、生态哲学、教育生态学、外语教学生态学和翻译生态学的研究为笔者探讨如何提高本科翻译教学质量打开了一扇大门。如果说生态学刚起步时研究的是一切生物的生存状态以及这些生物之间和生物与环境之间相互作用、相互联系的关系,尤其是人与自然之间

---

① 黄远振、陈维振:《中国外语教育:理解与对话——生态哲学视域》,福州:福建教育出版社2012年版,第2页。

的关系,随着生态哲学视角逐渐用来研究人文社科领域的方方面面,生态哲学的概念在不断扩展,扩展到了研究人与各种环境之间的关系,这种环境不仅仅是自然,更是人所处的群体、社会。那么,在本科翻译教学过程中如何更好地提高教学效果更依赖于翻译教学中的个体与群体以及社会的和谐关系,比如在选材上如何更好地让翻译学习者明白人与自然之间的和谐关系,翻译教学的内容如何去更好地适应社会环境,翻译课堂上学习者之间如何更好地协作,翻译教师与学习者之间如何建立一种更和谐、更融洽的关系,学习者本身的翻译职业规划以及教师自身的职业发展如何去适应社会的发展等等。对这些问题的探讨实际上也是对本科翻译教学的一种思考与展望,对提高本科翻译教学质量具有重要的意义。

第二节 翻译教学的生态哲学视角:思考与展望

一、翻译教学与自然

生态哲学之所以迅速发展就是因为全球出现了生态危机,即上世纪五六十年代以后,严重的环境污染和破坏。这种环境污染和破坏对我们整个人类都是有害的,所幸全世界都已经意识到这个问题,但这一问题又不是短时间内能够解决的,需要全世界一代又一代人的努力才能真正消除经济和技术发展带来的生态危机。本科阶段的大学生肩负着国家和社会的未来,对这些学生进行生态和环保教育具有重要的意义。

翻译教学作为本科阶段教学的重要组成部分,不仅仅应该传授翻译技巧,还应该注重提高学习者全方位的素质。其中的一点就是应该教育这些学习者如何去爱护环境,如何更好地为人类的可持续发展作出自己的贡献。因此,在翻译教学过程中应该将自然生态问题与翻译技巧有效地结合在一起。

笔者认为,翻译教学与自然生态有机的结合,其最佳方式就是翻译

实践的选材。杨立民在编写大学英语专业的精读教材时强调其涵盖的内容

> 尽量突出将成为21世纪人类面临的各种重大问题，比如战争与和平的问题，种族矛盾和文明冲突的问题。……希望通过这些教材，能激发学生对人类面临的各种问题的关切，培养他们探索答案的强烈愿望。……教材里包括能培养学生具有爱心的材料，能爱朋友，爱亲人，爱故乡，爱动物，爱自然，爱一切有生命的东西，爱人类各个伟大文明的灿烂成果，爱真善美。①

杨立民这里虽然谈及的是其主编的《现代大学英语》精读教材，但实际上在大力倡导人文通识教育的今天，为大学生开设的所有课程都应该渗透着这样的人文教育，尤其是对于英语专业本科生而言，为其所开设的所有课程都应该有一些人文的内容，包括精读、泛读、视听说、写作、口笔译、英美文学等等。本书前面已有专章探讨翻译课中的人文通识教育手段及其意义，这里不再赘述，但就自然生态而言，笔者认为要适当地选取一些关于环境和自然的材料让翻译学习者进行翻译，这样，学习者不仅复习和运用了翻译技巧，把握中英文的语篇特征，更重要的是，通过与这些材料的"密切"接触，学习者可以进一步认识到保护自然、爱护自然、保护环境的重要性。比如，翻译材料如果是有关自然环境恶化给人类带来的害处甚至是灾难的，在翻译实践中学习者不但学习和练习了翻译技巧，更重要的是经过对材料的通读意识到环境恶化的后果，潜意识中就会学会爱护环境，即杨立民前面所提到的"爱故乡，爱动物，爱自然"。具体说来，从自然生态的角度看，翻译所用材料可以是描写自然的优美散文，让学习者在翻译的过程中去体会原文所描写的美，感悟美的自然环境给人以身心愉悦之感，从而倍加爱护

---

① 杨立民：《〈现代大学英语〉中的人文关怀》，见孙有中（主编）：《英语教育与人文通识教育》，北京：外语教学与研究出版社2008年版，第166页。

第十一章 思考与展望——以翻译教学的生态哲学视角为例

环境。翻译材料也可以是关于环境恶化所带来的后果的，还可以是倡导保护自然的演讲或报告等。总之，选取有关自然和生态环境保护的素材进行翻译练习，学习者在翻译的过程中也会受到原文的感染和启发，从而学会更好地爱护环境、保护环境，为人类的可持续发展做出自己的贡献。

二、翻译教学与社会

生态哲学的发展使得"生态"这一概念不再拘泥于自然生态，而是延展到社会生态以及人与人之间的关系等。从社会生态角度讲，本科阶段的翻译教学内容应该更好地适应社会环境，适应社会的发展，翻译学习者本身的翻译职业规划以及翻译教师自身的职业发展均应该适应社会的发展。

首先，翻译教学的材料要适应社会的发展。在大多数高校，英语专业的全称是"英语语言文学"或"英语语言文化"，所以本科阶段的翻译课传统上均以文学作品为实践素材。实际上，随着经济社会的迅速发展，我们明显地看到，国家对翻译人才的需求早已不再局限于文学、文化和文艺领域，更多的需求在经济、科技、外交、外贸、法律、旅游、影视等实用材料的翻译。因此，在这一大的社会环境生态中，翻译教学的材料必须转型，不能仅选择文学、文艺材料作为翻译讲解和翻译练习的素材，而应以实用文体的材料为主培养学习者的翻译实践能力，从而使得学习者在学成之后能够迅速适应社会的需求，投身于上述实用领域的翻译。更重要的原因是在当今时代培养复合型人才是社会经济发展的呼唤。正如卢思源、吴启金指出：

> 现代科学和经济的迅速发展，使得各门学科之间相互渗透的趋势日益明显。复合型人才的需求也在急剧增长。为此,对翻译人员的要求也随之提高。要求他们既能从事口、笔译工作，又需要掌

握一定的外贸、管理和电脑应用等多方面的知识和技能。在近十几年中,复合型人才在上海和各大城市很受欢迎,无论是外资企业、中外合资企业或国营企业都是如此。①

因此翻译材料要适应时代和社会的发展,而且这样的选材也可以让学习者掌握不同领域的一些知识和词汇量,从而使得学习者能够更好地去适应自己的工作。

当然,这并不意味着翻译材料要完全去掉文学这一主题,尤其在倡导中国文化和中国文学走出去的今天,适当地选取有关中国文化、中国文学以及中国传统戏曲材料用作翻译教学的素材也是时代的需要,因为文学翻译、文化翻译和传统戏曲介绍及字幕的翻译是中国文化走出去的重要手段,亟待培养一批优秀的中译外人才。

其次,翻译学习者应该在学习的过程中考虑到如何适应社会的发展。首先,学习者应该端正学习态度,真正认识到翻译在以后实际工作中的重要性,无论在完成教师布置的作业还是课下自主学习都应该认真对待翻译,尤其是为适应当今经济社会发展,翻译学习者应该自己从事一些不同主题、不同体裁的翻译练习。另外,21世纪是高度信息化和国际化的时代,翻译学习者要不断探求新的知识,学习新的技能,树立"终生学习"的观念。翻译是一种涉及百科知识的语言转换技能,所以学习者要不断拓展知识面,理解翻译的历史和现状,掌握母语与外语之间的异同,了解不同文体的语言特点,并根据社会发展的趋势主动学习和运用各种新的翻译工作手段和配套设施。最关键的是,翻译学习者要养成认真负责的翻译态度,培养自己创造性的思考能力和表达能力。

再者,翻译又是一项非常严谨的工作和技能,涉及两种语言本身的规律,又要照顾到所译材料的文体和主题,还要根据语境选择精确的用词和表达方式等等,所以翻译学习者养成对语言要求精确、对翻译技巧熟

---

① 卢思源、吴启金:《展望21世纪的翻译教学与研究》,载《中国翻译》2000年第1期,第42页。

练、对译文不犯错误的认真工作态度以及按时完成翻译任务的良好习惯,这样才能更好地适应今天这样一个快速发展的时代。再者,翻译学习者要把翻译看做是一门艺术,从而去热爱它,去实践它,便会不知疲倦,反而觉得翻译是一件让人心旷神怡的工作,不知不觉便会发现自己已经陶醉其中。

第三,翻译教师的职业发展也要跟上时代的步伐。尤其在21世纪的今天,知识日新月异,社会对翻译人才的培养日渐多样化,所以,翻译教师要广泛阅读,特别重视多学科知识的摄入,同时要适当从事一定的翻译实践工作,将鲜活的材料带入课堂与翻译学习者分享。由于技术的发展,教学手段也在不断更新,因此,翻译教师要善于改进教学方法,了解并掌握教学技术的最新进展。正如卢思源、吴启金指出:"对于从事翻译教学的人来说,要不断地改进教学方法,要不断地用新的思维、新的理论和观点去武装自己并以之熏陶学生,使他们既打好语言和翻译基础,又拓宽思路,扩大视野,使他们在毕业后走上工作岗位时具备创新能力和变通能力。"[①]由于大学生一届届地不断更新,教师要善于了解每一届新学生的具体心理情况、知识情况、语言水平等,从而做到因材施教,有的放矢。当然,翻译教师还要注重跟随时代的脚步做好翻译研究和翻译教学研究工作,有选择地参加一些翻译学术研讨和教学研讨。尤其是在网络普及的时代,翻译教师可以与其他同行进行互动学习和彼此交流,互相教学中遇到的困难并找出解决的办法,互相分享一些翻译教学和翻译研究信息以及通过其他渠道获得的新知识、新理念、新方法,探寻翻译教师共同发展的新途径。

三、翻译教学中的自身与他人

人是生活在群体和社会之中的,所以人与他人之间的和谐关系是

[①] 卢思源、吴启金:《展望21世纪的翻译教学与研究》,载《中国翻译》2000年第1期,第42页。

社会生态良性发展的重要基础。重人伦关系的中国儒家就特别提倡人与人之间的"和谐"关系,人与人之间的"和谐"关系即指人与他人、人与群体、人与社会能够达到协调、融通的程度。从生态角度讲,

> 和是指异质因素的共处,谐指异质因素之间融通与协和,和谐由此引申出内外两层含义:一是指事物各部分完美的配合、协调和多样中的统一,各要素处在一种相互协调、相互促进的状态;二是当事物内部与外部发生关联或某事物作用于其他事物时,能引起后者产生积极的反映。从事物的本质看,和谐是美好事物的基本特征之一,它能够使事物表现出最美好的外显形态。从人的心理角度看,和谐是人通过感知在情感和理智中产生的一种积极反映,它能够在心理机制上使人愉快和满足,并唤起人们对生活的热爱。①

在教育体系中,和谐的师生关系以及和谐的同伴关系都是教育者和学习者感到身心愉悦的重要前提条件。反映在翻译教学中,一方面翻译教师和翻译学习者之间要建立和谐的师生关系,另一方面翻译教师同行之间以及翻译学习者之间都要建立同伴合作关系。

(一) 建立和谐的师生关系

教师与学习者之间的关系是学校生活中一个非常重要甚至是最重要的关系。教师对待学习者的态度、所采用的教学模式和方法、本身的为人等都对学习者产生一定的影响。而且,师生之间的互动模式会产生不同的氛围和学习者的行为方式。

首先,翻译教师和翻译学习者都要树立自己正确的职业伦理。贾馥茗认为,教师应该秉承的伦理至少有四项:一是具备"教师典范",明礼尚义;二是秉承"学而不厌,诲人不倦"的精神;三是"因材施教";四是"爱人以德"。②而学习者既然要学习,就应该向有知有能者学习,

---

① 朱智贤:《心理学大辞典》,北京:北京师范大学出版社1989年版,第265页。
② 贾馥茗:《教育伦理学》,南京:江苏教育出版社2008年版,第175页。

第十一章 思考与展望——以翻译教学的生态哲学视角为例

同时要有自己的伦理规范。贾馥茗认为，学习者的伦理规范应该是"接受规范"（即知道哪些是可以做的，哪些是不可以做的）、"持之以恒"、"亲贤隆礼"（即向老师请教，尊敬老师，知道一些礼节）、"学至成人"（即不能半途而废）。具体说来，翻译教师应该具有端正的教学态度和高度的责任感，明确翻译教学的思想和目的，认真备课，对学习者的翻译作业认真批改和反馈。①同时翻译教师还应该具备良好的专业素质，包括"扎实的语言功底、广博的知识、高超的翻译实践技能和一定的翻译经验、过硬的研究能力和一定的理论水平。"②关于翻译学习者的伦理，笔者曾经指出：

> 学习翻译的学生或翻译培训的学员是翻译人才的后备力量，其道德素养和专业修养直接关系到国家的翻译大业，所以翻译专业的学生应该认识到自己肩负的重任，努力提升自己的综合素质，争取早日为国家翻译事业的发展（包括翻译实践、翻译理论和翻译实践，甚至是翻译教学）尽一份力量。③

因此，翻译学习者应该明确自己的学习动机，端正学习态度；自觉培养和提高自己的语言能力，从而提高自己的翻译能力；广泛涉猎各种知识；培养自己查阅资料的能力；培养严谨认真的翻译态度。④

其次，翻译教师要注重自己的态度和教育方式。研究表明，和谐的师生关系对课堂气氛和学习者的发展具有重要的意义。李皮特（R. Lippit）和怀特（R.K.White）所做的实验表明，师生关系与学习者的学习行为有着密切的联系。该实验概括出四种师生关系和可能导致的学习者的学习行为，列表如下⑤：

---

① 彭萍：《翻译伦理学》，北京：中央编译出版社2013年版，第279—281页。
② 彭萍：《翻译伦理学》，北京：中央编译出版社2013年版，第281页。
③ 彭萍：《翻译伦理学》，北京：中央编译出版社2013年版，第290页。
④ 彭萍：《翻译伦理学》，北京：中央编译出版社2013年版，第287—290页。
⑤ 转引自邵瑞珍等：《教育心理学——学与教的原理》，上海：上海教育出版社1983年版，第269页。

类型	特征	学生的典型反应
强硬专断型	1．对学生时时严加监视 2．要求即刻无条件地接受一切命令——严厉的纪律 3．认为表扬可能会宠坏儿童，所以很少给予表扬 4．认为没有教师监督，学生就不可能自觉学习	1．屈服。但一开始就不喜欢、厌恶这种领导 2．推卸责任是常见的事情 3．学生易激怒，不愿合作，而且可能会在背后伤人 4．教师一离开课堂，学习就明显松垮
仁慈专断型	1．不认为自己是一个专断独行的人 2．表扬学生并关心学生 3．专断的症结在于自信 4．以我为班级一切工作的标准	1．大部分学生喜欢他，但看穿他这套方法的学生可能会恨他 2．在各方面都依赖教师——在学生身上没有多大的创造性 3．屈从，并缺乏个人的发展 4．班级工作的量可能是多的，而质也可能是好的
放任自流型	1．在和学生打交道中几乎没有什么信心，或人为学生爱怎样就怎样 2．很难作出决定 3．没有明确的目标 4．既不鼓励学生，也不反对学生；既不参加学生的活动，也不提供帮助或方法	1．不仅道德差，而且学习也差 2．学生中有许多"推卸责任"、"寻找替罪羊"、"容易激怒"的行为 3．没有合作 4．谁也不知道应该做些什么
民主型	1．和集体共同制定计划和作出决定 2．在不损害集体的情况下，很乐意给个别学生以帮助、指导 3．尽可能鼓励集体的活动 4．给予客观的表扬与批评	1．学生喜欢学习，喜欢同别人（尤其喜欢同教师）一道工作 2．学生工作的质和量都很高 3．学生互相鼓励，而且独自承担某些责任 4．不论教师在不在课堂，需要引起动机的问题很少

从上表不难看出，教师的态度直接决定了学习者的素质、学习效果

第十一章 思考与展望——以翻译教学的生态哲学视角为例

以及学习动机等各个方面。其中,"强硬专断型"和"放任自流型"都会带来严重的不良后果,"仁慈专断型"带来的后果中好的部分可能是由教师的"仁慈"决定的,但是"专断"会带来不良的后果。而"民主型"的教师可以让学习者既有团队合作的意向和态度,又能保质保量地完成一切学习任务,同时还具有高度的责任感和良好的学习动机。这样的教学态度和教育方式当然也适用于翻译教师。教师应该与翻译学习者一起探讨教学的内容,一起探讨译文的优劣,对优秀的译文进行表扬,对质量不高的译文给予鼓励,同时要让学习者进行一定的小组翻译练习,从而提高学习者的协作精神,并使学习者在共同探讨译文的过程中相互启发,从而保质保量地完成翻译任务。

第三,翻译教师和翻译学习者应该相互了解和理解。"教师的自我概念与对学生的了解、期望相组合,就产生了课堂纪律、组织和内容等,形成了特定的课堂情境。"① 同样,学习者也需要在了解自己的同时了解自己的老师。如郑金洲指出:

> 教师对学生的各种反应进行解释、评价,形成对学生经验性的了解。这种新的了解和认识,可能使教师修改他对学生的某些要求和期望,并能改变教师的自我概念。正是由于教师与学生间的这种互动,使得教师对学生的了解逐步加深,学生对教师的了解也逐步加深,双方彼此对对方作出一定的反应②

就翻译课而言,教师正式教授翻译课之前应该对学习者的中英文水平进行摸底,针对学习者对翻译课教学方法及教学材料的预期展开调查,这样便可以更好地了解自己的授课对象,从而更好地组织教学。另外,在课堂教学过程中和课下作业批改过程中要对学习者的优点和缺点进行进一步了解。当然,教师在开课之时可以对自己的整个教学计划进行

---

① 郑金洲:《教育文化学》,北京:人民教育出版社2000年版,第276页。
② 郑金洲:《教育文化学》,北京:人民教育出版社2000年版,第276—277页。

介绍,包括教学目的、教学内容、教学方法、考勤和考查方式、参考书目等,然后看学习者的反应,并根据学习者的统一意见进行修改,这样不仅可以满足学习者的需求,更能让学习者对教师有所了解。当然,教师和学习者的了解会随时间和课程的推进而进一步增强,在这一过程中教师可以不定期地找一些学习者了解他们对翻译课的反应和改进意见。同时,教师和学习者之间应该相互理解。如黄远振、陈维振指出:"教育过程中的师生关系是主体与主体间的交流与对话,对话必须以理解为基础。理解是人存在的方式,是理解者与理解对象的一种对话过程。师生之间的对话与交流必须以双向理解为导向,在互相理解和沟通中开展教学。"①因此,教师要善于去理解学习者,去爱护学习者,去尊重学习者,去接纳学习者,学习者要尊重老师,并乐于接受教师的指导和帮助,接受并适应教师的教学内容、教学方法和教学特点,乐意并认真地去完成教师布置的各项学习任务。

第四,构建和谐的课堂。课堂是教师和学习者互动的中心舞台。提高教学质量的关键就在于提高课堂教学的质量。而且,从生态角度讲,课堂上的师生之间和学习者之间的沟通与交往"是行为者经验视界之间的对话,这种对话就是课堂生态中情感信息的交换、知识信息的传递、智慧能量的流动,这些物质循环的流畅性推动着课堂生态系统的运动、变化和发展。"②因此,和谐的课堂是教学中非常重要的一环。程斯辉认为,和谐课堂具有以下特征:(1)和谐课堂是井然有序的课堂;(2)和谐课堂是师生相互理解、真诚交流的课堂;(3)和谐课堂是民主平等、公平公正的课堂;(4)和谐课堂是宽松宽容的课堂;(5)和谐课堂是充满活力的课堂;(6)和谐课堂是关系融洽、心情愉悦的课堂。除此之外,和谐课堂还应该具有感召力、凝聚力和创造力。③在翻译课上

---

① 黄远振、陈维振:《中国外语教育:理解与对话——生态哲学视域》,福州:福建教育出版社2012年版,第170页。

② 黄远振、陈维振:《中国外语教育:理解与对话——生态哲学视域》,福州:福建教育出版社2012年版,第168页。

③ 程斯辉:《教育之道》,合肥:安徽教育出版社2007年版,第198—200页。

第十一章 思考与展望——以翻译教学的生态哲学视角为例

要构建和谐的课堂,首先教师和学习者均应该意识到和谐课堂的重要性,这样教师就会积极备课,在课堂上充满活力,用知识、人格和激情去感染学习者。学校管理者要为和谐课堂创造条件,不要有过多的约束,创造宽松的环境,让教师和学生真正成为课堂的主人。① 课堂上教师和学习者应该相互宽容,避免出现冲突,教师要虚心听取学生的意见,打造课堂的物理环境,使用多种教学手段,教师本人要不懈努力,善于发现学习者的问题,对学习者的问题给出恰当的诊断和反馈等。那么在翻译课堂上,翻译教师应该首先要注意活跃课堂气氛,比如举一些翻译错误所闹的笑话;其次,翻译教学要有条不紊,每个环节都应该经过了精心准备,并与学习者形成良性互动;第三,要善于发掘翻译学习者译文的优点,同时听取学习者对翻译的意见,允许译文在忠实、通顺的基础上学习者有自己的表达法,并乐意将这些不同的译文公之于众,培养民主和谐的讨论氛围,同时对学习者的翻译错误给出恰当和及时的反馈。

(二)建立和谐的同伴合作关系

这里的"同伴"是指共同从事某种活动的人,"同伴合作"是指这些人为了同一个目的或为完成某项任务而进行的合作。在这种合作过程中,合作者能够解决共同的问题,实现共同的目标,同时在合作中各方能够互惠共赢。同伴合作这种形式在教育领域已经有着一百多年的历史。19世纪90年代,美国大学与中小学就已经开始进行教育方面的合作,到20世纪60年代,一些公立中小学成为美国一些大学推广其新课程和教学法的教师入门基地学校。到20世纪80年代,这一模式在全世界推广。当然这里指的是不同阶段的学校之间的同伴合作关系。实际上,同伴合作关系在教育界还表现为教师之间的协作以及学习者之间的协作等。在本科翻译教学阶段,和谐的同伴关系表现在翻译教师之间的和谐关系以及学习者之间的和谐关系。

---

① 程斯辉:《教育之道》,合肥:安徽教育出版社2007年版,第204页。

首先,翻译教师之间要建立和谐的同伴合作关系。翻译教师除追求自我发展外,更应该积极地与他人建立同伴合作关系,这些同伴合作关系不仅是学院内部翻译教师之间就翻译教学方法、翻译教学材料等进行合作研讨,也可以在学院内部与其他教师共享一些教学方法和教学经验。然后走出学院,在全校范围内谋求合作发展。当然,他山之石可以攻玉。在条件允许的情况下,翻译教师应该合理利用一切机会通过进修、培训、学术研讨等活动认识更多的同行,与同行进行切磋,了解本专业最新的教学理念和方法、翻译理论知识,甚至可以举办同行间的教学观摩,从而相互帮助和启发,提高专业水平和教学技能,充实自己的翻译理论知识、语言知识内涵,优化自身的知识结构,开阔教学和学术的视野。当然,还可以如前文曾述,跨学校和跨地域的翻译教师可以充分利用网络,建构沟通的平台,就翻译本身进行切磋,也可以就翻译教学的方法进行讨论和分享,甚至互相分担一下教学用所遇到的烦恼,找到问题的症结所在以及解决的办法。总之,翻译教师不能固步自封,应该勇于探求同伴合作的渠道,通过分享与分担,提高自己的专业素质和教学水平,同时通过分享与分担消除心中可能存在的教学压力,保持身心健康。

其次,翻译学习者之间要建立和谐的同伴合作关系。本科阶段的学习者虽然已经长大成人,但是依然处于青年时期,在和自己的同龄人相处时会形成一些共同的价值观和学习态度,同时也会不断地相互影响。学习者的同伴合作关系首先表现在小组活动(group work),这种"学习共同体"也是学习者互动最常见的群体形态,有助于学习者在合作中互动,在互动中竞争,在合作中解决困难、共享成功、完成既定的学习目标,建立互倚型的关系,同时能减轻学习者在学习活动中可能产生的焦虑心理,从而表现出更大的学习积极性和创造性。①关于翻译教学中学生的同伴合作形式,可以是课后或课堂分组讨论某一篇章的翻译,然

---

① 黄远振、陈维振:《中国外语教育:理解与对话——生态哲学视域》,福州:福建教育出版社2012年版,第170页。

后课堂上每一小组选派一人向全班展示译文,然后由其他小组进行评判,指出译得好的地方和不当之处,甚至可以让小组相互打分,再加上教师的打分,最后平均,便是该小组的最后得分,分别计入该小组成员的平时成绩。同伴合作还可以表现为二人之间相互评判译文,相互打分,给出评价。总之,这样的相互打分和评价可以激励学习者个体、群体之间的相互协作和竞争,使得学习者在合作和竞争中更好地提高翻译的质量,同时也让每一名学习者或小组成员"都能看到自己的作用和成绩,促进小组活动健康开展"①,提高每一位学习者的翻译水平。在有条件的情况下,还可以通过翻译的社会实践让学习者从事小组合作翻译,这样可以将课堂所学联系社会实践,更好地调动学习者的积极性。

四、翻译教学中的自身发展

(一)翻译教师自身的发展

教师的责任在于"传道、授业、解惑",并不仅仅在于向学习者灌输知识。教师的心态、职业素质(包括人品和专业素养)等对学习者会产生深刻的影响。所以,教师应该注重自己的自身发展。在倡导生态观念的今天,教师更应该思考如何才能实现真正的自我发展,比如树立正确的人生观和价值观、培养"海纳百川"的胸怀、发展个人的兴趣、跟上时代的发展、注重与同行及同事之间的关系以及建立良好的师生关系、不断提高自己的业务水平等等方面。对翻译教师而言,其自身发展既要借鉴所有教师自身发展的方法,又要注重与自己的专业相关联的特殊手段。具体如下:

从生态哲学的视角看,翻译教师首先要成为生命型教师。冯建军认为,教师应该从知识型教师转化为生命型教师。这是因为:

---

① 黄远振、陈维振:《中国外语教育:理解与对话——生态哲学视域》,福州:福建教育出版社2012年版,第173页。

生命型的教师是对本真教育的回应。本真的教育是生命间的对话,并非知识的堆集。教师不是学生知识的最大供应者,学生也不是装载知识的容器。教育是生命间的活动,是用一个智慧生命开启许多智慧的生命,用一个心灵唤醒许多心灵,用一种人格去影响另一种人格,用一种热情去温暖许多生命。所以,教师的角色必须跳出和超越传统的知识传递者的角色,而认识到教师的职责不在于"教书",而在于创造新的精神生命。①

这里所倡导的"生命型教师"无疑具有生态学的色彩,即让教师回归到尊重本源,那就是尊重生命。一位生命型的教师,首先应该是关爱和珍视自己的生命的教师,以积极的心态活出生命的风采和意义,然后再去推己及人,去关爱学习者,激扬学习者的生命,让学习者充满潜力和自信;一位生命型的教师要把教育当做事业,而非生存的手段,因为只有将教学和教育当做自己事业的教师才能对自己的工作充满无限的敬意和热爱,才能把学习者的成长当作自己快乐的源泉之一,在教学中体验人生、体验收获的乐趣;一位生命型的教师应该是富有人文关怀的教师。教师应该是有感情的,对学习者要充满爱,教育正是有了爱的滋润,才会有教师和学习者之间的相互尊重、相互理解、相互宽容;一位生命型的教师必须是充满活力的教师,因为充满活动意味着生命的灵动,才能让课堂焕发出生命的活力,才能去激发学习者的活力;一位生命型的教师还应该是充满智慧和创造力的教师,这里的智慧包括专业智慧和教育智慧,这样的教师懂得要去探寻,去追求,去创造;一位生命型的教师要追求持续的职业发展,将自己的发展看做是自觉的意识,是一种主体的追求。②

第二,翻译教师要适应环境和社会的发展。翻译教师的生存环境不

---

① 冯建军:《教育的人学视野》,合肥:安徽教育出版社2008年版,第310页。
② 参见冯建军:《教育的人学视野》,合肥:安徽教育出版社2008年版,第311—313页。

是真空，因此要懂得与自己的教师同伴建立和谐的伙伴关系，从生活、工作两个方面和同事进行沟通，从而使自己和他人生活得更加幸福，使自己和他人的业务进一步得到改进。翻译教师尤其应该建立翻译教学小组，对翻译材料、翻译技巧、翻译教学技能进行研讨，互相取长补短。近年来，教育界提倡校本研修，即"为了满足学校和教师的发展目标和需求，由学校发起组织，以学校为重要研究基地，以教师为活动主体，学用结合的一种研修活动。"[①]这种研修对改变教师的知识结构、转变教育观念、改变教学行为、培养专业能力等具有重要作用，其方式可以使校内研讨、校外学习、请专家和校外有经验的教师到校内讲学、上课、介绍经验等，包括教师个人的自我反思、教师集体的同伴互助、专业研究人员的专业引领三个层面，要充分发挥学校管理者、教师的作用，同时充分利用学校各种软硬件设施，做到理论与实践相结合，学以致用，学用互促。[②]更重要的是，翻译教师应该与时俱进，包括不断提升自己对社会发展的认识，随社会发展和变化不断丰富自己的教学材料和翻译实践经验，从而能够将最新的材料和实践模式带入课堂。同时，翻译教师还应该了解与翻译理论和翻译实践相关的最新研究情况，选择适当的理论提升自己的翻译水平、翻译研究水平和翻译教学水平。翻译是一门与多种学科发生联系的学科，所以翻译教师还应该多了解语言学、文体学、文学等多个领域的最新进展，将相关的知识融会到自己的知识体系中去，帮助提高自己的业务水平。同时，翻译教学作为教育的一种，教师因此也要关注教育学、教育心理学等的最近发展成果，看是否能够运用到自己的教学当中去。

第三，教师本人的年龄不断增大，教的学生与自己的年龄差距越来越大，教师应该学会去了解这些学习者，了解与自己可能隔了很多"代沟"的年轻学子。首先要关心这些学习者的心理状态，并培养自己宽广

---

① 徐世贵：《教师自主成长：基于名师成长案例的分析》，北京：外语教学与研究出版社2008年版，第212页。

② 徐世贵：《教师自主成长：基于名师成长案例的分析》，北京：外语教学与研究出版社2008年版，第212页。

的胸怀。尤其是面对与自己的年龄差距越来越大的学习者，教师一定要避免与之发生正面冲突，学会宽容与忍耐，只有这样，教师才能在与学习者的交往和互动过程中建立宽松、和谐的氛围，使自己和学习者均能保持良好的情绪状态，更好地促进教学。其次教师要试图理解学习者。本科阶段的学习者虽然已经成年，但是毕竟才刚刚成年，他们也存在一定的困惑和对周围环境的不安全感，教师对他们的支持和良好的意见非常重要。因此，应如英国冯塔纳指出，教师应该理解和同情他们，对他们偶尔的过失和奇怪的行为有足够的耐心，激励他们对所学课程产生兴趣并积极参与，给他们提供明确一致和合理的指导，从而使他们的行为能使用成年人的世界和长远的生活目标，关于教学要坚持能以最大发挥学生的能力为目标。[①]这样，在教学过程中，教师就会自然而然地贯彻教学非常重要的法则——以学习者为主体。严元章指出："简单说来，就是'学生主体'与'教师客体'。这样的主体与客体的新排位，是教育关系上妥当而又自然的新组合，构成无可动摇的教育规律。大体上所有的教育工作，越是违背'学生主体'这个规律，教育效果便会越低；越是依照'学生主体'这个规律，教育效果便会越高。"[②]当今的教师也应该像孔子当年一样，照顾、关心学习者，接近、接触学习者，善于解答学习者的问题，同时还随时随地提点学习者学习。就是在这种民主的师生关系中养成了好的学风以及师生之间深厚的感情。当然，更重要的是，翻译教师应通过翻译让学习者懂得语言的美，尤其是让学习者明白我们的母语汉语是世界上音形义结合得最为完美的文字，了解语言背后的文化，从而帮助学习者丰富自己的文化、文字素养，通过翻译还可以引导学生树立正确的世界观、人生观和价值观，培养学习者的爱国热情。当然作为专业教师，翻译教师还应该担当起调动学习者学习翻译动机的角色。特别是从人本主义理论的角度看，要关注学习者个体

---

① 冯塔纳：《教师心理学》，王新超译，北京：北京大学出版社 2000 年版，第 322—323 页。

② 严元章：《中国教育思想源流》，北京：生活·读书·新知三联书店 1993 年版，第 173 页。

对内在需要的知觉和自我实现的驱动力。换言之，

> 从人本主义的动机观出发，教师在课堂教学中应该意识到，在某种程度上学生缺乏动机是因为一些低级需要未得到充分满足，而这些因素可能成为学习和自我实现的主要障碍。此外，教师还应重视人的内在价值和内在潜能，认识到人具有发挥自己潜能的高级需要，从而激发学生的高级动机。①

翻译对中外文化交流和当今国家和社会的发展均起着非常重要的作用，但在当今这一功利主义盛行的时代，翻译教师会发现有些学习者认为翻译不像某些学科（如商科）那样能够赚大钱或出人头地，这时在这样一种社会环境和社会风气盛行的情况下，翻译教师更应该用历史来教育学习者翻译能够如何潜移默化地影响着人们的思想和社会变化，比如给学习者讲著名翻译家严复、杨宪益和戴乃迭等人的翻译在中外文化交流史上的作用，让学习者意识到做好翻译依然可以为国家做出贡献，依然能够实现个人的人生价值，从而激发他们的高级动机。

第四，最重要的是翻译教师本人要强化自主成长，因为毕竟，内在的动力和愿望才是教师自我发展的关键。所谓自主成长，"是指教师个人自觉地根据内在成长需要和动力，结合个人生活实际，通过自我规划、自主学习、自我评价和调适，以实施自我专业发展和自我更新为目的地的学习活动。"②由于自主成长的动力来自教师个人的内需，而且其学习方式和整个过程完全由自己控制，完全融入自己个体的生命和生活当中，与个人的兴趣、信念、爱好、习惯等紧密结合，这样的自主成长完全尊重了教师个人的内在，体现了教师内在的和谐。因此，翻译教师要注重自己的自主成长，将自己对翻译理论、翻译实践和翻译教学

---

① 吴庆麟（主编）：《教育心理学：献给教师的书》，上海：华东师范大学出版社2003年版，第305页。

② 徐世贵：《教师自主成长：基于名师成长案例的分析》，北京：外语教学与研究出版社2008年版，第6页。

的学习与自己的信念、兴趣、习惯有效地结合,这样便可以做到身心愉悦,同时提高自己教学的成就感和职业的满足感。

(二) 学习者自身的发展

从生态哲学角度讲,本科阶段的学习者刚刚经历了青春期,应该学会用更成熟的眼光看待周围的世界,更好地学会与他人相处,包括与同学和老师的相处。在翻译课方面,学习者自身的发展主要包括以下几个方面:

首先,学习者应该学会建立良好的同伴关系。随着社会和技术的进步,个体越来越与周围的人们发生联系,人生活在团体之中,因此学习者应该学会与自己的同学进行友好相处,并学会与同学合作,树立和培养团队意识和合作精神。就翻译课而言,学习者个体要学会与自己的同桌、小组成员共同完成某一翻译实践作业,因为在未来的职业生涯中,这些学习者很可能会遇到与他人合作进行翻译的机会,因此学习者在学习阶段与他人进行"工作坊"式的翻译是不可或缺的学习手段。在这一过程中,学习者个体要明白自己的分工,就某些词汇进行统一,同时就翻译中遇到的问题进行探讨,就翻译实践的成果共同打磨,在这一过程中一方面要锻炼与他人相处和合作的能力,同时还能对他人的译文进行客观评价,学习别人翻译中可取的地方,检验自己是否也出现和其他人类似的翻译问题,由此更好地提高自己的翻译水平。

其次,学习者要学会与自己的翻译老师和谐相处。本科阶段的翻译老师有的年龄较大,有的比较年轻,无论对待哪一年龄段的老师,学习者首先都要对其表现出一定的尊重。"尊师"尤其是中国人一贯的传统美德。学习者对老师的尊重首先表现在课堂上与教师教学的配合,比如认真听课,积极参加讨论、回答问题,善于把握老师关于翻译技巧的要点。尤其是在当今这样一个时代,课堂上要做到这些很不容易,毕竟我们每人手头都会有智能手机,有人会忍不住"刷屏",回复短信、微信等等,这实际上就是不尊重课堂纪律、不尊重教师的表现。能真正在课堂上摆脱这些电子工具影响的学习者才算是真正做到严格的自我管

第十一章 思考与展望——以翻译教学的生态哲学视角为例

理,同时也做到了对教师教学工作的尊重。当然,不单单如前文所述,教师要爱护和理解学生,学习者也应该力图为建立良好的师生关系作出贡献。不能一味地让老师迁就自己,更不能一味地迁就老师,当老师讲授不当或自己就某一部分的译文拥有自己的看法时,应该大胆地讲出来,从而在课堂上形成良好的教学氛围和民主氛围。同时,学习者在课下遇到老师时也应该表现出对老师的尊重。在评估老师时,不要带着个人恩怨,,不能意气用事,而应该客观地对教师的教学工作作出评价。尤其是当今这一时代,教师也面临着各种压力,所以学习者要理解教师的职业难处,学会更好地与老师相处。

第三,最重要的是本科阶段的学习者要根据自己的所学做好职业规划。当今社会,竞争激烈,如果想以翻译作为自己的职业,就应该更好地提高自己的语言水平和翻译水平,积极主动地完成教师布置的各项翻译作业,认真投入关于翻译的课堂和课下讨论。如果翻译学习者准备以后专门从事某一领域的翻译工作,就需要掌握一般翻译技巧的同时,多看一些该领域的书籍,丰富自己在该领域的知识,同时除完成教师布置的翻译任务外,还应主动找些相关领域的翻译实践来做,从而为以后的专业翻译打下良好的基础。总之,"冰冻三尺非一日之寒",学习者要想在竞争日益激烈的市场上找到自己的职业位置,就必须在学业上更加付出,尽早规划自己的未来,并有的放矢地做好各种准备。

生态哲学为各个学科的研究提供了一种全新的思维方式和研究视角,成为人文社会科学领域的重要视角。以上从生态哲学的视角探讨了翻译教学与自然生态、翻译教学与社会生态、翻译教学中的个体与他人以及翻译教学中的自身发展等问题,以期为高校翻译教学、甚至是英语教学的实践和研究有所启发,从而更好地提高教学质量。而这一切都是翻译教学应该研究的内容。

总而言之,翻译教学是一项伟大的事业,不管是教学实践还是教学研究正方兴未艾,只要我们把握生态哲学的视角,协调好各方面的关系,翻译教学实践和翻译教学研究必定会取得更大的成绩!

参考文献

Angelelli, C. V. & Jacobson, H.E., *Testing and Assessment in Translation and Interpreting Studies* [M]. Amsterdam & Philadelphia: John Benjamins Publishing Company, 2009.

Beaugrande, T. de. *Factors in a Theory of Poetic Translating* [M]. Assen: Van Gorcam, 1978.

Bernardini, S. "The theory behind the practice: Translator training or translator education?"[A]. in Malmkjær, K.(ed.) *Translation in Undergraduate Degree Programmes*（本科翻译学位教育）[C]. 上海：上海外语教学出版社，2010：17—29.

Bonvillain, N. *Language, Culture, and Communication: the meaning of messages* [M]. New Jersey: Prentice-Hall, Inc., 1997: 55, 64-65, 185.

Carr, W. & Kemmis, S. *Becoming Critical: Education, Knowledge and Action Research* [M]. London: Falmer Press Ltd., 1986.

Ch'ien Chung-shu. *Fortress Besieged* [M]. trans. J. Kelly & N.K. Mao. Bloomington & London: Indiana University Press, 1979.

Cremin, L. A. *Public Education* [M]. New York: Basic Books, 1976.

Davies, M. G. "Undergraduate and postgraduate translation degrees: Aims and experience"[A]. in Malmkjæ, K.(ed.) *Translation in Undergraduate Degree Programmes*（本科翻译学位教育）[C]. 上海：上海外语教学出版社，2010：67—82.

Davis, K. *Deconstruction and Translation* [M]. Shanghai: Shanghai Foreign Language Education Press, 2004.

Dewey, J. *Moral Principles in Education* [M], Boston: Houghton Mifflin Company, 1909.

Dimitrova, B. E. "Training and educating the trainers—a key issue in translators?training?[A]. in Tianzhen, Xie (ed). *Theoretical Cons l Perspective* [C]. Shanghai: Shanghai Foreign Language Press, 2000: 402-403.

Dollerup, C. & Loddegaard, A. T*eaching Translation and Interpreting* [M], Amsterdam/ Philadelphia: John Benjamins Publishing Company, 1992.

Duranti, A. *Linguistic Anthropology* [M]. Beijing: Peking University Press &Cambridge University Press, 2002: 58, 56.

Eggleston, J. *The Ecology of the School* [M]. London: Routledge & Kegan Paul, 1977.

Ennis, R. H. "A Logical Basis for Measuring Critical Thinking Skills"[J]. *Educational Leadership*, 1989 (4): 4-10.

Ennis, R. "A concept of critical thinking"[J]. *Harvard Educational Review*, 1962 (1): 81-111

Firth, J. R. Speech [M]. London: Ernest Benn Limited,?1930.

Frawley, W. "Prolegomenon to a Theory of Translation"[A]. in Venuti (ed.). *The Translation Studies Reader* [C]. London and New York: Routledge, 2000: 253-255.

Garant, M. *Current Trends in Translation Teaching and Learning* [M]. Helsinki University Press, 2006.

Gentzler, E. *Contemporary Translation Theories* [M]. Routledge: London & New York, 1993.

Goodlad, J. I, *The Ecology of School Renewal* [C]. Chicago: University of Chicago Press, 1987.

参考文献

Gutt, E.A. *Translation and Relevance: Cognition and Context* [M]. Shanghai: Shanghai Foreign Language Education Press, 2004.

Gutt, E.A. *Translation and Relevance: Cognition and Context* [M]. Shanghai: Shanghai Foreign Language Education Press, 2004.

Halliday, M.A.K. & Hasan, R. *Cohesion in English* [M]. London and New York: Longman, 1976.

Hatim, B. & Mason, I. *The Translator as a Communicator* [M]. London: Routledge, 1997.

Hatim, B. & Mason, I. *Discourse and the Translator* [M], Shanghai: Shanghai Foreign Language Education Press, 2001.

Hatim, B. *Teaching and Researching Translation* [M]. England: Pearson Education Limited, 2001.

Holmes, J. "The Name and Nature of Translation Studies"[A]. in Venuti, L. (ed), *The Translation Studies Reader* [C]. London and New York: Routledge, 2000: 172-185.

Hutchinson, T. & Waters, A. *English for Specific Purposes* [M]. Shanghai: Shanghai Foreign Language Education Press, 2002.

Jakobson, R. "On Linguistic Aspects of Translation"[A]. in Venuti (ed.). *The Translation Studies Reader* [C]. London and New York: Routledge, 2000:113-118.

Johnson, K. *An Introduction to Foreign Language Learning and Teaching* [M]. Beijing: Foreign Language Teaching and Research Press, 2002.

Joyce, B. & Showers, B. *Power in Staff Development through Research in Training* [M]. Alexandria, VA: Association for Supervision and Curriculum Development, 1983.

Joyce, B. & Showers, B. "The Coaching of Teaching"[J]. *Educational Leadership*, 1983 .40(1): 4-10.

Krawutschke, P.W. *Translator and Interpreter Training and Foreign*

Language Pedagogy [M], Amsterdam: John Benjamins Publishing Company, 2008.

Krings, H. *The use of introspective data in translation*[A]. Faerch, C. & Kasper, G. (Ed.). *Introspection in Second Langage Research*[C], England: Multilingual Matters, 1987.pp.158-176.

Lado. R. *Linguistics across Cultures—Applied Linguistics for Language Teachers* [M]. USA: The University of Michigan, 1963.

Leech, G, *Semantics* [M], England: Penguin Books, 1990.

McCarthy, M. *Discourse Analysis for Language Teachers* [M]. UK: Cambridge University Press, 1991.

Nida, E.A. &Taber, C.R. *The Theoy and Practice of Translation* [M]. Leiden: E.J. Brill, 1969.

Nida, E.A. *Toward a Science of Translating* [M]. Leiden: E.J. Brill, 1964.

Quirk, R. & Greenbaum, S. A *Grammar of Contemporary English* [M]. UK: Longman Group UK Limited, 1972

Sapir. E. *Language* [M]. New York: Harcourt Brace, 1921.

Schaffner, C. Running before Walking? Designing a Translation Programme at Undergraduate Level. Schaffner, C. (Ed.)*Developing Translation Competence*. Beverly Adab. John Benjamins B. V., 2000. 147.

Snell-Hornby, M. "The Professional Translator of Tomorrow: Language specialist or All-round Expert?"[A]. in Dollerup C. & Loddegaard, A. (ed.), *Teaching Translation and Interpreting* [C]. Amsterdam/Philadelphia: John Benjamins Publishing Company, 1992: 1-22.

Sperber, D. & Wilson, D. *Relevance: Communication and Cognition* [M]. Beijing: Foreign Language Teaching and Research Press, 2001.

Stallings, J. & Mohlman, J. *School Policy, Leadership Style, Teacher Change, and Student Behavior in Eight Schools, Final Report* [M]. Washington, DC: National Institute of Education, 1981.

参考文献

Ungerer, F. & Schmid, Hans-Joerg. *An Introduction to Cognitive Linguistics* [M]. Beijing: Foreign Language Teaching and Research Press, 2001.

Wilkins, D.A. *Linguistics in Language Teaching* [M]. London: Arnold, 1972.

Wilss, W. *Know ledge and Skills in Translator Behavior* [M], Amsterdam/Philadelphia: John Benjamins Publishing Company, 1996.

Wilss, W. *The Science of Translation—Problems and Methods* [M]. Shanghai: Shanghai Foreign Language Education Press, 2001.

埃科．符号学与语言哲学 [M]．王天清译．天津：百花文艺出版社，2006．

巴尔胡达罗夫．语言与翻译 [M]．蔡毅等编译．北京：中国对外翻译出版公司，1985．

包惠南．文化语境与语言翻译 [M]．北京：中国对外翻译出版公司，2001．

鲍川运．翻译师资培训：翻译教学成功的关键 [J]．中国翻译．2009（2）：45—47．

鲍文．三种建构主义英汉互译教学模式分析与构建 [J]．沈阳农业大学学报（社会科学版）．2010（3）：207–210．

蔡毅．对比语言学·翻译理论·翻译教学[A]．王福祥．对比语言学论文集[C]．北京：外语教学与研究出版社，1992：304—309．

陈安定．英汉比较与翻译（增订版）[M]．北京：中国对外翻译出版公司，1998．

陈福康．中国译学理论史稿（修订本）[M]．上海：上海外语教育出版社，2000．

陈国崇．大学英语翻译教学存在的问题与建议[J]．广东工业大学学报（社会科学版）．2003(3)：74—76．

陈嘉映．语言哲学[M]．北京：北京大学出版社，2003．

陈敬容．浅尝甘苦话译事［A］．巴金等．当代翻译理论百家谈[C]．北京：北京大学出版社，1989：515—516．

程斯辉．教育之道[M]，合肥：安徽教育出版社，2007．

道安．摩诃钵罗若波罗密经钞序[A]．罗新璋、陈应年．翻译论集（修订本)[C]．北京：商务印书馆，2009：25—26．

邓小泉、杜成宪．教育生态学研究二十年[J]．教育理论与实践．2009（5）：11—16．

法云．翻译名义集自序[A]．罗新璋、陈应年．翻译论集（修订本)[C]．北京：商务印书馆，2009：94．

冯建军．教育的人学视野[M]．合肥：安徽教育出版社，2008．

冯塔纳．教师心理学[M]．王新超译．北京：北京大学出版社，2000．

付安权．论英语学科教师专业发展的再概念化［J］．外语界．2009（1）：23—29．

付克．中国外语教育史［M]．上海：上海外语教育出版社，1986．

傅雷．高老头重译本·序[A]．罗新璋、陈应年．翻译论集（修订本)[C]．北京：商务印书馆，2009：623—624．

傅雷．论文学翻译书[A]．罗新璋、陈应年．翻译论集（修订本)[C]．北京：商务印书馆，2009：772—773．

高等学校外语专业教学指导委员会英语组（编)．高等学校英语专业英语教学大纲[Z]．中国高校英语专业信息网，1999．

高战荣．ESP 教师：大学英语教师的必然转向[J]．中国科教创新导刊（总472）．2007：4—5．

辜正坤．互构语言文化学原理［M］．北京：清华大学出版社，2004：194．

辜正坤．中西诗比较鉴赏与翻译理论（第二版)[M]．北京：清华大学出版社，2010．

辜正坤．中西诗比较鉴赏与翻译理论[M]．北京：清华大学出版社，2003．

郭纯洁．有声思维法[M]．北京：外语教学与研究出版社，2007．

马尔腾．人类生态学：可持续发展的基本概念[M]，顾朝林等译校．北京：商务印书馆，2012．

何刚强．前瞻、务实、鼎新——对本科翻译专业建设的若干思考[A]，翻译教学与研究（第一辑）[C]．上海：复旦大学出版社，2010：13—20．

何匡．论翻译标准[A]．罗新璋、陈应年：翻译论集（修订本）[C]．北京：商务印书馆，2009：679—684．

何自然、冉永平等．认知语用学—言语交际的认知研究[M]．上海：上海外语教育出版社，2006．

胡安江．再论翻译教学[J]．中山大学研究生学刊(社会科学版)．2006（2）：127—134．

胡裕树．现代汉语[M]．上海：上海外语教育出版社，1995．

黄淮．要准确理解以学生为中心的内涵[OL].http://www.cteacher.cn/hh/Article.asp?ArticleID=13（2009年3月17日读取）。

黄远振、陈维振．中国外语教育：理解与对话——生态哲学视域[M]．福州：福建教育出版社，2012．

霍凤元．生态学知识[M]．上海：上海教育出版社，1989．

贾馥茗．教育伦理学[M]．南京：江苏教育出版社，2008．

贾平凹．进山东[J]．中国文学．2000（1）：68—72．

贾文波．旅游翻译不可忽视民族审美差异[J]．上海科技翻译．2003（01）：20—22

蒋洪新．大学的"通识教育"与英语专业复合型人才的培养[J]．四川外语学院学报．2004（6）：144—148．

金萍．多维视域下翻译转换能力发展与翻译教学对策研究 [M].北京：中国人民大学出版社，2012．

蒯因．语词和对象[M]．陈启伟等译．北京：中国人民大学出版社，2005．

李华．ESP教学中的专业需求与学生需求分析与整合[J]．广东科技．2008（11）：61—62．

李家春．翻译测试中的能力界定与信度效度评估[J]．西安外国语大学学报．2013（2）：117—121．

李明、仲伟合．翻译工作坊教学探微[J]．中国翻译．2010（4）：32—36．

连淑能．英汉对比研究[M]．北京：高等教育出版社，1993．

梁启超．中国近三百年学术史．北京：东方出版社，1996．

廖英．外语学习动机与大学英语教学[J]．高教论坛．2005（4）：87—88．

刘法公．论基础英语与专门用途英语的教学关系[J]．外语与外语教学．2003（1）：31—33．

刘和平．论本科翻译教学的原则与方法[J]．中国翻译．2009（6）：34—41．

刘红军、孙伯君：存世"华 夷译语"及其研究[J]．民族研究．2008（2）：47—55．

刘宓庆．翻译教学：实务与理论[M]．北京：中国对外翻译出版公司，2003．

刘宓庆．文化翻译论纲[M]．武汉：湖北教育出版社，1999．

刘宓庆．文体与翻译北京[M]．中国对外翻译出版公司，1998．

刘明东．语境与英汉翻译中词义的确定[J]．外语教学．2001（4）：54—57．

刘世生、朱瑞青．文体学概论[M]．北京：北京大学出版社，2006．

刘艳．大学英语翻译教学现状调查与研究[J]．吉林化工学院学报．2011（8）：53—57．

刘宗和．论翻译教学[C]．北京：商务印书馆，2001．

卢植．认知与语言[M]．上海：上海外语教育出版社，2006．

陆全．论外语教学中的中国文化教育[J]．内蒙古师范大学学报．2004（5）：84—86．

罗选民等．大学翻译教学测试改革与翻译能力的培养 [J]．外语教学．2008(1)：76—82．

吕俊．翻译学——传播学的一个特殊领域[J]．外国语．1997(2)：39—44．

吕俊、侯向群．元翻译学的思考与翻译的多元性研究[J]．外国语．1999(5)：56—61．

吕叔湘．中国人学英语[M]．北京：中国社会科学出版社，2005．

马祖毅．中国翻译简史："五四"以前部分[M]．北京：中国对外翻译出版公司，1998．

孟昭兰（主编）：普通心理学[M]．北京：北京大学出版社，1994．

孟昭毅、李载道(主编)．中国翻译文学史[M]．北京：北京大学出版社，2005．

苗菊．有声思维——翻译内在过程探索[J]． 外语与外语教学．2005（6）：43—46．

穆雷．翻译学与翻译教学[J]．中国翻译．1993(3):37—38．

穆雷．翻译事业何以发展—翻译教学及其研究[J]．外国语．1997(4):45—49．

穆雷．余光中谈翻译[J]．中国翻译．1998（4）：37—41．

穆雷.中国翻译教学研究 [M]．上海：上海外语教育出版社，1999．

穆雷．翻译测试现状分析[J]．国外外语教学．2000（1）：15—17．

穆雷．中国翻译教学现状初探[A]．刘宗和．论翻译教学[C]．北京：商务印书馆，2001：47—58．

穆雷．翻译教学发展的途径 [J].中国翻译．2004（5）：25—26．

穆雷.翻译测试及其评分问题[J]．外语教学与研究．2006（6）：466—471．

穆雷．翻译测试的定义与定位——英汉／汉英翻译测试研究系列

(一) [J]. 外语教学. 2007（1）: 82—86.

潘玉田、陈永刚. 中西文献交流史[M]. 北京: 北京图书馆出版社, 1999.

彭萍. 翻译伦理学[M]. 北京: 中央编译出版社, 2013.

彭萍. 实用商务文体翻译（英汉双向）[M]. 北京: 中央编译出版社, 2008.

彭萍. 从语际负迁移看高年级汉英翻译教学的重点——以一篇汉英翻译作业中的典型错误为例 [A]. 北京外国语大学2006年教学研究论文集[C]. 北京: 外语教学与研究出版社, 2007: 144—157.

彭萍. 从思维差异和目的论看中文商业广宣文体的"欠额翻译"[J]. 中国ESP研究. 2011（01）: 121—127.

彭萍. 对ESP翻译教学几个重要问题的思考 [J]. 中国ESP研究. 2010（1）: 161—166.

彭萍. 实用英汉对比与翻译（英汉双向）[M]. 北京: 中央编译出版社, 2009.

彭萍. 从规定性和描写性看翻译教学[A]. 北京外国语大学2013年教学研究论文集[C]. 北京: 外语教学与研究出版社, 2014: 139—148.

钱钟书. 林纾的翻译[A]. 罗新璋、陈应年. 翻译论集（修订本）[C]. 北京: 商务印书馆, 2009: 774—805.

钱钟书. 围城[M]. 北京: 人民文学出版社, 2000.

邱俏宏. 论英汉语翻译中语内翻译向语际翻译的转换[J]. 浙江海洋学院学报（人文科学版）. 2002（3）: 69—72.

任凯、白燕. 教育生态学[M]. 沈阳: 辽宁教育出版社, 1992.

戎林海. 翻译与文化背景知识[A]. 王福祥编. 对比语言学论文集[C]. 北京: 外语教学与研究出版社, 1992: 347—355.

阮炜. 外语学人为什么"没文化"[A]. 孙有中主编. 英语教育与人文通识教育[C]. 北京: 外语教学与研究出版社, 2008: 110—114.

邵瑞珍等. 教育心理学——学与教的原理[M]. 上海: 上海教育出

版社，1983.

邵志洪．汉英对比研究导论[M]．上海：华东理工大学出版社，2005．

盛炎．语言教学原理[M]．重庆：重庆出版社，1990．

束定芳．外语教学改革：问题与对策[M]．上海：上海外语教育出版社，2004．

束定芳、庄智象．现代外语教学：理论、实践与方法[M]．上海：上海外语教育出版社，2008．

谭载喜．西方翻译简史[M]．北京：商务印书馆，1991．

陶友兰．我国翻译专业教材建设：理论构建与对策研究[M].上海：上海外语教育出版社，2013．

王东风、章于炎．英汉语序的比较与翻译[A]．李瑞华主编．英汉语言文化对比研究[C]．上海：上海外语教育出版社，1992：402—149．

王宏印．中国传统译论经典诠释[M]．武汉：湖北教育出版社，2003．

王雷泉、程群．中国佛教译场的回顾与前瞻[OL]．http://www.chinawts.com/list/budstore6/191641693.htm．（2013年6月1日访问。）

王树槐．关于本科翻译教学的思考[J]．中国翻译．2001（5）：36—38．

王树槐、栗长江.中国翻译教学研究：发展、问题、对策[J]．外语界．2008（2）：27—32．

王树槐．翻译教学论[M]．上海：上海外语教育出版社，2013．

王全瑞．关于翻译测试的思考[J]．牡丹江大学学报．2011（11）：87—89．

王益宇.论大学通识教育的根本出发点[J]．中国高等教育．2008（10）：84—85．

王寅. 认知语言学的翻译观[J]. 中国翻译. 2005 (5): 15—20.

王友良. 专门用途英语(ESP)研究综述[J]. 中南林业科技大学学报(社会科学版). 2008 (11): 108—110.

王源生. 关于批判性思维[J]. 求索. 2004 (7): 138—140.

王占斌. 关于英语专业翻译教学的调查与研究[J]. 上海翻译. 2005 (1): 32—34.

王佐良、丁往道. 英语文体学引论[M]. 北京: 外语教学与研究出版社, 1987.

王佐良. 翻译: 思考与试笔[M]. 北京: 外语教学与研究出版社, 1989.

王佐良. 词义·文体·翻译[A]. 罗新璋、陈应年. 翻译论集(修订本)[C]. 北京: 商务印书馆, 2009: 922—931.

吴鼎福. 教育生态学刍议[J]. 南京师大学报(社会科学版). 1983 (3): 7, 33—36.

吴启金. 翻译教学与研究前瞻[J]. 中国科技翻译. 1999 (1): 25—29.

吴庆麟 (主编). 教育心理学: 献给教师的书[M]. 上海: 华东师范大学出版社, 2003.

席仲恩. 翻译测试的外延与内涵[J]. 重庆邮电大学学报(社会科学版). 2011 (6): 99—103.

肖维青. 本科翻译专业测试研究[M]. 北京: 人民出版社, 2012.

新华网. 现代大学为什么要以学生为中心[OL]. http://news.xinhuanet.com/edu/2008-01/21/content_7464619.htm (2009年3月17日读取).

熊文华. 汉英应用对比概论[M]. 北京: 北京语言文化大学出版社, 1997.

熊学亮. 认知语用学概论[M]. 上海: 上海外语教育出版社, 1999.

徐金榜. 加强翻译教学, 提高教学质量[A]. 刘宗和. 论翻译教学

[C]．北京：商务印书馆，2001：93—104．

徐莉娜．关于本科生翻译测试的探讨[J]．中国翻译．1998（3）：29—32．

徐世贵．教师自主成长：基于名师成长案例的分析[M]．北京：外语教学与研究出版社，2008．

许渊冲．译诗研究[A]．罗新璋、陈应年．翻译论集（修订本）[C]．北京：商务印书馆，2009：932—934．

阎佩衡．英汉与汉英翻译教学论[M]．北京：高等教育出版社，2005．

严元章．中国教育思想源流[M]．北京：生活·读书·新知三联书店，1993．

杨柳、张柏然．"道"与"技"——被忽略的中国翻译教学问题[J]．中国科技翻译．2003（1）：20—22。

杨琪、包通法．"以文谋钱"的翻译目的论——广告文体翻译的理论思辨与实践[J]．上海翻译．2006（3）：32—35．

杨志红．翻译质量量化评估：模式、趋势与启示[J]．外语研究．2012（6）：65—69．

杨自俭．关于翻译教学的几个问题[J]．上海翻译．2006（3）：36—40．

叶蜚声、徐通锵．语言学纲要[M]．北京：北京大学出版社，1997．

余光中．余光中谈翻译[M]．北京：中国对外翻译出版公司，2002．

余国良．翻译教学中批判性思维的培养模式研究[J]．外语学刊．2010（5）：101—104．

张汝伦．我国人文教育的现状及出路[A]．英语教育与人文通识教育[C]．北京：外语教学与研究出版社，2008：12—18．

张翼星．试论当今大学的通识教育[J]．北京大学教育评论．2006（3）：9—18．

张永中．本科翻译专业：教学问题及专业发展概论[J]．湖北经济学院学报（人文社会科学版）．2011（10）：185—186．

张瑜．全球化时代的中国翻译教学走向[J]．外语界． 2003（1）：13—16．

张云、曾凡桂：英语专业本科翻译教学改革探讨——供需均衡原理引发的启示[J]．外语与外语教学．2006（7）：14—17．

郑金洲．教育文化学[M]．北京：人民教育出版社，2000

郑晔、穆雷．近 50 年中国翻译教学研究的发展与现状[J]．广东外语外贸大学学报．2007（5）：60—66．

中村元． 儒教思想对佛典汉译带来的影响[J]． 世界宗教研究．1982（2）：26—34．

周雪林．浅谈外语教材评估标准[J]．外语界．1996(2)：60—63．

朱智贤．心理学大辞典[M]．北京：北京师范大学出版社，1989．

后 记

不知不觉本人从事教学工作已经 20 余年，从事翻译教学也已近 15 个年头。这 20 多年的教学生涯使我从一个青涩的教学新手成长为一名经验还算丰富、充满了一定自信的中年教师。自从成为一名高校教师，我便喜欢上了这一职业，因为这一职业让我时刻保持一颗纯真的心，在象牙塔里认真地教书，认真地读书；这一职业让我时刻感觉自己尚还年轻，因为学子们都是年轻的，富有朝气和活力的；这一职业给了我一些相对自由的时间，让我享受一种"小情调"、"小文艺"和"小清新"的生活；更是这一职业让我在教学之余有时间去从事自己喜欢的研究和写作，按照自己的思路去思考一些问题。可以毫不夸张地说，从事翻译教学的这些年，我一直在教翻译、做翻译、研究翻译。在繁忙的教学之余，在享受自由时光之余，我也撰写了关于英汉对比与翻译、商务文体翻译、旅游翻译、语篇翻译等翻译理论与翻译实践相结合的著作（这些书被不少高校当作翻译教材使用），并借着在北京大学攻读博士学位的机会研究了伦理与中国传统翻译活动的关系，对翻译伦理学进行了系统的思考，写出了两部相关的理论著作（《伦理视角下的中国传统翻译研究》和《翻译伦理学》），同时也写出了一些理论方面的论文。当然在多年的翻译教学实践和翻译研究过程中，在阅读大量书籍的过程中，我对翻译教学也形成了一定的看法和观点。

中国的翻译教学研究历史并不是很长，但近年来也方兴未艾，不过大多数研究依然在于回顾历史、总结现状或是利用某一国外出现的新理论为切入点进行研究。国内外尚缺乏对本科翻译教学的系统性综合研究，尤其是缺乏涵盖翻译教学的可行性、翻译教师的职业发展、翻译教师与学生的角色定位与现状、翻译教学内容、教学手段、教材选择、翻译作业评价与翻译测试、ESP 翻译教学、翻译教学的生态视角等等方面的综合性和系统性研究，本人又认为这些问题的探讨对翻译实践教学具有重要的指导作用。另外，就本人观察，很多高校表面上设立了翻译学院、翻译系，招收了不少翻译的本科生、翻译方向的学术性硕士生和专业硕士生，但是师资队伍却相对非常缺乏，很多翻译实践课的教师并非科班出身，这些教师因为没有太多的专业背景和翻译实践教学的经验，有的在翻译教学中已经感到力不从心，还有的在学生群体里面引起一些不满。而且翻译学科的政策制定者和课程设置者及教师分配者也并非对翻译这门看似简单却非常复杂的学科有着深刻和完全正确的认识，教师本人有的也表示自己对翻译实际上并不感兴趣，或者对翻译教学的内容、课堂时间分配、教学方法等不甚了解。而笔者在翻译教学中又真切地感受到学生对翻译实践课的需求，他们在课堂上并不想听教师照本宣科，更不是想利用课堂宝贵的时间去做练习，而是想得到打开翻译的钥匙，那就是翻译的技巧。有鉴于此，本人在过去多年里对本科翻译教学进行了思考，对其中的一些理论与方法进行研究，并结合自己的教学实践和经验，终于汇成了自己比较满意的这点研究成果，期待这一研究能够抛砖引玉，同时能对同行的翻译教学有所启发，哪怕是一点点启发，也说明本人的心血没有白费。所以，衷心希望本书能够对翻译教师同行或准备加入翻译教师队伍的同行的教学实践、对翻译研究者和翻译教学研究者的理论研究、对有志于从事翻译教学和翻译教学研究的在校硕博士研究生的理论学习有所帮助和启发。

  在本书撰写之前和撰写过程中，本人阅读了大量的资料，涉及语言学、文体学、翻译学、教育学、心理学、外语教学、生态理论等诸多领域。大量的阅读开阔了我的视野，拓展了我的知识面。也正是因为如此，我喜欢这样的研究和写作，因为带着专题和问题阅读能够更好地将读到的知识融会贯通，并在阅读的过程中进一步思考自己的论题，从而形成和完善属于自己的理论体系，更好地表达出自己的观点，把观点论述

后 记

得更为透彻。

本书从酝酿到现在比较圆满地画上句号，历经了七八年的时间，因为其间要写的其他东西太多，教学工作又太过繁重，自己有时候又比较慵懒和懈怠，大多数时候又表现得十分天真和浪漫，所以本书总是写写停停。另外，在阅读和写作的过程中总感觉自己的思路需要不断完善，不断深入，所以不敢轻易收笔。今天本书终于付梓出版，我感到无限的欣慰。当然，回首本书整个的写作过程，还是有很多感激之情需要表达。

首先要特别感谢我的先生刘辛。回首自己20多年的教学、深造和学术生涯，其间取得的任何一点成绩都与先生的支持密不可分。先生为人宽厚、豁达，生活态度乐观、淡定，性格沉稳、幽默，思想敏锐却又内敛，博览群书却不追求任何的功名利禄，这一切都给我了诸多启发，使我进一步认识到"越单纯越幸福"的人生真谛，认识到"一切均需淡定、均需从容不迫、均需顺其自然"的人生哲理。更重要的是，先生给了我太多的陪伴、理解、安慰、鼓励和支持，并使我在繁忙的工作和写作之余还有时间散步、逛街、锻炼和出门旅行，享受生活。尤其值得一提的是，本书初稿收尾和后来的打磨、校对之际正是我们的女儿备战高考之时，作为母亲，我有时难免会为女儿考上什么样的大学而担忧，为女儿有什么样的未来而衍生出一些顾虑，是先生的劝导并分担照顾女儿生活与学习的很多琐事使我还有心思完成本书的写作。一切的语言都是苍白的，只有健康快乐地生活，只有淡定从容地教学、研究和写作，才能对得起先生为我所做的一切。祝贺女儿顺利考入大学，开启新的人生旅程。

感谢我教过的所有学生。正是有了学生学习翻译的热情以及对我的翻译教学给予的积极评价才促使我进一步研究翻译教学。自2005年以来，我一直是承担着大班的教学工作（每班48人），2005—2010年每学期所教授的本科生人数大约在190—240人之间，2010年以来这一数字达到260—300人，有时甚至高达380人，每学期的周课时都在12—16学时，有的学年甚至达到每周18学时。虽然学生多，课时多，要批改的作业多，但就是在这么多学生人数、这么多课时、这么多作业中间，我真正体味到"痛并快乐着"的感觉。所谓的"痛"就是人数、课时、作业批改带来的压力，所谓"快乐"就是学生对我的积极评价以及我本人在课堂上实现自我价值的幸福感和成就感。我经常对学生说自己很幸运，因为"教学相长"，就是在教学的过程中我进一步提高了自己的中英文水平并丰富了自己的知识；因为"译学相长"，就是在学翻译、做翻译、教翻译、研究翻译的过程中我进一步扩大丰富了自己的英语词汇量，提高了中英文分析能力和表达能力，拓展了自己的视野，提高了自己的理论研究水平。所以，我一直不曾后悔选择了高校教师这一职业，尤其是翻译教师这一职业。

当然，真正完笔之时，和自己写过其他的著作一样，回头审视整部书稿的结构和文字，一方面为自己能够写出这些关于翻译教学的文字、道出自己对翻译教学的一些思考、研究和感悟而感到安慰和自豪，另一方面却依然是惴惴的，因为仍然感觉字里行间透着自己的肤浅和感性。但不管怎样，如果我这些粗浅的文字和观点能激起译界和翻译教学同行更多理性的讨论，能对翻译教学有所启发和帮助，能对中国的翻译教学研究增添些许新的话题，那将是对我莫大的安慰！

本书在撰写的过程中参考了国内外众多专家学者的研究成果，这些著作和论文均尽可能在书中的脚注和书后的"参考文献"中列出。当然，由于本人才疏学浅，翻译教学经验有待进一步丰富，理论研究水平有待进一步提高，再加上时间原因，本书在论述上难免存在一定的欠缺和纰漏，在引用格式和引用内容上难免存在一定的疏漏之处和不当之处，恳请读者谅解并不吝赐教。

彭萍
2014年仲秋
于北京海淀区世纪城平心斋